W0095070

Michael Hagner
Zur Sache des Buches

Michael Hagner
Zur Sache des Buches

WALLSTEIN VERLAG

Bibliographische Information der Deutschen Nationalbibliothek

Die Deutsche Nationalbibliothek verzeichnet diese Publikation
in der Deutschen Nationalbibliographie; detaillierte bibliographische
Daten sind im Internet über http://dnb.d-nb.de abrufbar.

© Wallstein Verlag, Göttingen 2015
www.wallstein-verlag.de
Vom Verlag gesetzt aus der Aldus
Umschlaggestaltung: Günter Karl Bose
Druck und Verarbeitung: Pustet, Regensburg

ISBN 978-3-8353-1547-1

Im Andenken an meine Mutter
Annemarie Hagner (1927-2013),
der ich alles zu verdanken habe.

Inhalt

Einleitung

Es ist nicht so, daß allgemeine Lesefähigkeit und Bildung stets das Wohlgefallen frühzeitig pensionierter Philologieprofessoren gefunden hätten. »Noch ein Jahrhundert Leser – und der Geist selber wird stinken. Dass jedermann lesen lernen darf, verdirbt auf die Dauer nicht allein das Schreiben, sondern auch das Denken.«[1] Mit diesen oft zitierten Sätzen aus *Also sprach Zarathustra* hat Nietzsche seine vielfach variierten Attacken gegen die Verwässerung der Bildung und gegen eine massenhafte Verbreitung des Wissens zum Problem der geistigen Produktivität selbst gemacht. Schlechte Leser in Legion, so die Befürchtung, haben einen Rückkopplungseffekt auf diejenigen, die das geistige Leben gestalten, und das führt zum Erlahmen von eigenständigem Denken, Kreativität und Urteilskraft.

Nietzsches grimmige Prognose aus dem 1883 veröffentlichten ersten Teil des *Zarathustra* ist nicht seine erste Wortmeldung zur Misere des gelehrten Schreibens und Denkens. Zehn Jahre zuvor, noch im Basler Professorenamt, nimmt er sich in der zweiten *Unzeitgemäßen Betrachtung* jenen Mißbrauch von Geschichte »als kostbaren Erkenntniss-Ueberfluss und Luxus« vor, der eine ganze Kultur mit der »historischen Krankheit« infiziert.[2] Die Gegenwart krankt aber nicht bloß an einer Übersättigung mit Geschichte. Orientiert an seinem Vorbild Schopenhauer, der die zunehmend spezialisierten Wissenschaften direkt in den Hafen des Fachidiotentums einfahren sah,[3] lenkt Nietzsche den Blick auch auf die allgemeinere Frage, welchen Nutzen oder Nachteil Wissenschaft und Gelehrsamkeit für das Leben haben, und zwar in einer historischen Situation, da sie sich besonderer Pflege und Förderung erfreuen. Die Diagnose fällt ebenso frostig wie die Prognose aus: »Gut, die Wissenschaft ist in den letzten Jahrzehnten erstaunlich schnell gefördert worden; aber seht euch nun auch die Gelehrten, die erschöpften Hennen an. [...] Gackern können sie mehr als je, weil sie öfter Eier legen: freilich sind auch die Eier immer kleiner (obgleich die Bücher immer dicker) geworden.«[4]

Bevor der Geist anfängt zu stinken, werden die Erkenntnisse bei gleichzeitigem Anschwellen der Bücher immer dürftiger. Damit ist das Buch selbst zum Indikator für den Gesundheitszustand des wissenschaftlichen Lebens geworden, das ausgerechnet in einer Phase üppiger staatlicher Zuwendungen in geistiger Adipositas zu erstarren droht, weil eben auch mit großzügiger Förderung die guten Ideen nicht beliebig vermehrt werden. Verantwortlich sind aber nicht nur die allzu verwöhnten Gelehrten, sondern auch die Popularisierung der Wissenschaft, »das berüchtigte Zuschneiden des Rockes der Wissenschaft auf den Leib des ›gemischten Publicums‹«. Aus diesem Publikum rekrutieren sich Leser, die das Buch mehr oder weniger ruinieren. In den nachgelassenen Entwürfen für die *Unzeitgemässen Betrachtungen* heißt es flankierend: »Jetzt weiß kein Mensch, wie ein gutes Buch aussieht, man muß es vormachen: sie verstehen die Composition nicht. Die Presse ruiniert dazu immer mehr das Gefühl.«[5]

Man braucht keine weiteren Zitate aus Nietzsches zahlreichen kritischen Einwürfen in die Bildungsdebatte seiner Zeit heranzuziehen, um zu verstehen, daß er die verlorene Qualität wissenschaftlicher Bücher als Indikator für die Verdorbenheit des intellektuellen *juste milieu* ansieht. Anders als Schopenhauer, für den unabhängig von der jeweiligen historischen Situation nur ein Bruchteil der geistigen Produktion Anspruch auf Originalität erheben kann – in diesem Sinne spricht er von einer »Unzahl schlechter Bücher«[6] –, blickt Nietzsche mit Argusaugen auf die geistigen, materiellen und institutionellen Entwicklungen, an denen er selbst teilnimmt. Seine historische Standortbestimmung des Buches fügt ganz unterschiedliche Aspekte zusammen: den durch die Universität vermittelten Hang zu lebensferner Gelehrsamkeit; übertriebene staatliche Wissenschaftsförderung; durch äußere Anforderungen über die Maßen in Anspruch genommene Gelehrte; ungeübte und verbildete Leser; grassierende Populärwissenschaft und das Regime einer von Journalisten geprägten »Pseudokultur der

Gegenwart«.[7] Wer seiner Zeit ein so schlechtes Zeugnis ausstellt, kann auch der Buchkultur keine gute Note erteilen, denn wenn die Leser immer schlechter werden, werden die Bücher es auch. Und umgekehrt.

Nietzsches diagnostischer Scharfsinn und sein Gespür für Fehlentwicklungen sind nicht zu trennen von einem pathosanfälligen kulturkritischen Gestus, mit dem er seine Gefechte führt. Und doch ist es verführerisch, seine These, wonach guten Büchern zwischen unlesbaren Traktaten und allzu lesbaren Textmischungen die Luft abgedrückt wird, als Ausgangspunkt für eine Analyse zu nehmen, die sich mit dem so häufig beschworenen Untergang einer bedrohten Spezies namens *gedrucktes Buch* befaßt. Zwar wird man nicht im Ernst argumentieren wollen, daß es nach Nietzsches Tod kaum noch gute Bücher gegeben habe, doch immerhin benennt er drei miteinander verwobene, allerdings unabhängig voneinander zu identifizierende Aspekte, die den Blick auf unsere Gegenwart strukturieren könnten: Medienrivalität zwischen gedrucktem Buch und Tagespresse, Änderung der Lesekompetenzen und immanente Probleme in den Wissenschaften selbst.

Medienhistorisch gesprochen, ließe sich ein Teil von Nietzsches Befund darauf reduzieren, daß er das Medium Buch durch das Medium Zeitung bedroht sieht. Es ist ein in der Medien- und Technikgeschichte bekannter Gestus, daß es bei Einführung eines neuen Mediums mit größerer Reichweite zu Irrelevanz- oder gar Verlustängsten der Anhänger des alten Mediums kommt: Die Fotografie bedroht die Malerei, der Film die Fotografie, das Fernsehen wiederum den Film und das Internet schließlich das Fernsehen. Davon ist das gedruckte Buch nicht ausgenommen. 1994 finanzierte das Rank Xerox Research Center eine Konferenz mit exquisiten Teilnehmern wie Umberto Eco, Régis Debray oder Michael Joyce, bei der die Frage nach der Zukunft des Buches sich darauf zuspitzte, ob es überhaupt noch eine habe.[8] Seit diesen neunziger Jahren, seit World Wide Web und all seinen Konsequenzen wird Marshall McLuhans Kerze mit der Inschrift vom Ende des Gutenberg-Zeitalters unermüdlich durch die Lande getragen. »Print is dead« lautet der Titel eines 2007 erschienenen schlichten Pamphlets,[9] dessen zentrale Aussage auch von seriöseren und einflußreicheren Zeitgenossen wie dem langjährigen Direktor des MIT Media Lab Nicholas Negroponte oder dem Journalist Jeff Jarvis wiederholt wird.[10] Inzwischen ertönt das Totenglöcklein so häufig, daß sich manche Kommentatoren bereits darüber lustig machen, wenn das Buch gerade wieder mal für tot erklärt worden ist.[11]

Sucht man nach Begründungen für das Ende des Buches, so geht es um die neuen, digitalen Lesegeräte, die in Eleganz und Bequemlichkeit dem Papier überlegen sind; um die mangelnde Flexibilität des gedruckten Buches; um das Einsparen von Papier und andere, effektivere Speicherformen; um neue kulturelle Distinktionsmerkmale, die eine umfangreiche Bibliothek eher als verstaubte Skurrilität denn als Zeichen von Bildung erscheinen lassen; um neue Textformen, die Texte nicht mehr nur um Fußnoten, sondern um sogleich abrufbare Metadaten bereichern – Daten, die neben Texten auch Bilder, Filme oder Musikstücke enthalten können; oder auch um neue Schreibformen, bei denen Texte in direkter Interaktion mit Lesern entstehen.[12]

Diese Aufzählung muß unvollständig bleiben, zumal alle paar Wochen irgendwelche neuen Aspekte hinzutreten, aber man sieht, es ist nicht schwer, sich zu der Annahme verleiten zu lassen, das gedruckte Buch werde in ein paar Jahrzehnten vielleicht nicht ganz verschwunden sein wie Schellackplatte, Schreibmaschine und floppy disc, aber doch nicht mehr als eine exklusive Nischenexistenz führen wie heutzutage vielleicht Produkte aus dem Manufactum-Katalog, der einer ausgewählten, auf Distinktion bedachten Käuferschaft *die guten Dinge* näherbringt. Es kann soweit kommen, aber darauf wetten möchte ich nicht. Nach wie vor gilt, was Michael Giesecke bereits vor Jahren notierte: »Der Aufstieg der elektronischen Medien wird als das Ende der Buchkultur erlebt – obwohl niemals mehr Bücher gedruckt und vielleicht auch gelesen wurden als gerade heute.«[13] Das legt nahe, daß das Ende der Buchkultur eher ein gefühltes als ein reales ist, ein rheumatischer Schub gewissermaßen, der auch wieder vergeht.

Ein Blick in die entsprechenden Publikationsorgane der Verlagsbranche oder auch ein einziger Besuch bei der Frankfurter Buchmesse genügen, um festzustellen: Jeder, der sich in der Buchbranche auskennt, räumt bereitwillig ein, nicht zu wissen, was in den nächsten Jahren passieren wird. Diese Unsicherheit macht die Akteure der Branche nervös, weil Planungen und Investitionen erschwert werden. Beispielsweise weiß kein geisteswissenschaftlicher Verlag, ob es sich auf Dauer rentiert, allzuviel Geld in die Pflege des E-Book-Geschäfts zu stecken, und wenn, dann nur in bestimmte Segmente. Das Vertrauen in die Kaffeesatzleserei der Lobbyisten der Internetbranche könnte schneller zur Insolvenz führen als eine besonnen agierende Verlagspolitik. Auch ist die Anzahl an produzierten Büchern – darunter etliche herausragende – so groß, daß es mit dem gedruckten Buch kaum so schnell vorbei sein dürfte. Daß die Schwelle von 100.000 deutschsprachigen Neuerscheinungen pro Jahr möglicherweise nicht erreicht wird – die Zahlen 2012 rückläufig waren, 2013 wieder etwas nach oben gingen –, dürften zumindest diejenigen mit Erleichterung zur Kenntnis nehmen, die ein stetiges Wachstum des Buchmarkts für verhängnisvoll halten, weil sie Qualität vor Quantität setzen.[14]

Technologische Innovationen allein führen nicht notwendigerweise zum Untergang von Dingen und Kulturtechniken. Gewiß haben Eisenbahn und Auto die Postkutsche, Heizungen den Kamin und Kohleofen weitgehend ersetzt. In der Geschichte der Medien ist es nicht so einfach. Der Aufstieg der Tageszeitungen, der erst nach Nietzsches Tod so richtig einsetzte, hat ebensowenig wie das Aufkommen von Massenmedien wie Radio und Fernsehen das Buch sonderlich unter Druck gesetzt. Auch die Einführung des für breite Leserschichten konzipierten preiswerten Taschenbuchs hat zwar vieles verändert, aber nicht zum Aussterben schöner, aufwendig gestalteter Bücher und der Buchkultur überhaupt geführt. Das hat bislang auch die globale Durchsetzung des Digitalen inklusive einer im dunkeln liegenden Anzahl von legalen oder illegalen Downloads nicht vermocht. Wie verhält es sich dann mit dem »stinkenden Geist«, mit den unliebsamen Auswirkungen der Popularisierung und des Medienwechsels, die die Buchkultur angeblich nachhaltig beschädigen? Ist das eine Übertreibung, die sich an ihrer eigenen Kritik berauscht? Nietzsche war für solche Temperaturerhöhungen mehr als anfällig, aber man wird seine Intuitionen nicht so schnell beiseite schieben, wenn man sich vergegenwärtigt, daß er nicht bloß das Publikum und die Medien im Visier hat, sondern auch Lesegewohnheiten und immanente Probleme der Wissenschaften selbst, und die haben erhebliche Auswirkungen auf die Foren, Formen und Formate des Publizierens.

In diesem Buch geht es vor allem um eine Aktualisierung von Nietzsches Frage: Wie steht es um Gegenwart und Zukunft des geisteswissenschaftlichen Buches? Darunter verstehe ich keineswegs bloß jene gelehrten Werke, denen man – um noch einmal Nietzsche zu beanspruchen – den Buckel, die »krummgezogene Seele« des Gelehrten ansieht.[15] Solche Bücher, die im Elfenbeinturm der Gelehrsamkeit zu Hause sind, außerhalb dessen jedoch sofort die Orientierung verlieren, haben im 19. Jahrhundert das Ansehen der Geisteswissenschaften mitbegründet. Auch heute noch wird vielfach erwartet, daß man wenigstens ein solches Buch geschrieben hat, um in der Gelehrtenrepublik Fuß zu fassen. Vor einigen Jahrzehnten fand jedoch eine Verschiebung der Werte statt. Seitdem gilt ein Buch in einem herausragenden Verlag wie University of Chicago Press, Beck oder Gallimard in den Geisteswissenschaften ebenso viel wie zwei oder drei Publikationen in *Nature* oder *Science*. Doch bei diesen Verlagen landet nur, wer in der Lage ist, ein Buch für ein Publikum jenseits des engen Spezialistenkreises zu schreiben. Wenn man so will, ist der Anspruch an Stil und Lesbarkeit auch Bestandteil einer Demokratisierung des Wissens, die Fachleute und neugierige Laien enger zusammenrücken läßt.

Inzwischen haben sich die Bedingungen wiederum verändert, indem wissenschaftliche Forschung und öffentliche

Wirkung einem anderen Zeitindex unterstellt sind. Ein elegant geschriebenes Buch, das neue Forschung enthält, benötigt in aller Regel mehrere Jahre, bis es fertig ist. Und es benötigt Zeit, um gründlich gelesen zu werden. Wie Hans Blumenberg einst nach Abschluß seines umfangreichen Buches *Arbeit am Mythos* an Jacob Taubes schrieb: »Aber das Unglück von Büchern ist, dass sie mit großen Verspätungen fertig werden, noch später zur Kenntnis genommen und nochmals mit Abstand sogar ernsthaft diskutiert werden.«[16] Noch größer dürfte freilich das Unglück sein, daß solche Zeitspannen den beschleunigten Kommunikationskaskaden der Gegenwart so gar nicht entsprechen.

Die immer knapper werdende Zeit gehört zu den zentralen Topoi aller Formen von Moderne, und das hat auch die geisteswissenschaftliche Buchproduktion verändert. Mehrbändige Werke, wie sie die Gelehrten einstmals mit bewunderungswürdiger Disziplin ablieferten, sind so gut wie ausgestorben. Für Buchkontinente wie Theodor Mommsens *Römische Geschichte* oder Georg Mischs *Geschichte der Autobiographie* hätten heutige Universitätslehrer kaum mehr die Kapazitäten und schon gar nicht die Leser. Historiker schreiben bisweilen immer noch gern umfangreiche Bücher, womit sie ihren Ruf als die Epiker unter den Geisteswissenschaftlern bewahren, aber ansonsten dominiert die (mittel-)schlanke Monographie von ca. 80.000 Wörtern. Dabei entspricht die Vorstellung, daß längere Bücher ohnehin nicht mehr gelesen werden, der ökonomischen Logik, daß solche Bücher auch nicht mehr gekauft werden.[17]

Der Trend zu solchen Standardisierungen ist in den USA wesentlich ausgeprägter als in Deutschland, was mit den unterschiedlichen sozialen, ökonomischen und wissenschaftlichen Bedingungen akademischen Publizierens zu tun hat. Nach amerikanischen Vorstellungen hat eine geisteswissenschaftliche Monographie eine bestimmte Form und ein bestimmtes Format, ist zumeist von Universitätsangehörigen verfaßt worden und hat einen aufwendigen Peer-Review-Prozeß durchlaufen. Die Idee vom geisteswissenschaftlichen Buch, wie sie hier vertreten wird, ist wesentlich breiter. Sie umfaßt die in wenigen 100 Exemplaren für eine spezialisierte Leserschaft gedruckte Monographie ebenso wie das an ein breiteres intellektuelles Publikum gerichtete wissenschaftliche Sachbuch, einen schlanken Essay von weniger als 100 Seiten ebenso wie eine Sammlung von Notaten, Aphorismen oder Reflexionen, Gesprächs- und Sammelbände ebenso wie Theorietraktate und jene rhizomatischen Textmaschinen, von denen Gilles Deleuze und Félix Guattari träumten.[18]

Steht es um diese geisteswissenschaftlichen Bücher, die auf dem deutschen Buchmarkt keine 5 % Marktanteil erreichen, so betrüblich, wie Nietzsche glaubte? An ernstzunehmenden kritischen Diagnosen aus unterschiedlichen Perspektiven fehlt es nicht. Jürgen Kaube listet eine ganze Reihe von bedeutenden wissenschaftlichen Büchern der sechziger und siebziger Jahre des letzten Jahrhunderts auf, um die bange Frage anzuschließen, ob man aus der Produktion der letzten Jahre auch nur auf 20 Bücher wetten könne, daß sie in 50 Jahren noch bekannt seien. Und er benennt auch Gründe für diese Entwicklung: »Bedenklich ist weniger, dass 2012 nicht annähernd so viele Werke von Rang und Folgenreichtum vorgelegt werden wie 1962, als dass der Betrieb keine Begriffe und Maßstäbe dafür hat. Er misst in verausgabten Forschungsmitteln, in amtlich bestätigter Exzellenz und in Titelzahlen.«[19] Kathrin Passig hat gegen die übliche Länge von Büchern, die sie als »Geldbäumchen« bezeichnet, Einwände, die Nietzsche-Lesern nicht ganz fremd vorkommen: Sachbuchautoren füllen »viele Seiten mit Zusammenfassungen anderer Texte, auf denen ihre eigene Argumentation aufbaut«, während die »Ideenmenge in einem handelsüblichen Sachbuch« ungefähr »drei bis zehn Blogbeiträgen« entspreche.[20]

Wohl wahr: Bücher, die ihre Zeit überdauern – egal, ob ihr Umfang 70 oder 700 Seiten beträgt; egal, ob es sich um Notizen, Essays oder geräumige Abhandlungen handelt –, sind noch nie am Fließband produziert worden. Manche Zeiten bieten für solche Bücher günstigere Bedingungen als andere, aber man hört auch nicht mit dem Weinanbau auf, wenn ein

Jahrgang mal nicht so gelungen ist. Auch die markt- und markenzentrierte Aufrüstung des Buches zum »Geldbäumchen« hat nicht wenig zum Stinken des Geistes und seines Leitmediums beigetragen. Nicht wenige Bücher bringen in jeder Hinsicht rein *gar nichts*, nicht einmal Gewinn für die Verlage, die sie veröffentlichen. Das Schicksal der Irrelevanz teilen sie mit Filmen, Ausstellungen, Musikstücken, Zeitschriften, Blogs oder naturwissenschaftlichen Forschungsartikeln. Deswegen muß man sie noch nicht gleich verabschieden, denn der interessanteste und kostbarste Teil der Buchkultur in Vergangenheit und Gegenwart hat weder mit Zierpflanzen noch mit kostenloser Massenware zu tun. Man würde gern mit Kaube in eine Diskussion darüber eintreten, ob es 1962 wirklich Begriffe und Maßstäbe gab, die den aktuellen und künftigen Rang eines Werkes wie *Das wilde Denken* von Claude Lévi-Strauss bestimmen konnten; und würde gern an Kathrin Passig die Frage richten, ob sie immer die richtigen Bücher gelesen hat. Die Erörterung solcher Fragen setzt jedoch voraus, daß zunächst die wichtigsten Faktoren identifiziert werden, die zur gegenwärtigen Lage des geisteswissenschaftlichen Buches beigetragen haben.

Ich bin, trotz der gegenwärtig oft als unversöhnlich erscheinenden Gegenüberstellung von Papier und Bildschirm und trotz unübersehbarer Anzeichen für einschneidende Veränderungen in der Geschichte des gedruckten Buches, nicht der Ansicht, daß sich diese Lage mit dem ausschließlichen Verweis auf einen Medienwechsel oder auf technologische Entwicklungen hinreichend beschreiben läßt. Jeder weiß inzwischen, daß das Internet beunruhigende Konsequenzen mit sich gebracht hat, doch umgekehrt stellt es fabelhafte, bislang ungekannte Möglichkeiten zur Verfügung. Die geisteswissenschaftliche Alltagspraxis beispielsweise ist längst von digitalen Recherche- und Kommunikationsformen durchsetzt, und wer wollte schon – Google Books hin oder her – auf die Bequemlichkeit verzichten, Bücher aus dem 18. oder 19. Jahrhundert online zu durchmustern, um dann zu entscheiden, ob man sie gründlich durcharbeiten will?

Die Möglichkeiten der digitalen Technologien wenden sich erst in dem Moment gegen ihre Anwender, wenn diese irrtümlich glauben, mit den Vereinfachungen auch Verkürzungen des Forschungsprozesses vornehmen zu können. Dabei kommen im schlimmsten Fall Plagiate und im besten Fall schlechte Bücher heraus. Dem ist aber weniger mit Technikkritik als mit einem Blick auf soziale Mechanismen zu begegnen. Plagiate hat es lange vor dem Internet gegeben; sie können also einem neuen Medium ebensowenig angelastet werden wie den Verlagen, die solche Publikationen herausbringen. Wer seinen Autoren von vornherein betrügerische Absichten unterstellt, braucht eigentlich keine Bücher mehr zu verlegen. Entsprechendes gilt für die Universitäten: Ohne Vertrauen in die Ehrlichkeit von Forschern gäbe es keine Wissenschaft mehr, und doch suggeriert die projektgetriebene Wissenschaftskultur, Forschung wäre mit immer geringerem Zeitaufwand, also immer schneller zu haben.

Hartmut Rosa hat im Kontext seiner Überlegungen zur sozialen Beschleunigung argumentiert, daß diese keineswegs das zwangsläufige Ergebnis technologischer Beschleunigung darstellt.[21] Niemand zwingt uns, so viel E-Mail-Verkehr zu unterhalten, so ausgiebig im Netz zu surfen oder sich immer wieder in die Social Media einzuklinken. Offensichtlich ist die von der digitalen Unterhaltungsindustrie aufbereitete Technologie das Futter, das unseren Appetit befriedigt und – selbstverständlich – durch Geschmacksverstärker noch steigert. Doch die Ursachen für die Beschleunigung sind eher im Horizont von sozialem Status und Reputation, der Verschiebung von Werten und neuen kommunikativen Präferenzen zu suchen.

Auf unseren Zusammenhang übertragen, heißt das: Das gedruckte wissenschaftliche Buch mag unter Druck gekommen sein, andere Forschungsmethoden und Artikulationsformen mögen sich in den Vordergrund drängen, doch das Netz ist eher Katalysator als Ursache dieser Veränderungen. Das bedeutet, daß es um spezifische Entwicklungen und Realitäten in den Geisteswissenschaften selbst geht, die auf die Frage hinauslaufen, welche Art von Wissen sie favorisieren und in

welchen Formen und Formaten sie dieses Wissen kommunizieren wollen. In einer Welt der Beschleunigung, wie Rosa sie
beschreibt, scheint ein an Büchern orientiertes geisteswissenschaftliches Zeitregime immer anachronistischer zu werden.
»Wieso schreibt man eine Oper, wenn die Leute nur Drei-
einhalb-Minuten-Songs hören wollen?«, fragt der ehemalige
Cyberpunk Douglas Rushkoff.[22] Wieso ein Buch schreiben,
wenn sein Stern im akademischen Bewertungssystem sinkt,
wenn Leser nur noch Zeit haben für Einleitungen, Abstracts,
Rezensionen oder Interviews, in denen die Kernaussage des
Buches zusammengefaßt wird? Natürlich kann man einwenden, daß es ohne Buch keine Zusammenfassungen oder
Rezensionen gäbe, aber vielleicht führt das unangefochtene
Beschleunigungsregime dazu, daß man sich ganz auf Kurz-
fassungen beschränkt.

Verschränkt mit der Problematik der Beschleunigung ist
diejenige des Wachstums. Immer wieder wird behauptet, daß
wir, im Gegensatz zu anderen Zeiten und Gesellschaften, in
einer Wissensgesellschaft leben. Das soll hier gar nicht in Abrede gestellt werden, doch es wäre ein Irrtum, davon auszugehen, daß die Wissensgesellschaft in ihrem Selbstverständnis
ein Eldorado für Bücher, anlaßfreie Bildung und profundes
Wissen darstellt, die sui generis schwer marktgängig sind. Unsere Lage ist dadurch charakterisiert, daß inzwischen auch das
öffentlich geförderte Wissen vorrangig als ökonomische Ressource betrachtet wird, die das Wirtschaftsleben ankurbeln und
den Wohlstand der Gesellschaft befördern soll. Wachstum, so
hat es zumindest den Anschein, ist auf Geschwindigkeit noch
mehr angewiesen als auf Wissen. Oder anders: so viel Wissen
wie nötig und so viel Wachstumsgeschwindigkeit wie möglich.
Wiederum fragt sich, welche Funktion in einem solchen von
kommerziellen Interessen dominierten Wissensregime ein in
der Entstehung aufwendiges, komplexes, mit gewissen Mühen
zu rezipierendes Buch haben soll. Bereits vor den Zeiten des
Internet war es nicht gerade verlockend, wenn Autoren keinen
oder allenfalls einen verschwindend geringen Stundenlohn
für ihre Arbeit erhielten und Verlage keinen nennenswerten

Gewinn mit geisteswissenschaftlichen Büchern erzielen konnten. An dieser Situation hat sich nur insofern etwas geändert, als die ökonomischen Rahmenbedingungen noch ungünstiger geworden sind, weil akademische Bibliotheken immer weniger Bücher kaufen.

Unter dem Eindruck der Wucht von realitätsstiftenden Werten wie Beschleunigung und Wachstum kann man leicht zu einer ungünstigen Prognose für das Buch gelangen. Selbst wenn man – wie ich – zu der Ansicht tendiert, daß gedruckte Bücher auch in Zukunft so selbstverständlich bleiben wie Zahnbürsten, Tische und Lampen, stellt sich die Frage: Wird es noch geisteswissenschaftliche Bücher geben, oder werden die Geisteswissenschaften auf den Pfaden der Naturwissenschaften wandeln, wo der Zeitschriftenaufsatz alles und das Buch als in sich geschlossenes Werk nichts ist? Werden diejenigen Formen des Lesens und Schreibens, die sich moderne Gesellschaften in den letzten 200 Jahren zugelegt haben, um ihr wertvollstes Wissen in angemessener Form zu artikulieren, zu adaptieren und über Generationen hinweg weiterzutragen, in 30 Jahren überhaupt noch gefragt sein?

Norbert Elias hat im Rahmen seiner Zivilisationstheorie einmal angemerkt: »Das stärkere Verlangen nach Büchern innerhalb einer Gesellschaft ist an sich bereits ein sicheres Zeichen für einen starken Zivilisationsschub; denn die Triebverwandlung und -regulierung, die es sowohl erfordert, Bücher zu schreiben, wie sie zu lesen, ist in jedem Fall beträchtlich.«[23] Im Hintergrund schwingt Freuds Theorie der Kultur als Triebsublimierung mit, aber Elias geht es auch um die kommunikative Bedeutung des Buches. Lesen und Schreiben sind zugleich Voraussetzung für und Fortsetzung von Gesprächen, aber nicht, so könnte man seinen Gedanken fortsetzen, im Sinne einer unmittelbaren, affektgeladenen Intervention, sondern als Einübung in Geduld und Nachdenklichkeit, als Aufschub der Suche nach Bestätigung und als Erwägung solcher Gedanken und Ansichten, die einem erst einmal fremd erscheinen. Eine solche Entschleunigung und Distanznahme würde zu einem zivilisierteren Umgang miteinander beitragen. Ist es damit nun vorbei, und wenn ja, tritt etwas Adäquates an dessen Stelle?

In den westlichen Gesellschaften hat das gedruckte Buch in den letzten 550 Jahren nicht nur als Zivilisationsverstärker gedient. Es stellte auch eine Art Leitgestirn des Wissens dar, das auf der Prämisse beruhte: Die Welt oder, besser, das Buch der Welt ist verstehbar, und das gedruckte Buch enthält das Versprechen, diese Intelligibilität darstellen zu können.[24] Vielleicht kommt diese Vormachtstellung, wie sie Medientheoretiker von Marshall McLuhan bis Michael Giesecke beschrieben haben, allmählich an ihr Ende, auch wenn es weiterhin gedruckte Bücher gibt. Dafür lassen sich eine Reihe von auf den ersten Blick trivialen Gründen anführen. In den Naturwissenschaften beispielsweise sind ökonomisches Wachstum und soziale Beschleunigung gerade dabei, das Publikationswesen vollständig umzukrempeln. Open Access, wie wir es heute kennen, dürfte nur der erste Schritt hin zu neuen Publikationsformen sein, bei denen die Erzeugung, Darstellung, Verfügbarmachung, Bearbeitung und Veränderung von Texten nichts mehr mit der linear angeordneten Texterstellung durch einzelne oder einige wenige Autoren zu tun hat. Vielleicht werden in absehbarer Zukunft Blogs, liquide und hybride, nach dem Wiki-Prinzip gefertigte Textkonglomerate einen strukturierten, linear gearbeiteten Text substituieren.

Diese neue Sorte von Texten hat noch eine weitere gravierende Eigenschaft: Computer als Autoren und Leser sind mindestens ebenso relevant wie Menschen; und das hängt mit der Vorstellung zusammen, daß die Welt, wenn sie denn einmal in die Logik des Computers eingegeben worden ist, für den Menschen nicht mehr ohne weiteres intelligibel ist, und deswegen muß der Computer das Buch als Leitmedium ersetzen. Davon kann die geisteswissenschaftliche Buchkultur gar nicht unberührt bleiben. Die Frage ist nur, wie sich diese beiden, Buchkultur und Informationsverarbeitung, zueinander verhalten. Es gibt nicht wenige Akteure, die sich wie digitale Sozialdarwinisten verhalten und von einem Verdrängungswettkampf ausgehen, bei dem der Schwächere zum Aussterben verurteilt ist. Kein Zweifel, daß damit das Buch gemeint ist. Neben den bereits angeführten Argumenten kann man so einiges hören und lesen: Ein Buch zu schreiben, herauszubringen und auch noch auf Leser bzw. auf Rezeption zu hoffen entspreche einer realitätsfernen Haltung, weil kritisches Lesen maßlos überschätzt werde und – wie Vilém Flusser das schon vor über 25 Jahren befürchtet hatte – eine aussterbende Kulturtechnik sei.[25] Oder auch: Bücher seien überflüssig, weil sie sich kaum in jene akademischen Evaluationsverfahren eingemeinden lassen, die sich seit einigen Jahren durchgesetzt haben. Schließlich: Digitale Texte werden angeblich mehr rezipiert als gedruckte Bücher, also werden letztere immer weniger benötigt.

Die Gruppen, die solche Positionen vertreten, kommen aus sehr unterschiedlichen Ecken. Die eine setzt sich eher aus Utopisten und Enthusiasten zusammen, die die Zukunft gar nicht schnell genug erwarten können; die andere besteht aus Bürokraten, Funktionären, Pragmatikern und Technokraten, die ein einheitliches Management der Wissenschaften für wichtiger halten als die Wissenschaft selbst. So unterschiedliche Interessen diese Gruppen auch sonst vertreten mögen, in einem Punkt sind sie sich einig: Sie offenbaren einen kulturkritischen Affekt, der sich gegen diejenigen richtet, die die Buchkultur verteidigen.

Diesen Affekt möchte ich als Bibliophobie bezeichnen und gleich die Gelegenheit nutzen, um ein fundamentales, anscheinend weitverbreitetes Mißverständnis auszuräumen. Immer wieder wird ein Gegensatz zwischen Bibliophobie und Bibliophilie behauptet. Das ist abwegig. Bibliophile haben stets nur einen verschwindend geringen Teil unter denjenigen ausgemacht, die gedruckte Bücher benutzen und auch weiter benutzen wollen. Die meisten Bibliothekare beispielsweise sind überhaupt nicht bibliophil orientiert und entwerten Bücher, indem sie Schutzumschläge wegschmeißen, Paperbacks zum Buchbinder geben, um sie in einem zumeist häßlichen Festeinband widerstandsfähiger zu machen, und die Bücher auch sonst mit Stempeln, nicht entfernbaren Aufklebern, Barcodes usw. versehen. Das ist gar nicht zu kritisieren, hat aber eben nichts mit Bibliophilie zu tun, ebensowenig wie die überschaubaren Büchersammlungen vieler Leserinnen und Leser, die auf die Inhalte ihrer Bücher, nicht aber auf seltene Erstausgaben oder kostbare Bucheinbände Wert legen.

Kurz gesagt: Die meisten Anhänger der gedruckten Bücher sind nicht bibliophil. Man kann Bücher aus wissenschaftlichen, urheberrechtlichen oder ökonomischen Gründen für unverzichtbar halten; man kann das Verhältnis von Autor und Leser für vorrangig halten; man kann Bücher als ideale Medien zur Unterbrechung der üblichen Kommunikationskaskaden auffassen; oder man kann, allgemeiner verstanden, Bücher als perfekte Organe einer Kulturtechnik auffassen, welche die Möglichkeit bieten, Aussagen zu bestimmten Aspekten der Welt zu machen und diese Aussagen auf Dauer zu stellen, indem sie für lange Zeit in Bibliotheken, zu einem kleinen Teil in Buchhandlungen und neuerdings zu einem immer größer werdenden Teil im Netz befragbar sind. In den Augen der bibliophoben Kulturkritiker sind all diese – unterschiedlich guten – Argumente Hekuba. Mit großem Gestus behaupten, fordern und beschwören sie das Ende des gedruckten Buches, als würde damit eine gewaltige Last von der Zivilisation abfallen. Somit wäre Buchkritik nur die Abbreviatur für die Kritik einer dominanten, wenn auch heterogenen Kultur, in der wissenschaftliches Denken, Entfalten und Kommunizieren nach wie vor im und mit dem Buch stattfindet.

Ob das gedruckte Buch irgendwann einmal von einer großen Mehrheit derjenigen, die sich in der Welt des Wissens bewegen, als ungeeignetes Erkenntnisinstrument, als umständlicher Wissensspeicher und vor allem als haptisch und visuell unattraktiver Gegenstand angesehen wird? Wenn es dahin kommen sollte, dann ist es nur konsequent, darauf zu verzichten. An diesem Punkt befinden wir uns jedoch nicht, und das ist der Ausgangspunkt für die vorliegende Schrift. Meine Überlegungen zur Situation des Buches fasse ich in drei Kapiteln zusammen, nämlich erstens *Kulturkritik und mediale Heilserwartung*, womit gemeint ist, daß in jeder Phase von kultureller Unübersichtlichkeit grundsätzliche Zweifel gesät

werden, die sich entweder in einer pessimistischen Geschichtsphilosophie oder in einer medialen Heilserwartung entladen.
Ich möchte zeigen, daß die Kritik am gedruckten Buch, die
sich nach wie vor einiger Beliebtheit erfreut, in einer älteren
Tradition der Kulturkritik steht, die weit hinter die Anfänge
des Internet zurückreicht und eine anti-intellektuelle Tendenz
zum Vorschein kommen läßt, der sich die heutigen Anhänger
der Bibliophobie wohl eher unbewußt bedienen. Diese Tendenz hat neben anderen Faktoren dazu beigetragen, daß sich
das wissenschaftliche Publikationswesen zumindest im Hinblick auf Zeitschriftenartikel in wenigen Jahren grundlegend
verändert hat. Deswegen geht es, zweitens, in dem Kapitel
Alles umsonst. Open Access um eine genauere Beleuchtung der
verschiedenen Bedingungen, Praktiken und Konsequenzen, die
mit Open Access verbunden sind, und zwar in wissenschaftlicher, politischer, kultureller und ökonomischer Hinsicht.
Dabei ist fast ausschließlich von den Naturwissenschaften
die Rede, was in einem Buch, das sich ausdrücklich mit der
Situation des gedruckten Buches befaßt, überraschen mag.
Ich bin allerdings der Auffassung, daß Open Access die neue
Umwelt darstellt, in der sich Bücher zurechtzufinden haben.
Davon handelt, drittens, das Kapitel *Vom Buch zum Buch*, in
dem nach einem historischen Rückblick in die zweite Hälfte
des 20. Jahrhunderts, die nicht selten als *Goldenes Zeitalter*
des geisteswissenschaftlichen Buches bezeichnet wurde, dessen
gegenwärtig noch dominierende Kultur vis-à-vis der digitalen
Perspektiven zwischen E-Book und Open Access diskutiert
wird. Abschließend wird in einem kurzen Epilog der unbe-
scheidene Versuch unternommen, Argumente für die genuine
Unverzichtbarkeit des gedruckten Buches zu versammeln.

Kulturkritik und mediale Heilserwartung

Kulturkritik – dieser Begriff ist in der Einleitung mehrfach gefallen. Das Spektrum der Kulturkritik reicht von reaktionärer Spielverderberei bis hin zum pointierten, legitimen Kommentar historischen Geschehens.[1] Insbesondere, wenn es um gesellschaftliche, technologische und mediale Umbrüche geht, hat Kulturkritik stets auf der Tagesordnung gestanden. Die einen geben sich als Kulturkritiker und beklagen Trends und Tendenzen ihrer Zeit, andere halten Kulturkritik für ein Schimpfwort, mit dem sie reaktionäre Positionen abwehren. Im digitalen Raum dient der Begriff häufig als Allzweckwaffe, um Einwände gegen digitales Schreiben und Publizieren oder Argumente für das gedruckte Buch zurückzuweisen und denjenigen, die solche Positionen vertreten, destruktive Absichten zu unterstellen. Der Vorwurf, der dahintersteckt, läßt sich einfach auf den Punkt bringen: technophobe Attitüden der Ewiggestrigen, die sich nicht von der alten Zeit, in der alles besser war, lossagen können. Wir haben es hier mit einer Standardsituation der Zukunftseuphorie zu tun. Wer nach vorne schaut und mit dem Wind des technologischen Fortschritts segelt, hat es nicht schwer, den anderen Kulturkritik vorzuwerfen. Die Frage ist aber, ob Kulturkritik als Haltung und ihr vermeintliches Gegenteil so einfach auseinanderdividiert werden können. Gegen diese Trennung wäre einzuwenden, daß die emphatische Rede von der Abdankung des Buches selbst als Ausdruck einer Haltung zu verstehen ist, die im Kern kulturkritische Züge trägt. Das ist die These, die ich im Folgenden vertreten möchte. Dazu noch einige eingrenzende Bemerkungen.

Kulturkritik, wie ich sie hier verstehe, funktioniert nach einem recht simplen Schema. Sie hält sich erstens nicht mit diesem oder jenem Aspekt ihres Gegenstands auf, sondern zielt auf das Große und Ganze. Dabei behandelt sie die Phänomene, auf die sie es abgesehen hat, als Kollektivsingular. Wenn beispielsweise *Das Buch* oder *Das Internet* ins Visier gerät, dann ist damit eine ganze soziokulturelle bzw. technische Einrichtung gemeint, für die Buch oder Netz nur als Stellvertreter fungieren. Es ist immer mehr gemeint als nur ein Gegenstand oder eine technologische Errungenschaft. Zweitens: Kulturkritik ist apodiktisch. Sie kennt keine Selbstzweifel, ist sich ihrer Sache gewiß, teilt alle Diskursteilnehmer in ein Freund-Feind-Schema ein und deutet gegenteilige Ansichten und Argumente gerne im Gewimmel eines Verschwörungsszenarios. Dementsprechend lassen Anhänger solcher Szenarien nicht mit sich reden, denn sie meinen immer schon zu wissen, wie diejenigen Ansichten beschaffen sind, die von ihren eigenen abweichen. Zudem wirkt die Annahme einer Verschwörung als Aggressionsgenerator, der es ermöglicht, sich selbst als aufrechten Kämpfer zu stilisieren, der gegen einen vermeintlich übermächtigen Feind antritt. Drittens muß Kulturkritik keineswegs rückwärtsgewandt sein und sich nach einer guten alten Zeit sehnen. Es wäre ein großes Mißverständnis, Kulturkritik nur unter den Ewiggestrigen auszumachen. Die Verachtung für das Bestehende kann sich ebensogut mit einem erwartungsvollen Blick in die Zukunft zusammentun.

Diese drei Kriterien, die keineswegs immer im Gleichschritt zur Geltung kommen müssen, bedeuten im Hinblick auf die Diskussionen um das Buch, daß der Gestus der Kulturkritik Netzkritikern und Buchkritikern gleichermaßen eigen sein kann. Insofern wäre es reizvoll, die entsprechenden Kombattanten einer vergleichenden Analyse zu unterziehen, insbesondere die Art und Weise, wie sie die Rivalität zwischen Buch und Netz etablieren, die doch keine natürliche, sondern eine von verschiedenen, vor allem mit ökonomischen Absichten vorgehenden Akteuren konstruierte ist. Tatsächlich wird von beiden die Rede sein, und doch lege ich den Schwerpunkt auf die Kritik des Buches, weil ein Hauptanliegen dieses Kapitels darin besteht, eine Kontinuität der Buchkritik aufzuzeigen, die ihre Anfänge lange vor der Zeit des Internet hat.

Darüber hinaus scheint mir die gegen das gedruckte Buch gerichtete Kulturkritik ein bislang zwar beachtetes, aber zu wenig analysiertes Phänomen zu sein. Und sosehr das Netz nach den Enthüllungen durch Edward Snowden einer grundlegenden Kritik ausgesetzt ist, so wenig ist davon zu spüren, wenn es um die Erzeugung und Verbreitung wissenschaftlichen Wissens geht. Das ist eine erstaunliche Verdrängungsleistung. Als ob Attribute wie Offenheit, Zirkulation, Transparenz, Vernetzung, Schwarm oder Datenakkumulation, die einst den unwiderstehlichen Charme des Internet ausmachten und inzwischen ihre dunkle Seite hervorkehren, nicht auch für die Wissenschaften zu hinterfragen wären. Zu häufig wird suggeriert, Mißbrauch, Machtakkumulation oder Monopolisierung könnten mit ein paar neuen Regeln beherrscht werden.

Von Datenmanipulation und Plagiaten ist häufig die Rede – zu Recht, denn solche Fälle unterminieren den moralischen Kredit der Wissenschaften. Doch darüber wird vergessen, was entsprechende Machtmonopole mit sauberen Daten und ehrlichen Texten im Netz alles anfangen können. Es ist ein bißchen langweilig, immer wieder Amazon oder Google als Beispiele für zivilisationsgefährdende Entwicklungen im Netz heranziehen zu müssen, aber das liegt daran, daß diese beiden Konzerne zur Zeit eine Monopolstellung haben, an der sich solche Tendenzen exemplarisch festmachen lassen. Mittelfristig werden es vermutlich andere Akteure sein, die sich mit geistes- und naturwissenschaftlichen Daten in nicht-wissenschaftlicher Absicht befassen. Daß Wissenschaftler, Bibliothekare und Wissenschaftsbürokraten zu diesem Themenkomplex in der Regel nur wenig zu sagen haben, nährt die Vermutung, sie hätten auch im digitalen Betrieb den Elfenbeinturm nicht verlassen.

Der Untergang des Buches
nach dem Ersten Weltkrieg

Die Sottise vom stinkenden Geist ist nicht nur häufig, sie ist auch falsch zitiert worden. Rund 50 Jahre nach dem *Zarathustra*, 1932, führt Theodor Lessing seinen Säulenheiligen Nietzsche an: »Noch ein Jahrhundert Buchdruck und der Geist

selber wird stinken.« Das ist ein kleiner, kaum zufälliger Lese-
fehler, der Nietzsches Satz eine ziemlich andere Wendung gibt.
Nicht mehr der Leser wird dem Geist gefährlich, sondern eine
ganze Kulturtechnik steht unter Generalverdacht. »Untergang
des Buches«, so lautet die Überschrift im Feuilleton des *Prager
Tagblatts*, und damit ist kein Bedrohungsszenario gemeint.
Vielmehr wird das ersehnte Ende des Gutenberg-Zeitalters in
Aussicht gestellt.

Zunächst konstatiert Lessing einen fundamentalen Wandel
der Bedeutung des Buches seit dem 19. Jahrhundert: Während
noch bis hin zu Schopenhauer Bücher unter dem Eindruck
einer Unsterblichkeitsnorm geschrieben wurden, die darauf
baute, daß erst die Nachwelt das eigentliche Anliegen eines
Buches verstehen würde, verlagerte sich seitdem die Produktion immer mehr auf das Hier und Jetzt. Bücher dienen prag-
matischen Bedürfnissen wie Unterhaltung und Belehrung,
Entspannung und Spaß, allesamt Symptome einer westlichen
Demokratisierung und Sozialisierung, die das Besondere und
Einmalige zurückdrängen, um das Austauschbare und Repro-
duzierbare aufs Podest zu heben. Kein Wunder, daß Lessing
Stefan George und seinen Kreis als Widerstandsnest aufruft, in
dem das Esoterische der handschriftlichen Artikulation gegen
die Gefahr der inflationären, kompromittierenden Publizität
schützen soll. Auch da, wo Bücher die »anspruchsvolle Geistigkeit« erhöhen, erdrücken sie Unmittelbarkeit, Lebendigkeit
und das Gefühl für den Augenblick. Dieses Gefühl ist gerade
nicht mit einem aktuellen Faszinationserlebnis zu verwech-
seln, sondern gilt als authentische und schöpferische Beschäf-
tigung der Seele. Entsprechend sind »schöpferische Menschen
schlechte Leser«, sie »fürchten das Buch«.[2]

Hier kommen zwei Punkte zusammen, die im Prinzip un-
vereinbar sind. Zunächst einmal variiert Lessing Nietzsches
Kulturkritik: Das Buch als Medium für Trivialitäten, Unterhaltung und Popularisierung ist an die Stelle von Belehrung,
Originalität und Form getreten. Letztlich geht es ihm aber
nicht darum, eine Fortsetzung des Kulturverfalls seit dem späten 19. Jahrhundert zu konstatieren. Sein Vorwurf richtet sich

vielmehr gegen das Buch als Repräsentanten der neuzeitlichen Kultur schlechthin. Deswegen sollen die seit dem Buchdruck etablierten Methoden, Praktiken und Resultate der Gelehrsamkeit grundsätzlich in Zweifel gezogen werden. Bei Lessing taucht ein neues Element der Kulturkritik auf, das nichts mehr mit der Klage zu tun hat, der Siegeszug des Journalismus und des Massenmediums Zeitung habe das Buch verdorben. Im Gegenteil: Gute Tageszeitungen – Lessing schreibt seit 1922 regelmäßig für das *Prager Tagblatt* – garantieren eine lebendige und anregende Lektüre. Die Kalamitäten mit dem Buch liegen im Medium selbst begründet, beginnend mit dem Buchdruck, der im großen und ganzen nur Elend über die Menschheit gebracht habe: Buchdruck, das ist neben dem Schießpulver die »teuflischste Erfindung des Menschengeistes. […] Die Waffen der Fäuste wie der Gehirne sind eine schwere Last geworden.«[3]

Daß Schießpulver und Buchdruck in einem Atemzug genannt werden, ist keine neue Assoziation, sie reicht bis ins 15. Jahrhundert zurück. Damals haben einige Humanisten beide Erfindungen mit viel Stolz und mangelnder Sachkenntnis auf das Konto der deutschen Nation verbucht.[4] Die Trias von Buchdruck, Schießpulver und Kompaß steht dann am Beginn der neuzeitlichen Wissenschaft und Fortschrittsgläubigkeit, zumindest für Francis Bacon, der diesen Erfindungen den größten Einfluß auf die Menschheitsentwicklung zuschreibt und in diesem Zusammenhang den berühmten Satz formuliert, der gesündeste und ehrwürdigste Ehrgeiz des Menschen bestehe darin, sich die ganze Natur untertan zu machen.[5] 200 Jahre später bekümmert sich Bacons Leser Hegel in seiner Geschichtsphilosophie weniger um die Naturbeherrschung, aber er attestiert Buchdruck und Schießpulver gleichermaßen einen »modernen Charakter«. Das Fortschrittsmoment dieser Erfindungen liegt für Hegel darin, daß sie eine Bewegung weg vom Physischen, Lokalen und Besonderen, hin zu einem Allgemeinen weisen, in dem der Geist – mal als »geistiger Mut«, mal als »emanzipatorischer Menschengeist« – sich zu entfalten vermag.[6]

Wenn Bacon und Hegel Krieg und Wissenschaft bzw. Buchdruck unter dem Gesichtspunkt des Fortschritts und der Machttechnologien zusammendenken, dann tun das, mit entgegengesetzter Bewertung, auch ihre luddistischen Kritiker, die irgendwann zwischen der Nacht des Ersten Weltkriegs und dem Vorabend der nationalsozialistischen Barbarei schreiben. Im berüchtigten Schlußkapitel von *Der Untergang des Abendlandes*, das der Maschine gewidmet ist, notiert Oswald Spengler, daß die Chinesen so ziemlich alle Erfindungen des Abendlandes – Buchdruck, Schießpulver, Kompaß usw. – auch gemacht haben, aber mit einem entscheidenden Unterschied: »Der Chinese schmeichelt der Natur etwas ab, er vergewaltigt sie nicht. Er empfindet wohl den Vorteil seines Wissens und macht Gebrauch davon, aber er stürzt sich nicht darauf, um es auszubeuten.«[7] Man sieht, wie eng nicht-eurozentrische Perspektive und antidemokratische Kulturkritik hier zusammenrücken, um eine suggestive, aber simplizistische Klassifikation anzubieten, die das eigentliche Geschäft des Historikers, nämlich eine kritisch-differenzierende Analyse, von vornherein suspendiert.

Seit dem Ausbruch des Ersten Weltkriegs, stand Lessing unter einem anhaltenden zivilisatorischen Schock, der ihn zu einer schonungslosen Abrechnung mit der abendländischen Kultur der Neuzeit führte. Wenn man bedenkt, wie rückhaltlos sich die große Mehrheit der deutschen Professoren 1914 in das Heer der Kriegstrunkenen einreihte, wird Lessings Bitterkeit über die politische Blindheit der Kultur nachvollziehbar.[8] Das erste Resultat seiner Auseinandersetzung war die 1918 unter dem Titel *Europa und Asien* in Franz Pfemferts *Politischer Aktions-Bibliothek* publizierte Streitschrift, die bis 1930 in mehreren erweiterten Neuauflagen zu einer umfangreichen Monographie ausgearbeitet wurde, deren Untertitel – *Der Untergang der Erde am Geist* – nicht nur gute Assoziationen weckt. Bereits in der ersten Auflage des Buches werden Buchdruck und Schießpulver gemeinsam als Beispiele für eine technisch aufgefaßte Kultur eingeführt, die es auf Können, Leisten und Produzieren absieht und doch nichts anderes im Sinn hat als Ausbeutung, Kapitalakkumulation und Gewalt.[9]

Man muß Lessings Kritik der abendländischen Leitparadigmen und speziell der Wissenschaften nicht im Detail untersuchen, um zu erkennen, daß für ihn die konsequent ins Inferno des Weltkriegs mündende Geschichte der europäischen Machtkämpfe auch eine geistige Seite aufweist. Sie besteht darin, daß Vernunft und Objektivität, Kausalität und Mechanik, Arbeitsökonomie und Verabsolutierung der Maschine seit den Zeiten eines Galilei, Descartes und Kant zu einer »Abtötung lebendiger Seele« geführt haben. Der individualistische und abstrahierende, mit Logik und zukunftsorientiertem Machtbewußtsein operierende Geist steht im Kontrast zur sinnlichen und anschauenden, mit der Natur im Einklang stehenden Seele. Höhepunkt dieser Entwicklung ist für Lessing die Einsteinsche Relativitätstheorie, die mit ihrer Verabschiedung des absoluten Raums und der absoluten Zeit auch die »Anschauung erlebbaren Lebens« aufgibt. Moderne Physik ist das avancierteste »Kampfes- und Übermächtigungsmittel des europäischen Willens zur Macht, welcher das an sich immer nur Erlebbare kopf- und handfertig zur Bewußtseinswirklichkeit umbaut«.[10]

Demnach fügt sich die Relativitätstheorie für Lessing mit Taylorismus, Hegels Geschichtsphilosophie, Evolutionstheorie, Marxismus und Kants Vernunftkritik zu einer einheitlichen europäischen Geistesordnung zusammen, die bereits im Kern verfehlt ist, weil sie sich gegen die Natürlichkeit des Lebens richtet; und das durchzieht alle Bereiche und Formen der modernen Kultur. Mechanistisches Weltbild und Rationalität, Buchdruck und Schießpulver, Vernunft und Bewußtsein, Abstraktion und Anschauungsverlust, Technik und Macht, Genußsucht und Unterhaltung, sterile Gelehrsamkeit und Produktivität, das alles wird zusammengezogen zu einer europäischen Mentalität, deren stärkste und damit gefährlichste geistige Waffe das gedruckte Buch darstellt.

Es lassen sich leicht Übereinstimmungen mit konservativen Denkern wie Spengler oder Ludwig Klages – Namen, die

Lessing selbst aufruft – aufzeigen, etwa mit Spenglers berühmt gewordener These, wonach es sich bei der Kausalität
um ein kontingentes kulturelles Konstrukt und nicht um eine
universell gültige Kategorie handle.[11] In Lessings schroffen
Worten heißt es, daß »die gesamte europäische Wissenschaft
[...] in der großen Menschheitslüge ›Kausalität‹ verwurzelt
bleibt. Wir wollen das Zustandekommen, das Gemachtwerden,
die Realgründe der Dinge erforschen und verlieren damit ihr
Leben aus dem Auge.«[12] Solche Sätze sind nicht wegen ihres
kulturalistischen Relativismus, sondern wegen ihres verabso-
lutierenden Rigorismus schwer zu verdauen.

Andererseits ist aber auch zu berücksichtigen, daß Klages
und Spengler sich mit ihrer elitären, antidemokratischen Haltung als probate Gewährsleute für den Untergang der Weimarer Republik erwiesen, während Lessing seinen Kampf gegen
Rassismus, Nationalismus und Militarismus 1933 mit dem
Leben bezahlen mußte, als Schergen der Nationalsozialisten
ihn im tschechischen Exil ermordeten.[13] Ein Jahr zuvor indes
spielte Lessing mit dem Titel seines Artikels »Untergang des
Buches« eindeutig auf Spenglers Hauptwerk an, auch wenn
beide den Begriff *Untergang* auf unterschiedliche Weise be-
nutzten. Während Spengler in seiner morphologischen Geschichtsphilosophie Auf- und Untergang einer Kultur als Eck-
punkte eines natürlichen, zwangsläufigen Prozesses versteht,
versteht Lessing den Untergang des Buches nicht als Vorgang
mit zyklischer Folgerichtigkeit, wohl aber als ein fortschritt-
liches Ereignis.

Kulturkritik entpuppt sich hier als ein ambivalentes Unternehmen, wenn die Vision vom Verschwinden des Buchdrucks
ausgerechnet mit einem euphorischen Verweis auf die Technologien der näheren Zukunft legitimiert wird, die genau
jener rationalen Ordnung entstammen, die Lessing eigentlich
für das ganze Übel verantwortlich macht. Konkret prognosti-
ziert er – hellsichtig – »redende und tönende Bücher« sowie
»Lesefilme«, die traditionelle Bibliotheken überflüssig machen
oder sie zumindest in eine palavernde Agora verwandeln. Ist
es einmal so weit gekommen, wird sich das Buch von selbst

verflüchtigen. Es mag der Luxusdruck übrigbleiben, der ohnehin »wie ein Werk der bildenden Kunst auf Dauer angelegt« ist, doch die Tage des gemeinen und immer billiger werdenden, auf den Konsum zugeschnittenen Buches sind für Lessing gezählt. An jenem nicht mehr allzu fernen Tag werden sich dann auch breite Bildung und Gelehrsamkeit erledigt haben, weil die Menschen »zum Bücherlesen viel zu reich, voll und erfüllt« sind.[14]

Hinter dem Ende des Buches steht die Vision einer anderen menschlichen Lebensform. An diesem Punkt treffen sich Lessings hochgesteckte Erwartungen mit der frühen Filmtheorie, die sich von der visuellen Kultur eine neue Sichtbarkeit des Menschen verspricht. Für den Filmtheoretiker Béla Balázs ist das Wort erst mit dem Buchdruck »zur Hauptbrücke zwischen Mensch und Mensch geworden« und hat damit zu einer regelrechten Spaltung zwischen Körper und Seele geführt: »Die Kultur der Worte ist eine entmaterialisierte, abstrakte, verintellektualisierte Kultur, die den menschlichen Körper zu einem bloßen biologischen Organismus degradiert hat.«[15] Erst mit dem Film wird der menschliche Körper als Ausdrucksorgan wieder in seine Rechte eingesetzt. Buchkritik als Kulturkritik erschöpft sich also keineswegs nur im Gestus der schlechtgelaunten Ablehnung. Marshall McLuhan avant la lettre: Unter dem Eindruck optischer Medien bringen die zwanziger Jahre die visuelle Kultur gegen die herrschende Kultur des Wortes in Stellung, um der Menschheit den Weg in eine üppigere Zukunft zu weisen. Kritik des Status quo und ein optimistischer Blick auf die technologischen Apparaturen reichen sich die Hand.

Um 1930 war der Mikrofilm schon nicht mehr ganz taufrisch, da man sich bereits vor dem Ersten Weltkrieg Gedanken über neue Speicherformen und Zirkulationsweisen von Büchern gemacht hatte,[16] aber nun kam auch noch der Wunsch nach technischen Medien hinzu, welche die Lesegeschwindigkeit erhöhen sollten. So propagierte der amerikanische Journalist Robert Carlton Brown, von dem Lessing vermutlich nichts wußte, ein transportables Lesegerät, das eben diese Effizienzsteigerung ermöglichen und den Buchdruck überflüssig machen sollte. Browns jenseits aller Psychophysiologie operierende Hoffnung bestand darin, die Lesegeschwindigkeit mittels dieses Geräts derart auf Touren zu bringen, daß sich ein ganzer Roman in zehn Minuten bewältigen ließe.[17]

Solche Rekordphantasien waren maßlos, doch um Schnelligkeit ging es zur gleichen Zeit auch bei einem so bedeutenden Typographen wie Jan Tschichold, wenn er das »Überfliegen eines Textes« für die angemessene moderne Art des Lesens hielt und die Typographie der Tageszeitung als ideal für die »zunehmende Beschleunigung des Lesetempos« ansah.[18] Natürlich wollte Tschicholds *Neue Typographie* das gedruckte Buch nicht abschaffen, sondern mit den avanciertesten technologischen Entwicklungen kompatibel machen. Insofern verfolgte er eine ganz andere Strategie als Brown mit seinen Lesegeräten, aber immerhin hingen beide Protagonisten Optimierungsphantasien an, um die Lesegewohnheiten an das »Tempo der umwälzenden technischen Erfindungen«[19] anzupassen. Von dieser Position ist Lessings Ansatz scharf abzugrenzen. Indem er das Heil des gesprochenen oder visualisierten, jedenfalls des papierlosen Buches darin erblickte, daß »der Mensch einst sein ganzes Seelenelement zum Ausdruck bringen« könne, zielte er auf das genaue Gegenteil eines optimierten Turbolesens. Ein und dieselbe technische Vorrichtung, das Lesegerät, wurde somit unter völlig unterschiedlichen anthropologischen Voraussetzungen gepriesen.

Man würde Lessings erlebnisfreundlichen und kritikunfreundlichen Blick in die Zukunft des Lesens vielleicht anders bewerten, wenn er nicht ein Jahr später eines der ersten Opfer der nationalsozialistischen Henker geworden wäre. So bleibt aber doch mit aller Behutsamkeit die Frage zu stellen, ob nicht die Vernunft oder der von Lessing so verachtete Geist mitsamt seinem Leitmedium, dem gedruckten Buch, neben ihrer Machtanfälligkeit auch ein kritisch-distanzierendes Potential entfalten können, das in der vermeintlichen Authentizität des Erlebens wieder kassiert wird. Die Frage, ob nicht vielleicht einen Vorzug hat, der Illusion einer permanenten Anschauungsfülle, Präsenz und Erlebniswilligkeit die

Distanzierungsmöglichkeit in Gestalt von Unverfügbarkeit, Skepsis und Kritik entgegenzusetzen – und zwar systematisch entgegenzusetzen, weil die Abschaffung des *Sapere aude* in der neueren Geschichte noch nie zu einem glücklichen Ende geführt hat –, konnte Lessing sich nicht mehr vorlegen. Im frühen 21. Jahrhundert, da nicht wenige Zeitgenossen zu der Überzeugung zu gelangen scheinen, daß man sich der Mühe der gründlichen Lektüre eines umfangreicheren Buches am besten gar nicht mehr zu unterziehen braucht, weil dort, bisweilen umständlich, die Ausfaltung der Argumente und die ausführliche Auseinandersetzung mit anderen Autoren in der Regel höheren Zeitaufwand als die Netzlektüre erfordert, sollte man dieser Frage nicht ausweichen.

Technologie hat noch nie ein ideologiefreies Eigenleben geführt, und es sind auch nie beliebig viele Ideologeme, die um eine neue Technologie herum versammelt werden. Dementsprechend lassen sich gewisse Ähnlichkeiten zwischen Browns Pragmatismus und Lessings Phänomenologie der unmittelbaren Erlebnishaftigkeit mit den gegenwärtigen Diskussionen um gedrucktes Buch und Netzlektüre erkennen. Browns Geschwindigkeitsrausch steht für die Ideologie einer visuellen Effizienzsteigerung, Lessings Menschenfreundlichkeit für den Glauben an eine *wahre* menschliche Natur, die – um der Kritischen Theorie diesen Begriff zu entlehnen – aus den modernen Fesseln der Entfremdung gelöst werden muß, indem das individualistisch-abstrakte Buchstudium zugunsten eines gemeinschaftlichen Bildschirmerlebnisses aufgegeben wird. Die Ähnlichkeiten liegen nun weniger darin, daß sich hier eine Art Vorläufer der Idee des elektronischen Buches versteckt. Wie fast immer gerät das Vorläufer-Modell schnell an seine Grenzen, denn vieles, was heute relevant ist, war es für Lessing nicht. Beispielsweise hatte er ein unproblematisches Verhältnis zur Figur und Rolle des Autors, das man nach den von Roland Barthes und Michel Foucault angestoßenen Debatten nicht mehr ohne weiteres haben kann; und von interaktiven Texten, die mittels der *Weisheit der Vielen* entstehen und sich permanent verändern, ist bei Lessing auch nicht die Rede.

Die Ähnlichkeit zwischen Lessings Kritik des Buches und den heutigen Positionen besteht darin, daß in beiden ein bestimmtes Muster erkennbar wird, das ich oben als Verschränkung von Kulturkritik und Heilserwartung bezeichnet habe. So heftig die Kritik an Praktiken, Theorien und Werten der wissenschaftlich-technologischen Ordnung der Vergangenheit und Gegenwart auch sein mag, so groß sind die Hoffnungen auf die technologischen Entwicklungen der Zukunft, welche die Menschheit von einer schweren Bürde befreien sollen. In einer solchen Situation wird das gedruckte Buch als Emblem für Rationalität, Kälte und Macht tatsächlich zum Sündenbock, der in die Wüste geschickt wird. Lessings Plädoyer für die Abschaffung des Buches ist mit einem anti-intellektualistischen Anstrich versehen: Zur einen Hälfte wird gegen das Buch als Massenware polemisiert, zur anderen gegen jene »anspruchsvolle Geistigkeit«, die in dem notorischen Verdacht steht, sich der geschichtlichen Wirklichkeit zu entziehen.[20] Elfenbeinturm, Glashaus, Klause, Gelehrtenstube, Labor, Bibliothek traditionellen Typs – das sind alles Begriffe für die Bedingungen einer wissenschaftlichen, gelehrten und auch künstlerischen Produktion, gegen die sich eine bibliophobe, antirationalistische Stimmung breitmacht. Und jenseits davon ist das Plädoyer mit einer anthropologischen Heilserwartung verbunden, die davon ausgeht, daß postmaterielle Formen des Buches einer adäquateren, reichhaltigeren menschlichen Artikulation und Kommunikation entsprechen – als ob man dem Wesen des Menschen mit technologischen Veränderungen ein Stück näherkäme.

Das Buch am *Ende der Gutenberg-Galaxis*

Theodor Lessings Bibliophobie ist vor dem Hintergrund des Ersten Weltkriegs und einer Abrechnung mit der abendländischen Tradition zu verstehen. Diese historische Verankerung macht seine Kritik aber nicht zu einem Sonderfall, wie das Beispiel eines anderen, berühmteren Buch-Apokalyptikers zeigt.

Ähnliche Argumentationsmuster im Geflecht von Kulturkritik und Heilserwartung gibt es nämlich auch bei McLuhan, der, als er seine einflußreichen Bücher zu Beginn der sechziger Jahre des letzten Jahrhunderts schrieb, keineswegs E-Books und digitale Lesegeräte vor Augen hatte, sondern sich am Fernsehen orientierte und schlicht vom elektrischen Zeitalter sprach. Daraus leitet er – ganz zeitgemäß der Metaphorik des Raumschiffs verpflichtet, das von einem Universum ins nächste reist – das Ende der Gutenberg-Galaxis ab. Die Radikalität dieser Zäsur zeigt sich gerade daran, daß der Buchdruck von Anfang an revolutionäre psychische und soziale Konsequenzen für den abendländischen Menschen hatte. Dazu zählen die »Ausweitung des Sehvermögens«, die »Vorstellung einer wiederholbaren Präzision« und vor allem die neuzeitliche Ablösung vom mittelalterlichen Korporatismus, die in Distanzierung, Individualität und Unbeteiligtsein bestand. Der Individualismus bedeutete eine Abspaltung des Denkens von den Gefühlen und »die Macht zu handeln, ohne zu reagieren«.[21]

Nicht reagieren müssen – das erinnert an Nietzsche, der die Hemmung zum Dreh- und Angelpunkt der Erziehung gemacht hatte: »Das Urteil hinausschieben, den Einzelfall von allen Seiten umgehn und umfassen lernen. […] auf einen Reiz *nicht* sofort reagiren, sondern die hemmenden, die abschliessenden Instinkte in die Hand bekommen«.[22] Beachtenswert ist, wie sich die postulierte Dissoziation zwischen Wahrnehmung und Bewegung von Nietzsche zu McLuhan verschiebt: Während Nietzsche die Hemmung als »Vorschulung zur Geistigkeit« schlechterdings versteht – und sich bitter beklagt, daß die Deutschen dazu vor lauter Machtpolitik nicht mehr fähig sind –, begreift McLuhan diese Hemmung umgekehrt als Vorbedingung für die neuzeitliche Überlegenheit des Westens schlechthin. Er konzipiert den nicht-reagierenden Menschen als historisches Produkt des Buchdrucks. Die Konstellation bringt den Gelehrten ebenso wie den Experten und den Literaten, aber eben auch den rücksichtslos kalkulierenden Machtmenschen hervor: »Der Buchdruck lehrte die Menschen sagen: ›Zum Teufel mit den verdammten Torpedos, Volldampf voraus!‹«[23]

Nicht der Krieg, das Buch wird zum Vater aller (guten und bösen) Dinge, und genau diese Herrschaft gelangt nach McLuhan mit den elektr(on)ischen Medien an ihr Ende, weil einsames Forschen und Schreiben in der Bibliothek oder am heimischen Schreibtisch obsolet werden. Die weltweite Vernetzung der Kommunikation bedeutet eine technologische Ausweitung unserer Sinne und unseres Gehirns, und das macht bloße Aktion, Distanzierung, Gefühllosigkeit und Individualität – und Bücherschreiben – unmöglich. Wenn die Welt zum gut verschalteten Dorf zusammenschrumpft, werden Aktion und Reaktion zu ein und demselben Vorgang. Die Trennung von Verstand und Gefühl wird aufgehoben, und es bildet sich eine neue, erlebnistiefe und mystische Ganzheitlichkeit, die nun nicht mehr, wie im Mittelalter, göttlicher Eingebung, sondern digitaler Vernetzung folgt: »Im elektrischen Zeitalter, das unser Zentralnervensystem technisch so sehr ausgeweitet hat, daß es uns mit der ganzen Menschheit verflicht und die ganze Menschheit in uns vereinigt, müssen wir die Auswirkungen jeder unserer Handlungen tief miterleben. Es ist nicht mehr möglich, die erhabene und distanzierte Rolle des alphabetischen westlichen Menschen weiterzuspielen.«[24]

Die Weimarer Republik 1932 ist nicht Toronto im Jahre 1964. Lessings Rousseauismus ist nicht dasselbe wie McLuhans katholischer Mystizismus, aber im Hinblick auf das Ende des gedruckten Buches entwickeln beide eine doppelte Fluchtlinie von Kulturkritik und anthropologischer Zukunftserwartung, die sich als Leitfaden eignet, um die Problemstellungen der Gegenwart anzugehen. Nimmt man Browns geschwindigkeitsberauschte Leseoptimierung noch hinzu, so verfügt man über drei grundlegende, in verschiedenen Variationen vorgebrachte Argumente, die heute gegen das gedruckte Buch kursieren. Erstens: Es ist zu schwerfällig, um dem Tempo der heutzutage möglichen Wissenszirkulation zu entsprechen, und demzufolge auch kein einträgliches kommerzielles Produkt mehr. Zweitens: Es ist Ausdruck eines rückwärtsgewandten, individualistischen und hierarchischen Denkens, das Wissen zu einer elitären Angelegenheit macht und viele mögliche Teilnehmer ausschließt. Drittens: Es versperrt die Möglichkeit, menschengerechtere Wege der Wissensproduktion und -präsentation zu beschreiten.

Buchkritik digital

Kontroversen um die Zukunft des gedruckten Buches, um Autorschaft und geistiges Eigentum, um die Rolle von Verlagen und die für Leser kostenlose Bereitstellung aller wissenschaftlichen Literatur haben sich im deutschen Sprachraum an zwei aufsehenerregenden Manifesten entzündet: am Heidelberger Appell, der im Frühjahr 2009 durch den Literaturwissenschaftler Roland Reuß initiiert wurde; und an der Initiative »Wir sind die Urheber«, die im Mai 2012 lanciert wurde. Beide haben in kürzester Zeit zu ansehnlichen Unterschriftenlisten und erbitterten Auseinandersetzungen geführt. Im Folgenden beschränke ich mich auf den Heidelberger Appell, dessen zentrale Forderung noch einmal in Erinnerung zu rufen ist:

»Es muß auch künftig der Entscheidung von Schriftstellern, Künstlern, Wissenschaftlern, kurz: allen Kreativen freigestellt bleiben, ob und wo ihre Werke veröffentlicht werden sollen. Jeder Zwang, jede Nötigung zur Publikation in einer bestimmten Form ist ebenso inakzeptabel wie die politische Toleranz gegenüber Raubkopien, wie sie Google derzeit massenhaft herstellt.«[25]

Was auf den ersten Blick einleuchtend klingt, rief gleichwohl ziemlich kritische Kommentare hervor. Der am häufigsten geäußerte, zwar berechtigte, aber auch nicht allzu schwerwiegende Einwand lautete, daß hier zwei unterschiedliche Dinge miteinander vermengt werden: einerseits die das Urheberrecht verletzende Praxis von Google, bedenkenlos Bücher auf den Scanner zu legen und ins Netz zu stellen, für welche die Urheberrechtsschutzfrist noch nicht abgelaufen war; andererseits die Bestrebung der Allianz der deutschen Wissenschaftsorganisationen und anderer einflußreicher Akteure und Institutionen, Autoren auf eine bestimmte Publikationsform, nämlich Open Access im Netz, am besten auf dem Server der jeweiligen Heimatuniversität, zu verpflichten. Tatsächlich haben diese beiden Phänomene nicht direkt etwas miteinander zu tun, außer daß sie zur gleichen Zeit erheblichen Druck auf Autoren und Verlage auszuüben begannen – und insofern ist es nicht unplausibel, sie unter einer gemeinsamen Perspektive zur Diskussion gestellt zu haben. Open Access wird im nächsten Kapitel behandelt; was Google Books betrifft, so reicht eine kurze Zusammenfassung der Situation.

Megalomane Projekte begleiten die Menschheit seit ein paar tausend Jahren. Die 2004 vorgestellte Vision von Google, alle jemals erschienenen Bücher zu digitalisieren und damit eine Art *World Brain* zu schaffen, in dem das Wissen der Welt versammelt ist, gehört dazu. Die Vorstellung von dem einen, letzten Buch, das alle anderen Bücher in sich einschließt, gehört zu jenem Traum von der Lesbarkeit der Welt, der ein wesentliches Ziel zivilisatorischer Bemühungen definiert. Leider steckt der Teufel im Detail des Geschäftsmodells. Mit gutem Gespür hat Wolfgang Frühwald Googles Pläne in der »Welt traditioneller amerikanischer Erlösungsideen« lokalisiert. Es gehe um »die Verbindung von Geschäft und Moral«, der Erfolg sei ein »diesseitiges Heilszeichen«, und »die Götter dieser technischen Vorstellungswelt heißen Geschwindigkeit, Vernetzung, Kollektiv«[26] – und die Dämonen heißen Verdrängungskampf, Monopolbildung und unermeßlicher Reichtum, so möchte man hinzufügen. Tatsächlich hat Google mit dem wachsenden Widerstand gegen seine Ziele das häßliche Gesicht eines nur auf seine Geschäfte bedachten und seine Geschäftsgeheimnisse strikt wahrenden Unternehmens gezeigt.[27]

Um den Erlösungsanspruch ist es stiller geworden, seitdem das auf dem berüchtigten Opt-out-Modell (Autoren müssen schriftlich Einspruch erheben, damit Google ihre Texte wieder vom Netz nimmt) basierende Settlement, das Google mehr oder weniger freie Hand beim Digitalisieren und Publizieren von urheberrechtlich geschützten Texten gegeben hätte, in den

USA durch gerichtliche Entscheidung im März 2011 zurückgewiesen wurde. Aber auch nachdem das Book Settlement gescheitert war, nahm Google die sogenannte *fair use*-Regelung des amerikanischen Urheberrechts für sich in Anspruch, die die unautorisierte Nutzung urheberrechtlich geschützter Texte erlaubt, sofern diese der öffentlichen Bildung dienen. Damit erzielte der Konzern im November 2013 vor Gericht einen Teilerfolg und erhielt grünes Licht dafür, Werke unabhängig davon, ob sie rechtsfrei sind oder nicht, zu scannen und in Ausschnitten (*snippets*) allgemein zugänglich zu machen.[28] Die Haltbarkeit der Liaison zwischen philanthropischem *fair use*, wie ihn das Recht vorsieht, und Googles Geld- und Datensucht wird sich noch zeigen. Doch was auch immer dieses Unternehmen mit den Millionen von digitalisierten Texten anfangen wird, ein Gutes hat die bis dahin enorme Effizienz des Konzerns gehabt: In Reaktion auf Google sind in Europa und in den USA ambitionierte virtuelle Bibliotheken entstanden, die keinerlei kommerzielle Absichten verfolgen – *Gallica* wurde bereits 1997, *Europeana* 2008 und *The Digital Public Library of America* 2013 aufgeschaltet.[29] Auch wenn viele die Nase darüber rümpfen mögen, Bücher des 17. oder 18. Jahrhunderts vollständig am Bildschirm zu lesen, so wird es gewiß kein neugieriger Leser verschmähen wollen, solche Texte im Netz zu überfliegen.

Kurzum, Kritik an Google und seiner partiell illegalen Digitalisierungspraxis, mag sie nun auf dem Projektabladeplatz der Geschichte landen oder nicht, zielt in erster Linie darauf, daß autonome Autoren auf kaltem Wege entmündigt werden. Und sie weist auf die existentielle Bedrohung jener kleineren und mittleren Verlage hin, die zumindest in Europa unverzichtbare Foren sowohl für literarische als auch für geisteswissenschaftliche Veröffentlichungen waren und sind. Solche Befürchtungen sind auch nicht von der Hand zu weisen, wenn man sich die Argumentationsmuster und Forderungen vor Augen führt, mit denen mächtige Wissenschaftsorganisationen, Förderinstitutionen und Politiker versuchen, Open Access durchzusetzen. Deswegen war der Heidelberger Appell eine notwendige Intervention, um ein bis dahin kaum vorhandenes öffentliches Bewußtsein für die Probleme zu schaffen, die mit der Verschiebung vom Papier auf digitale Publikationen einhergehen. Schließlich ist in der Verknüpfung von Google und Open Access übersehen worden, was *nicht* Ziel des Appells war: Es ging nicht um Kritik an der Digitalisierung und Bereitstellung von rechtsfreien Texten, sondern nur um illegale Praktiken zum Nachteil von Autoren; und Open Access als solches wurde mit keinem Wort attackiert. Es ging nur um die Attitüde führender Akteure im Wissenschaftsleben, die sagen: Wer unter unserer Ägide arbeitet, muß seine Forschungsergebnisse digital und Open Access publizieren.[30]

Bei den Kommentaren unmittelbar nach der Veröffentlichung des Appells konnte man den Eindruck gewinnen, daß es weniger um die Verteidigung der Rechte von Autoren als um Fragen der kulturellen Deutungshoheit und eines Wettstreits um Aufmerksamkeit ging. Vermeintliche Privilegien und Hierarchien, Eifersüchteleien und Machtverhältnisse bildeten in ungeschönter Deutlichkeit das Hintergrundrauschen der Diskussionen. Dabei meine ich nicht einmal die gegen den Appell gerichteten affektgeladenen Befindlichkeitsartikulationen, von denen das Netz überschwemmt ist. Sie kann man frei nach der Maxime von Kathrin Passig ignorieren: Wer im Netz belangloses Geschwätz liest, der hat es sich so ausgesucht.[31] Es geht also nur um diejenigen Autoren, die sich als im Netz agierende Gegenkultur zu den als elitär empfundenen Akademikern und Schriftstellern verstehen.

Da ist die Rede von »kulturkonservativen Bocksgesängen« und »Konvulsionen eines erstarrten Wesens«,[32] und die »intellektuelle Elite« wird bezichtigt, die Grundbegriffe der Zukunftstechnologien nicht zu verstehen, über die sie aber doch die Diskurshoheit bewahren wolle.[33] Man spricht von »diffusem allgemeinen Unbehagen am Internet« sowie »Panik, von der Medienentwicklung überrollt zu werden«,[34] von »grotesk verzerrter Panikmache« und einem »elitären Kulturmodell, das die Wertschöpfungskette von Verlegern, Druckereien, Vertrieb und Buchhandel stützt«.[35] Dem europäischen, ins-

besondere dem deutschen Intellektuellen werden Moderni-
sierungshemmnisse attestiert, »die ihn an die Vergangenheit
ketten, ja, die er mit stolzgeschwellter Brust etwa gegenüber
den Naturwissenschaften einklagt«.[36] Und auch die beliebteste
aller antikulturkritischen kulturkritischen Formeln wird bemüht, wenn es heißt: »Der Untergang des Abendlandes steht
wieder mal kurz bevor.«[37]

Natürlich sind diese Kommentare, ausnahmslos den Links
zum Wikipedia-Artikel »Heidelberger Appell« und dem *Perlentaucher* entnommen, nicht für die Ewigkeit geschrieben,
weswegen man auch nicht jedes Wort auf die Goldwaage legen
muß. Dennoch offenbaren sie ein bekanntes Strickmuster, das
viel älter ist als Internet und Open Access. Den Intellektuellen
und Geisteswissenschaftlern werden Maschinenstürmerei und
Rückständigkeit gegenüber Naturwissenschaften und Technik
vorgeworfen, womit wir bei C. P. Snows *Zwei Kulturen* von
1959 gelandet wären. Es ist zweifelhaft, ob die von Snow bis
hin zur Sprichwörtlichkeit populär gemachte Aufteilung in
eine literarische und eine technisch-wissenschaftliche Kultur,
die sich verständnislos oder gar feindlich gegenüberstehen,
überhaupt ein geeignetes Analyseinstrument ist, um das Verhältnis verschiedener Wissenschaftstypen zueinander sinnvoll
zu beschreiben. Und es ist mehr als zweifelhaft, ob die Strei-
tigkeiten um das gedruckte Buch in irgendeiner Weise in das
Zwei-Kulturen-Schema hineinpassen. In der Verteidigung von
Buchkultur, Autorenrechten und – notabene – Ansprüchen an
die Güte und Sorgfalt von Texten geht es weder um die Zu-
rückweisung digitaler Publikationen an sich noch um Ignoranz
gegenüber den technischen Voraussetzungen und Möglichkeiten, die solche Publikationen bieten. Wenn überhaupt zwei
Kulturen, dann solche, die unterschiedliche Vorstellungen
davon haben, was Texte sein und leisten sollen, und vielleicht
auch davon, wie man sie liest.

Im Zusammenhang mit dem Heidelberger Appell ist der
Vorwurf einer naturwissenschaftlich-technischen Ignoranz
unsinnig, aber nicht voraussetzungs- oder folgenlos, denn er
entspricht jenem Schema einer Kulturkritik, die sich nicht

damit abfinden mag, daß ihren auf Technologie und Korporatismus basierenden Perfektionierungsidealen in den Kreisen,
an die sich ihre Forderung nach Veränderung richtet, keine
allgemeine Zustimmung zuteil wird. Bevor man zugibt, daß
die eigene Fortschrittlichkeit Risse aufweist, wirft man lieber den anderen, die als feindliche Macht angesehen werden,
Rückständigkeit vor. Anders ausgedrückt: Die Enttäuschung
darüber, daß die Entwicklungen nicht so verlaufen wie erhofft,
führt nicht zur Überprüfung und möglichen Korrektur der
eigenen Position, sondern zu einem Verschwörungsszenario,
in dem man sich selbst auch noch als Opfer stilisieren kann.

So viel hat sich in dem halben Jahrhundert seit Hans
Magnus Enzensbergers Kritik der Bewußtseinsindustrie nicht
geändert, nur daß sich inzwischen die Vorzeichen umgekehrt
haben. Damals waren es Konservative (längst nicht alle), heute sind es Fortschrittsgläubige (ebenfalls nicht alle), »die ihre
eigene Position gar nicht reflektieren: als wäre nicht Kulturkritik selbst ein Teil dessen, was sie kritisiert, als könnte sie
sich überhaupt äußern, ohne der Bewußtseinsindustrie sich
zu bedienen, oder vielmehr: ohne daß diese sich ihrer bedien-
te«.[38] Dazu gehört, daß die Winkelzüge der Marktführer der
digitalen Bewußtseinsindustrie wie Google oder Amazon und
die Ambitionen einer am New Public Management orientierten Wissenschaftsorganisation für geringere Übel gehalten
werden als das Insistieren auf der im deutschen Grundgesetz
verankerten Freiheit von Kunst und Wissenschaft.

Evgeny Morozov, gegenwärtig einer der kritischsten Kommentatoren des Internet, hat für die »Internetintellektuellen«
ziemlich böse Worte gefunden: Es fehle ihnen »an intellektu-
ellem Ehrgeiz und an der nötigen Bildung, um ihr Denken mit
früheren Traditionen der Gesellschafts- und Technologiekritik
zu verknüpfen. […] Manchmal hat man den Eindruck, das intellektuelle Leben mache ihnen gar keinen Spaß. Sie lassen sich
nie auf die mühsame Aufgabe ein, umfangreiche erklärende
Artikel zu verfassen, in denen sie ihr Denken ausführlich entwickeln und begründen könnten und sich mit ihren Kritikern
auseinandersetzen.«[39] Man möchte einwenden, daß das gewiß

nicht auf alle Intellektuellen zutrifft, die sich vornehmlich im Internet äußern, dennoch ist das von Morozov beschriebene intellektuelle Elend, das sich in der digitalen Welt eingenistet hat, in der Kritik des Heidelberger Appells und auch der Initiative »Wir sind die Urheber« deutlicher geworden, als man es sich gewünscht hätte. Es bestärkt nämlich den Eindruck, daß intellektuelle Debatten im Netz allzu schnell in reflexartige Befindlichkeitsartikulationen und Stereotypen münden. Das ist angesichts der Bedeutung, die das Internet als Kommunikationsforum hat und weiterhin haben wird, schlimm. Ich sehe auch nicht ein, wieso das unbedingt so sein muß, aber dazu wäre eine – mit Hartmut Rosa gesprochen – Loslösung von der Diktatur der Schnelligkeit notwendig. Die Reaktion auf den Heidelberger Appell jedenfalls folgte der zeitlichen Struktur von Skandalen: Für einige Wochen war Getöse, danach wendete man sich anderen Themen zu.

Gewiß ist ein Appell keine feinziselierte Analyse, aber es hätte zu denken geben können, daß die Unterstützung des Appells aus ganz unterschiedlichen Richtungen kam. Statt dessen tat sich eine klare Front auf. Alle Unterstützer wurden unter den Generalverdacht einer historischen Rückwärtsgewandtheit gestellt, die an einem sich auflösenden Medium wie dem gedruckten Buch festhält. McLuhans alphabetisch formierter, individualistischer Buchmensch ist – wie vorausgesagt – im virtuellen Raum zum unliebsamen Störfaktor einer neuen korporatistischen Ideologie geworden, die die traditionelle Aufteilung in Produzenten und Rezipienten einkassiert und durch den Prosumer ersetzt, der an der Erkenntnisproduktion aktiv teilnimmt. Es geht somit um neue soziale Lebensformen, die zwar nicht mehr mit einer eigentlichen Wesenhaftigkeit des Menschen begründet werden, deren historische Zwangsläufigkeit jedoch a priori vorausgesetzt wird.

Diese Verschiebung wird auch deutlich, wenn man sich jener eigentümlichen Heilserwartung zuwendet, mit der die neuen Publikations- und Kommunikationshorizonte begrüßt werden. Das hört sich im *Perlentaucher* so an: »Das Netz verändert alles. Es ist wirklich ein dramatischer, zugleich zutiefst

faszinierender Bruch. Dieser Bruch wird auch Opfer fordern
[...] Aber man sollte ihm mit Optimismus begegnen. In der Literatur beispielsweise ermöglicht das Netz plötzlich eine ganz
neue Kommunikation zwischen Autoren und Lesern. Viel zu
wenige Autoren, die vor lauter Angst den Heidelberger Appell
unterzeichnet haben, denken darüber nach. Wer von ihnen
schreibt ein Blog? Klügere Autoren werden das Netz suchen,
um ihre Leser zu finden.«[40]

Tun die klügeren Autoren das wirklich? Wenn das Netz so
viele Möglichkeiten eröffnen würde, hätten Heerscharen von
Autoren wohl kaum gezögert, mit fliegenden Fahnen die Seiten zu wechseln. Aber sogar die Gründerfiguren der Berliner
digitalen Boheme wie Holm Friebe, Sascha Lobo oder Kathrin
Passig veröffentlichen in schneller Frequenz Bücher in traditionellen Verlagen, weil sie, wie Passig einräumt, als Autoren
von irgend etwas leben müssen.[41] Gegen dieses Argument ist
nicht das Geringste einzuwenden. Natürlich bringt das Netz
tiefgreifende Veränderungen mit sich, aber sind die »klügeren
Autoren« an einer ganz neuen Kommunikation mit ihren Lesern interessiert? Nichts weist darauf hin, daß etwa Elfriede
Jelinek oder Wolfgang Herrndorf, die wunderbare Texte auf
ihren Webseiten publiziert haben, Kommunikation mit Lesern
suchten oder suchen, wenn auch aus sehr unterschiedlichen
Gründen. Es wäre absurd, zu unterstellen, Schriftsteller wollten keine Leser haben. Es wäre ebenso absurd, zu leugnen, daß
das Netz neue Formen und Formate generiert und damit auch
neue Leser gefunden werden können – der vor einigen Monaten initiierte Blog des Suhrkamp Verlags ist viel interessanter,
als es gedruckte Verlagsmagazine je waren. Doch wer behauptet, das Netz sei das neue Richtmaß für die Manifestierung von
Literatur, muß damit rechnen, daß ihm außer einigen Netzeso-
terikern niemand zuhört.

Dementsprechend hat Thomas Hettche, der noch vor 2000
zu den Ersten gehört hatte, die Literatur im Netz ausprobier-
ten, der Euphorie von Thierry Chervel entgegengehalten:
Kein Autor, der etwas auf sich hält, hat auf das Netz gesetzt,
und kein »Netzautor« hat eine Erzählung oder einen Roman

zustande gebracht, »dessen literarische Halbwertszeit länger gewesen wäre als das Staunen über die medialen Möglichkeiten«.[42] Diese Passage hat für einigen Ärger gesorgt, weil die Kritiker seinerzeit nicht sehen wollten, daß es Hettche nicht um Schriftsteller wie Jelinek oder Rainald Goetz ging, zu deren Œuvre auch Netztexte gehören, sondern eben um Netzautoren, die vom Netz und nur von dort aus die Literatur umkrempeln wollen.[43] Zweifellos gibt es eine digitale Subkultur von Autoren und deren Lesern – vergleichbare Subkulturen hat es auch vor 40 Jahren gegeben, doch wie wollte man Hettche widersprechen, wenn er sich fragt, wieso eigentlich Schriftstellern partout neue Medienformate aufgeschwatzt werden, wo sie doch ihre Romane oder Erzählungen in der Gewißheit schreiben, es so und nicht anders ausdrücken zu können? Und wenn die Arbeit getan ist, versucht man, sie in dem Format zu veröffentlichen, das Text und Autor zu der Aufmerksamkeit verhilft, die man sich wünscht. Dieses Ideal wird nicht immer erreicht, aber Auswahl und Verknappung gehören zum öffentlichen Erscheinen von Literatur, seit es die Öffentlichkeit gibt, und es sieht nicht so aus, als hätte die Literatur darunter im Übermaß gelitten.

Wohl ist dieses Prinzip kein Naturgesetz, es kann sich im geschichtlichen Verlauf ändern, aber die Alternativen – und das bezieht sich weniger auf die Technologien selbst als auf die damit assoziierten Ideologien – erwecken Mißtrauen. Im Lärm der digitalen Kanäle, so fürchtet Hettche, werden die Unterschiede zwischen Text und Kommentar, Autor und Werk, Urheberschaft und Unverletzlichkeit des vom Autor bestimmten Textes verschwinden wie in einem schwarzen Loch. Ich bin mir nicht sicher, ob das zwangsläufig so sein muß. Für die Gegenwart jedenfalls trifft diese Befürchtung nicht ganz zu, wie Herrndorfs einzigartiges Blog-Tagebuch *Arbeit und Struktur* oder Hans-Jürgen Syberbergs seit 2001 geführtes monumentales Bild-Text-Tagebuch, das kaum in einem anderen Medium als dem Netz vorstellbar ist, beweisen. Fraglich ist nur, ob aus diesen Beispielen – Herrndorfs Tagebuch ist kurz nach seinem Tod im August 2013 als Buch veröffentlicht worden, und das dürfte vermutlich auch die hauptsächliche Form sein, in der es im kulturellen Gedächtnis zirkuliert[44] – ein Modell abzuleiten ist, welches das herkömmliche Medium ablöst oder auch nur mit ihm in Konkurrenz tritt. *Arbeit und Struktur* wäre ohne das Netz nie entstanden und ist zuerst und ausgiebig als Blog gelesen worden, auch von mir. Insofern ist es ganz berechtigt, hier von Netzliteratur sui generis zu sprechen. Nur: Daß sich die Rowohlt-Ausgabe zum Preis von 19,95 € mehr als 100.000-mal verkauft hat, läßt kaum einen anderen Schluß zu, als daß Bücher bis auf weiteres unverzichtbar bleiben.

Zugegeben, hier geht es um Literatur, aber es wäre kurzsichtig, Debatten um literarische Texte und deren angemessene Verkörperung zu ignorieren, wenn sich daraus für die Debatten um das gedruckte Buch in den Geisteswissenschaften etwas lernen läßt. Hettche geht es um etwas ganz Schlichtes: Er möchte die Formen und Foren seiner literarischen Produktion selbst bestimmen. Weder die Form des literarischen Blogs noch das Forum des Netzes haben sich – bislang jedenfalls und von Ausnahmen abgesehen – als Königsweg für die Literatur und ihre Produzenten erwiesen. Woran liegt das? Die Antwort, die einige digitale Skribenten darauf im Nachklang des Heidelberger Appells und der Initiative »Wir sind die Urheber« gegeben haben, lautet, daß eine auf ihren Vorteil bedachte Schar von Opportunisten und machtverliebten Akteuren des Literaturbetriebs sich ihren privilegierten Platz nicht streitig machen lassen will. Auflehnung gegen das vermeintliche Establishment dient allzu oft als *last resort* der Kulturkritik.

Hettche versucht, eine andere Antwort zu geben, und glaubt, »dass das unendliche Mediengespräch des Netzes, in dem so viele sich verfangen haben und gefangen sind und das doch zugleich so immateriell und ungreifbar bleibt, eine tiefe Unsicherheit gegenüber allem produziert, was sich dieser unendlichen Plauderei entzieht«.[45] Dieses Argument ist selbst dann nicht aus der Welt, wenn man einräumt, daß im Netz selbstverständlich auch großartige Texte zu finden sind. Hettches Problem scheint gar nicht einmal so sehr die Erscheinungsform eines Textes – Druck oder digital – zu sein, sondern die Erwartungen, die verschiedene Gruppen von Lesern an ihn herantragen. Idealtypisch zugespitzt, geht es im einen Fall um eine permanente Fortführung und Erweiterung des Mediengesprächs, und im anderen Fall um dessen zeitweise Unterbrechung. Womit man wieder bei McLuhans These vom post-Gutenbergschen Menschen wäre, der den Büchermenschen als Störfaktor ansieht, weil er den ständigen Kommunikationsfluß unterbricht. Die Auseinandersetzung mit einem Text, egal ob man ihn schreibt oder liest, bedeutet, für eine gewisse Zeitspanne nicht auf Sendung zu sein. Das führt zu der von Hettche diagnostizierten Unsicherheit bei den Internetautoren über den Wert ihres eigenen Tuns, die in Aggression übergeht und erst dann an ein Ende kommt, wenn alle Formen, die sich gegen beliebige Netzkommunikation wenden, verschwunden sind – also auch das gedruckte Buch nicht mehr existiert. Ich weiß nicht, ob sich eine solche These beweisen läßt, aber offensichtlich führt bereits die schlichte Einschätzung zu heftigen Gemütsausschlägen, es sei ebenso wenig ein Proust oder Coetzee des Netzes in Sicht wie eine Revolutionierung der Literatur. Natürlich können die entsprechenden Netzapologetiker nicht zugeben, daß es sich so verhält, weil sie sich damit selbst den Boden unter den Füßen wegziehen würden. Statt dessen beklagen sie die konservativen Beharrungstendenzen der Gegenwart, die freilich, so ihre Erwartung, in naher Zukunft durch die weitere Entwicklung zerstäubt werden.

Bibliophobie in den Geisteswissenschaften

In den Geisteswissenschaften sieht die Situation ein wenig, aber nicht ganz anders aus. Auch hier gibt es einladende, ungeduldige und bisweilen drohende Aufforderungen, man möge endlich vermehrt die Möglichkeiten des Internet nutzen. Im Umkehrschluß ist dann die Rede von »netzresistenten deutschsprachigen Geistes-, Sozial- und KulturwissenschaftlerInnen«, oder es wird gleich der Untergang der Geisteswissenschaften angekündigt, wenn diese nicht auf Social Media umstellen.[46]

Es ist schon richtig: Nach meinem Eindruck haben Blogs in der angloamerikanischen Welt eine größere Bedeutung, was vielleicht damit zusammenhängt, daß Wissenschaftler dort wegen der prekären Zeitschriften- und Buchmarktsituation über zu wenig andere Publikationskanäle verfügen. Wenn im deutschsprachigen Raum die Möglichkeiten der wissenschaftlichen Internetforen, Blogs und Social Media nicht ganz so intensiv genutzt werden, liegt das womöglich weniger an Borniertheit als daran, daß es andere Optionen gibt. Natürlich ist das keine empirisch belastbare Antwort, aber folgende – keineswegs erschöpfenden – Aspekte könnten eine Rolle spielen.

Zunächst einmal ist der sachlich gebotene Erkenntnisgewinn, der auf wissenschaftlich ambitionierten Weblogs zu finden ist, nur in wenigen Fällen mit dem zu vergleichen, der sich bei der Lektüre von Büchern und Aufsätzen einstellt, egal in welchem Medium man sie liest. Das spricht keineswegs gegen die Brauchbarkeit solcher Textsorten, wohl aber gegen ihre epistemische Priorisierung. Ob der Informations- und Kommunikationsbedarf der Geisteswissenschaftler so ausgeprägt ist, wie es die Offerten der Weblogs nahelegen, mag offenbleiben, weil sich die Bedürfnisse erheblich voneinander unterscheiden. Jedenfalls sind *Scienceblogs.de, scilogs.de, hypotheses.org* und viele andere Blogs, die in letzter Zeit aufgeschaltet worden sind, digitale Kaffeeküchen, in denen man Projekte oder Archivfunde vorstellen und diskutieren, sich über Tagungen und Texte, Naheliegendes und Aktuelles, mitunter auch über Fernliegendes und Altes informieren und austauschen kann. Und genau darin liegt auch die Stärke des Netzes: in kurzer Zeit über eine Vielzahl von vergangenen und künftigen Aktivitäten zu informieren, womit man sich – im wahrsten Sinne des Wortes – auf dem laufenden hält.

Man könnte vielleicht sagen: Zum ersten Mal überhaupt in der Geschichte der Wissenschaften verfügen diese über ein Medium, das ihnen eine auf ihre Interessen hin zugeschnittene Tagesaktualität offeriert, die dem nahekommt, was Massenmedien wie Tageszeitung, Radio und Fernsehen früher bereits der Allgemeinheit anbieten konnten. Wissenschaftliche Blogs, die zur Zeit an vielen Orten und großzügig von Förderorganisationen unterstützt aus dem Boden sprießen, sind so etwas wie ein Kleinmassenmedium für eine große, aber doch beschränkte Gruppe von Personen im Wissenschaftsbetrieb. Man wird sehen, welche konstitutiven Veränderungen das in den Wissenschaften bewirken wird, aber erst einmal unterscheidet sich die Situation nicht so sehr von derjenigen der anderen Massenmedien: Die einen nutzen sie häufig, die anderen selten, weil ihnen die konzentrierte Lektüre von Büchern und Aufsätzen wichtiger ist. Dasselbe gilt fürs Schreiben. Man kann es mögen, kurze, feuilletonistische Texte für Blogs zu schreiben, muß es aber nicht. Man kann es mögen, in einem eigenen Blog Gedanken, Beobachtungen, Kommentare oder Fundstücke mitzuteilen, muß es aber nicht.

Eine andere Funktion von Blogs liegt darin, bestimmte politische, weltanschauliche oder kulturelle Positionen zu verdichten, womit sie jene Rolle einnehmen, die bislang eher Zeitschriften zugekommen ist. Nehmen wir einen Extremfall wie den Weblog *Edge.org* des Literaturagenten John Brockman, der die amerikanische Kombination aus Erlösungspathos und kompromißlosem Geschäftssinn auf mustergültige Weise verkörpert.[47] Alljährlich stellt er seinen Klienten, in der Mehrzahl namhaften Naturwissenschaftlern mit intellektualistischen Ambitionen, die ganz große Frage: *Worüber sollten wir wirklich besorgt sein?* Oder: *Welche wissenschaftliche Idee sollte ausgemustert werden?* Das ist unterhaltsam, hat aber auch etwas von einer szientistischen Bergpredigt, mit der lukrative Sinngebungsgeschäfte eingefädelt werden. Vor diesem Horizont bewegen sich dann auch die Kommentare, die Brockmans prominente Autoren zu diesem oder jenem Thema zum besten geben.

Natürlich müssen Blogs nicht ganz so pathetisch aufgeladen sein. *Scienceblogs.de* und *scilogs.de* versammeln Lesenswertes aus verschiedenen Wissensbereichen mit einem Schwerpunkt in den Naturwissenschaften. Andere, spezialisiertere Blogs wie *theorieblog.de* sind politisch und polemisch, schnell und vergänglich, also nützlich für aktuelle Diskussionen. Auch das vorliegende Buch profitiert von Blogs wie *MobyLives*, *The Scholarly Kitchen* oder den Posts von Peter Suber, die in der Unterschiedlichkeit ihrer Positionen und Interessen – es schreiben nämlich papier- und netzaffine Autoren und Wissenschaftler, Verlagsmitarbeiter und Journalisten – einen breiten Einblick in die Welt des akademischen und literarischen Publizierens bieten. Das ist nicht wenig, aber damit substituieren diese Texte noch keine wissenschaftlichen Artikel und schon gar keine Bücher, und sie taugen auch kaum für wissenschaftlichen Reputationsgewinn. Die von einigen Akteuren erhobenen Forderungen, Netzpublikationen ohne Begutachtung sowie Blogs wissenschaftlich aufzuwerten, sind nicht sehr überzeugende Versuche, bestehende epistemische Tugenden und Kriterien über Bord zu werfen, weil sie nicht anzugeben vermögen, durch was jene Kriterien ersetzt werden sollen. Das kann man machen, aber es wäre ungefähr genauso sinnvoll, wie die *New York Review of Books* mit den sogenannten Rezensionen von Amazon-Kunden zu füllen. Die relevanten, neuartigen, provozierenden oder einfach nur soliden Texte von der Länge eines Buches sind in den mir bekannten Wissensfeldern auf Papier erschienen und nicht auf persönlichen bzw. institutionellen Webseiten oder Repositorien.[48] Daß solche Texte auch als E-Books verkauft werden können oder kurze Zeit nach ihrem Erscheinen als illegale Kopien im Netz zirkulieren, ändert nichts am Prinzip.

Auch in den Geisteswissenschaften gilt, ähnlich wie in der Literatur: Im Grunde weiß jeder, daß gedruckte und Netztexte unterschiedliche Aufgaben erfüllen, aber die Reaktionen darauf spülen fast automatisch kulturkritische Nervositäten und Fahrlässigkeiten an die Oberfläche. Als Valentin Groebner in diesem Zusammenhang die Überlegenheit des Buches für seinen Bereich, die Geschichte des Mittelalters und der Renaissance, konstatierte,[49] kam in einer einzigen Blog-Replik so einiges zusammen, vor allem anderen eine leidenschaftliche Verteidigung des Mittelmaßes. »Wissenschaft ist nicht nur Hochgebirge«, heißt es, »wo Groebner und ein paar andere Feuilleton-Lieblinge Zitier-Seilschaften bilden, es ist auch Mit-

telgebirge oder sogar mühevolle Ebene.«[50] Die verschwörungs-
theoretischen Elemente der Kulturkritik einmal ausgeblendet,
ist es eine Binsenweisheit, daß es in jeder Wissenschaft, ebenso
wie in allen anderen organisierten menschlichen Tätigkeiten,
Hochgebirge und Ebene gibt. Doch wenn das Hochgebirge
kein anzustrebendes Ideal mehr darstellt – mag es auch längst
nicht jeder erreichen –, dann schafft die Wissenschaft sich
selbst ab.

Wie in der Literatur oder im Fußball gilt auch hier das
Prinzip von Auswahl und Verknappung. Nicht jeder Schriftsteller oder Wissenschaftler findet Aufnahme in Gallimards
Bibliothèque de la Pléiade, und nicht jeder Fußballspieler erhält einen Vertrag bei Real Madrid. Käme aus diesem Grund
jemand auf die Idee, die *Pléiade* oder Real Madrid abzuschaffen
und die Alleinherrschaft der Selbstverlage und der Kreisklasse
auszurufen? Nichts gegen selbstverlegte Bücher. Sie können –
wie es gegenwärtig auf einem ganz anderen Gebiet, nämlich
jenem der Photobücher, geschieht – herrlich überraschend und
inspirierend sein. Aber diese Energie würde sofort wieder verschwinden, sobald der Eigenverlag zum alleinseligmachenden
Geschäftsmodell erhoben wird. Es ist auch nichts gegen selbstverlegte E-Books oder gebündelte Textmengen auf der eigenen
Webseite zu sagen, aber wieso sollte sich irgend jemand dafür
interessieren, bevor nicht irgendwelche verlockenden Signa-
le darauf hindeuten, daß es sich hier um lesenswerten Stoff
handelt?

Natürlich träumen alle Autoren davon, entdeckt zu werden,
sei es in einer kleinen Gruppe von Spezialisten, sei es in einem
größeren Kreis von Lesern. Nicht alle werden entdeckt, und
das schafft Frustrationen. In solchen Fällen fungieren Blogs
als Abladeplätze für alle möglichen Befindlichkeiten, auf denen einem niemand den Mund verbieten kann. Das ist ein
Sieg für die Meinungsfreiheit und häufig eine Niederlage für
originelle, stilistisch und argumentativ anspruchsvolle Texte.
Digital gepolte Geisteswissenschaftler scheinen, soweit man
das ihren Blogkommentaren entnehmen kann, bisweilen von
dem Gefühl geplagt zu sein, ihre Netzaktivitäten würden für

minderwertig gehalten und nicht die ihnen gebührende Anerkennung finden. Dieses Gefühl mag vielfach gerechtfertigt sein, aber ebenso drängt sich der Verdacht auf, daß diese Leute in einer rein analogen Welt genauso klagen und anklagen würden. In der digitalen Welt ist das alles nur viel vernehmlicher. Im Grunde geht es hier also gar nicht um die Frage *digital oder analog*, sondern um Rangeleien innerhalb der Reputationshierarchie – ein ziemlich altes und nur zu gut bekanntes Phänomen in der Geschichte der Wissenschaften. Mit Demokratisierung, wie häufig behauptet wird, hat das nichts zu tun, wohl aber mit Verteilungskämpfen innerhalb der Aufmerksamkeitsökonomie.

Jeder Autor sollte selbst entscheiden, ob er seinen Text lieber im Netz oder auf Papier sehen möchte. Und es ist auch keineswegs so, daß gedruckten Texten stets der Vorzug zu geben ist. Aufsätze in sorgfältig redigierten digitalen Zeitschriften sind solchen in schlecht oder gar nicht edierten Sammelbänden allemal überlegen. Reputation orientiert sich nicht an der Frage *Netz oder Druck*, sondern an der Güte und Originalität der Texte. Doch bis zum Erweis des Gegenteils möchte ich davon ausgehen, daß die Mehrzahl der Autoren und Leser ein sorgfältig gestaltetes Buch, das sie in Händen halten, lesen und durcharbeiten, empfehlen und verschenken können, einem digitalen File vorziehen. Insofern erscheint es abwegig, gedruckte geisteswissenschaftliche Bücher grundsätzlich in Frage zu stellen. Dabei muß man auf ein Digitalisat gar nicht verzichten, denn es ist nützlich, Texte schnell auf bestimmte Begriffe durchsuchen zu können. Druck und Datei müssen einander keineswegs ausschließen, und doch gilt bei einem Buch die Maxime: *Print first, Online second*.

Diejenigen, die ein ganz anderes Projekt verfolgen und Textarbeit als digital strukturierte Gemeinschaftsarbeit ansehen, werben unermüdlich für diesen neuen Ansatz. Das ist ihr gutes Recht, doch die Sirenenklänge lösen nicht allzuviel Resonanz aus. In dieser Situation den Untergang der Geisteswissenschaften vorauszusagen ist eine ziemlich groteske Pointe der Kulturkritik.[51] Wenn Internetpublikationen und digitale

Forschungsmethoden irgendwann von der Mehrheit der Forschenden als überlegen angesehen werden sollten, dann soll es
so sein. Es könnte sich aber auch herausstellen, daß der Weg
vom Print zum Netz in den Geisteswissenschaften ebenso wie
in der Literatur nie ganz zu Ende gegangen wird. Auch ohne
einen Blick in die Glaskugel zeichnet es sich ziemlich deutlich
ab, daß viele Erwartungen, die mit dem digitalen Publizieren
assoziiert wurden, nicht in Erfüllung gegangen sind. Auch sind
neue, unerwartete Probleme aufgetaucht, die die Robustheit
des Digitalen in Frage stellen. Von alldem wird im Kapitel
über Open Access detaillierter die Rede sein. Anstatt sich also
ganz und gar dem Netz hinzugeben, erscheint es erst einmal
ratsamer, das gesamte Spektrum der zur Verfügung stehenden
Werkzeuge zu nutzen, auch wenn diese noch in neuer Weise
sortiert werden müssen.

In diesem Zusammenhang wäre es allerdings auch Augenwischerei, sich in der schönen Gewißheit zu wiegen, daß
mit dem herkömmlichen Publikationssystem in wissenschaftlichen Verlagen und überhaupt mit der Verfaßtheit der Geisteswissenschaften alles zum Besten bestellt sei. Nur wird
eine produktive Diskussion dieser und anderer Themen wie
beispielsweise Digital Humanities durch die Verbindung von
Kulturkritik und Heilserwartung, im Verbund mit dem Gestus
der Bibliophobie, eher verhindert als befördert. »Geruch und
Gewicht des Buches«, schreibt der Kunsthistoriker Hubertus
Kohle, »liegen dem deutschen Geistesmenschen – insbesondere in seiner Sonderform des Professors – eben mehr als die
Ungreifbarkeit und Fluidität des Digitalen. Die Schwere des
Buches liefert ihm ein Pendant für die Schwere des Gedankens.
Die remix-culture des Internet gefährdet die Unantastbar-
keit seines individuellen Geistesblitzes.«[52] Diese Worte sind
selbst ein – wohl unbeabsichtigter – Remix von Nietzsche und
Theodor Lessing. Der Geist kann mächtig stinken, das wissen
wir schon. Nur stellt sich heute die Frage, ob es die schwerfäl-
ligen, verzopften Bücher sind, die stinken, oder doch eher die
Plattheiten, die durch das Netz mäandern. Am ehesten ist aber
wohl die Alternative selbst unbrauchbar – der Gestank macht

sich hier *und* dort breit, und es kommt in beiden Bereichen darauf an, für bessere Luft zu sorgen.

Und gegen Remix ist höchstens einzuwenden, daß es seit einiger Zeit allzu kritiklos als Zauberwort firmiert, um das Netz als Allheilmittel für eine umfassende Regeneration von Künsten und Wissenschaften anzupreisen. Das Netz bietet schöne Möglichkeiten der Produktion und Zirkulation, aber es muß auch irgend etwas geben, was zusammengemischt werden kann, denn die Kopie der Kopie ist auch in der Fluidität des Netzes so schal wie kalter Kaffee. Deswegen hat die Vorstellung, alles und jedes wäre Remix, ungefähr den gleichen Erkenntniswert wie die Behauptung, daß das Internet ein Alter ego des antiken Götterboten Hermes ist. Ob Remix oder Kopie, Gedankenschwere oder Geistesblitz – nichts davon reicht aus, um ansehnliche Texte hervorzubringen. Seit Max Webers Zeiten hat sich da nicht soviel geändert: »Der Einfall ersetzt nicht die Arbeit.« Aber natürlich wußte er auch: »Und die Arbeit ihrerseits kann den Einfall nicht ersetzen oder erzwingen, so wenig wie die Leidenschaft es tut.«[53] Vom romantischen Eingebungs-Pathos ist das denkbar weit entfernt, und trotzdem vermag der Geistesblitz immer noch kulturkritische Funken zu schlagen. Wieso eigentlich? Jeder mag bei sich im Rechner nachschauen, warum das so ist; denn wenn der Geistesblitz in seiner dürftigsten Ausprägung irgendwo fortlebt, dann bei den hingeworfenen Befindlichkeitsartikulationen, wie man sie nicht nur, aber doch mit inflationärer Häufigkeit im Netz findet.

Statt dessen wird der »Autor« als lebensfremdes »Relikt der Genieästhetik des 18. Jahrhunderts«[54] durchs digitale Dorf getrieben. Die hinlänglich bekannten Debatten um den Tod des Autors haben inzwischen so ziemlich den gleichen Appeal wie jene über die Willensfreiheit – nämlich überhaupt keinen. Es gibt Neurowissenschaftler, die zeigen mit dem Finger auf das Gehirn und verkünden, daß es keine Willensfreiheit gebe. Dabei begreifen sie nicht, daß es sich hier keineswegs um eine Entität handelt, die im Gehirn zu bestätigen oder zu widerlegen wäre, sondern um ein Konzept, das historischen Wandlungen unterliegt und so lange seine intersubjektiv verbindliche Gültigkeit behalten wird, wie eine hinreichende Anzahl von Menschen der Ansicht ist, daß Willensfreiheit ein brauchbarer Begriff ist, um bestimmte Aspekte menschlichen Tuns und Denkens erklären zu können. Es gibt auch Leute, die zeigen mit dem Finger auf einen Text und behaupten, daß es keinen Autor gebe. Die wiederum wollen nicht zur Kenntnis nehmen, daß ein Text weder absolut voraussetzungslos noch durch vorangegangene Texte vollständig determiniert ist. Auch beim Autor handelt es sich um ein historisch variables Konzept, das die Zu- und Einordnung von Texten zu erleichtern versucht.

Das Konzept des romantischen Autors war einmal ziemlich wirkmächtig, und in den sechziger Jahren des letzten Jahrhunderts war die Formel vom Tod des Autors hilfreich, um sich davon zu emanzipieren. Doch nach den Auseinandersetzungen mit den Thesen von Barthes und Foucault hat sich ein unemphatischer Begriff des Autors entwickelt, der einen Text in historischer, wissenschaftlicher und gegebenenfalls auch juristischer Weise adressiert. Wer glaubt heute noch an das genieästhetische Autor-Konzept außer diejenigen, die sich in kulturkritischen Grabenkämpfen verheddern? In einem unredigierten Blog darf man ungehemmt und ungeschützt allen möglichen Schmock zum Autoren-Konzept der Gegenwart verbreiten, der in einer redaktionell gut betreuten Zeitschrift sofort gestrichen werden würde.

Autoren werden für Texte – ganz banal – gelobt oder kritisiert, prämiert oder bestraft, und man kann sie zur Verantwortung ziehen, wenn sie »die Schwere des Buches« mit der »Schwere des Gedankens« zur Schwerfälligkeit schlechthin verrühren. Doch wen soll man ansprechen oder gar zur Verantwortung ziehen, wenn man es mit einem der liquiden digitalen Texte zu tun hat, die sich ständig verändern und auf der Weisheit der Vielen basieren? Man kann mitmachen oder läßt es bleiben, aber es gibt kein Außen mehr, von dem aus ein solcher anonym-kollektiver Text gegen andere Texte abgewogen werden könnte. Ein Text gewinnt an Schärfe, Kraft und Originalität nicht a priori dadurch, daß ein Kollektiv daran mitschreibt – im schlimmsten Fall so lange, bis alle die Lust daran verloren haben –, ein Text gewinnt dadurch, daß er weitere, durch ihn inspirierte, aber doch unabhängig von ihm entstehende Texte ermöglicht. Als Leser oder meinetwegen auch als Diskursteilnehmer muß man zu einem Text *Nein!* sagen können, um sich sodann hinzusetzen und einen anderen Text zu schreiben, einen Kommentar, eine Kritik, eine Polemik, eine Parodie, eine Weiterführung, eine Alternative oder auch einen Text, der kein einziges Mal direkt auf den ursprünglichen Bezug nimmt. Wenn nur noch Engagement und die Fokussierung auf den einen einzigen Text bleibt, während Distanzierung im Sinne von Kritik oder Gegenentwurf kassiert wird, ist dies das Ende des Textes.

Und wieder landet man bei McLuhan. Der individualistische Intellektuelle, ausgestattet mit dem Buch als Machtinstrument, räumt die Bühne für den transparenten, schnell reagierenden Netzbenutzer, der seinen Beitrag zu einem fluiden, unendlichen Text leistet. McLuhan selbst hat sich diese Verschiebung mit einer Mischung aus Horror und Heilserwartung vorgestellt. Michael Giesecke hat McLuhans Theorie zu einer Medienökologie weiterentwickelt, die davon ausgeht, daß die Buchkultur von einer Dialogkultur abgelöst, aber nicht vollständig verdrängt wird. Vielmehr wird das Buch als Rückzugs- oder »Entlastungsmedium« zum Einsatz kommen, um sich von der interaktiv ablaufenden Wissensproduktion zu erholen.[55] Wer immer im Orchester spielt, will auch mal Solist sein, aber wollen wirklich alle im Orchester spielen? Ich teile Gieseckes Optimismus im Hinblick auf ein »Jahrhundert des Gesprächs« nach den bisherigen Erfahrungen mit den sozialen Medien nicht. Wer sollen die Teilnehmer an diesem Gespräch sein? Potentiell alle des Lesens und Schreibens Kundigen, die sich für eine bestimmte Sache interessieren und über einen Netzanschluß verfügen? Es ist viel Hoffnung in kollektive Intelligenz und Gesprächsbereitschaft gesetzt worden, doch schneller, als diese Hoffnung durchbuchstabiert werden konnte, hat sich die ernüchterte Einsicht eingestellt, daß auch eine Technologie wie das Netz nicht dazu geeignet ist, das Gute und

Schöpferische im Menschen in besonderer Weise hervorzu-kehren.

Vielleicht ist dies der Grund, warum es nur wenige Beispiele für Bücher gibt, die sich als Ausgangspunkt eines schwarm-intelligenten Gesprächs verstehen, welches dem Buch immer neue Dimensionen hinzufügt. Eine prominente Ausnahme ist immerhin Bruno Latours umfangreiches Werk *Existenzwei-sen*, das er von Anfang an ins Netz gestellt hat, um Besucher der Webseite zu Kommentaren einzuladen. Wenn Latour diese Leute sogar als »co-investigators« bezeichnet, die ihm dabei helfen sollen, neue Untersuchungsfelder und Beweisformen zu finden und die Aufmerksamkeit für unterschiedliche Wahr-heitsregimes zu schärfen,[56] dann ist das zwar mit seinem me-taphysischen Programm kompatibel, diplomatische, frieden-stiftende Versammlungen zusammenzurufen, doch zum einen bleibt Latour in jedem Falle der Oberhirte seiner Gemeinde und federführende Autor, der die Fäden in der Hand behält, und zum anderen frage ich mich, was es bedeuten soll, wenn er *Existenzweisen* als Buch bezeichnet, das nicht geschrieben worden sei, um kritisiert zu werden.[57] Warum sollen Bücher denn nicht mehr kritisiert werden? Weil Kritik zu bellizistisch wäre? Weil mögliche Kritik sich produktiver in der Schwarm-intelligenz unterbringen ließe? Mich interessieren die Resul-tate von Latours Selbstexperiment, doch die Suspendierung von Kritik, Distanz, Gegenentwurf oder Opposition könnte in ein größeres Elend führen als jenes, das Latour vor einigen Jahren zu Recht als Menetekel einer selbstgefällig gewordenen Kritik skizziert hat.[58]

Erweisen sich die Kommunikationsformen im Netz auch ohne das Erscheinen einer Kollektivintelligenz als Wege zum Abbau von Hierarchien und Monopolen sowie einer Verkleinerung des Abstands zwischen Autoren und Lesern? In einzelnen Fällen trifft das gewiß zu, aber heißt das auch, daß Jürgen Habermas mit seiner These recht behält, wonach im Internet »die Beiträge von Intellektuellen die Kraft [ver-lieren], einen Focus zu bilden«?[59] Vor einigen Jahren mochte sich dieser Eindruck aufdrängen. Entdifferenzierung und babylonisches Gebrabbel schienen Focus, Meinungsführerschaft und Hierarchien abzulösen, doch inzwischen haben sich neue Kristallisationspunkte herausgebildet, die – wie vorher auch – von bestimmten Intellektuellen besetzt werden, und zwar von solchen, die überhaupt nur durch das Netz möglich geworden sind. Wie sonst sollte die erstaunliche öffentliche Präsenz von Kathrin Passig oder Sascha Lobo, Jeff Jarvis oder Jaron Lanier zu erklären sein? Es ist sekundär, ob diese und andere Intellektuelle eine netzaffine oder netzkritische Position einnehmen. Entscheidend ist, daß sie in der digitalen Welt zu dem geworden sind, wofür sie jetzt stehen, und ihr Thema ist vor allem das Digitale. Darüber hinaus jedoch sind sie durch Eigenschaften ausgezeichnet, die auch in der analogen Welt zur Focusbildung geführt haben: starke Thesen, ein gewisser Sound, geschickte soziale Vernetzung und gute mediale Positionierungen. Bei den erwähnten Autoren kommt dann auch noch hinzu, daß sie problemlos zwischen Netz und Papier hin- und herschwingen.

In den Geisteswissenschaften gibt es bislang keine Meinungsführer, die in vergleichbarer Weise durch das Netz groß geworden wären, und vielleicht wird es sie auch nicht geben. Doch in welche Richtung auch immer sich Forschen und Publizieren im Netz zukünftig entwickeln mag, wir werden uns dem nicht entziehen können und es auch nicht wollen. Wir werden die Möglichkeiten nutzen, uns und unsere Texte weiterzuentwickeln, aber es scheint ratsam zu sein, sich in jene paradoxe Haltung von Engagement und gleichzeitiger Distanzierung einzuüben, und das bedeutet, sich nicht mit Haut und Haaren der einen Sache zu verschreiben, sondern auf der Hut zu bleiben, Vorurteile auszuräumen, verschiedene Angebote zu prüfen, Alternativen auszuprobieren und sich zu seinen Vorbehalten zu bekennen. Diese Haltung erweist sich gegenüber jedem Medium mit Absolutheitsanspruch als vorteilhaft. Und es gilt Alternativen im Auge zu behalten, wenn nicht alles in diesem Anspruch auf- und untergehen soll. Die klugen Herausgeber der Zeitschrift *n + 1* haben das genau erkannt: »Booklength literature is the product of certain historical conditions, of a certain relationship to written language. Assimilate bookism to webism and the book looks like nothing so much as an unreadably long, out of date, and noninteractive blog post.«[60] Und sie haben die richtige Schlußfolgerung daraus gezogen: Buch und Web könnten einander keinen größeren Dienst erweisen, als sich ihre grundsätzliche Unterschiedlichkeit einzugestehen. Das erlaube dem Web, sich zu entwickeln, wohin es wolle, und der Literatur, damit fortzufahren, was sie in Krisenzeiten immer schon getan hat: »Augen und Ohren offenhalten, Notizen machen und den richtigen Moment abwarten.«[61]

Schon klar, daß diejenigen, die weiterhin auf lesbare wissenschaftliche Bücher setzen, sich nicht auf eine solche Einsicht beschränken können, aber es wäre viel gewonnen, wenn sie beherzigt wird. Denn strikt aus der Perspektive des gedruckten Buches betrachtet, sieht das Web schnell überdreht, infantil und blöd aus. Aus der apodiktischen Perspektive des Netzes wiederum wirken gedruckte Bücher anscheinend sklerotisch, schimmelig und verpeilt. Mit keiner dieser Perspektiven ist auch nur das kleinste Stückchen Zivilisation zu gewinnen. Somit wäre es vernünftiger, sich von ihnen zu verabschieden. Das impliziert jedoch keineswegs einen gütigen Kompromiß des Sowohl-als-auch, sondern zunächst einmal ein Verständnis dafür, daß es sich bei Buch und Web um unterschiedliche Realitäten handelt, die ihre jeweilige Berechtigung immer wieder zu erweisen haben.

Die medienhistorische Regel, wonach ein neues Medium nur dann reüssiert, wenn es sich von den älteren grundlegend unterscheidet, gilt auch in diesem Fall. Immer deutlicher zeichnet sich nämlich ab, daß die wichtigsten Leser im Netz nicht-menschlich sind. Es sind die Maschinen selbst, deren Lesefähigkeit durch Algorithmen gesteuert wird. Das kann für die Wissenschaften erkenntnisfördernd sein, vor allem aber können Geheimdienste und Politik damit Kontrolle ausüben und Unternehmen ziemlich viel Geld verdienen. Was gedruckte Bücher betrifft, so sind Menschen nicht nur seine wichtigsten, sondern auch seine einzigen Leser. Damit läßt sich viel weniger Geld verdienen, und deswegen zielt der globalisierte Informationskapitalismus letztlich darauf ab, das gedruckte

Buch und seine Leser abzuschaffen. Aus der Sicht von Google, Amazon oder anderer, alter und neuer Marktteilnehmer ist nur ein digital verfügbarer Text ein guter Text, weil nur er Datenmassen absondert, die das Geschäft antreiben. Ein herkömmlicher Verlag müßte aufgeben, wenn er keine neuen Texte mehr erhielte; die genannten Unternehmen müßten früher oder später aufgeben, wenn sie keine neuen Nutzerdaten mehr erhielten.

Soll auf dieser Grundlage ein neues Modell für den Kommunikationsstil zwischen Verlagen bzw. Publikationsplattformen mit Machtmonopol und Autoren im 21. Jahrhundert vielversprechend sein? Man denke nur – um für einen Moment die Wissenschaft zu verlassen – an die Visionen von Jeff Bezos, der am liebsten alle Verlage obsolet machen möchte, damit keine *gatekeeper* mehr zwischen den Autoren und seinem Unternehmen stehen.[62] Die absurde, aber deswegen nicht ungefährliche Behauptung, ein digitaler Text bzw. das E-Book könne den Druck vollständig ersetzen, ist entweder das Ergebnis einer perfiden Zerstörungsphantasie à la Bezos, oder sie schmiegt sich an jene Heilserwartung an, mittels Technologie die Menschheit zu verbessern. Oder es handelt sich um eine Kombination aus beidem. Erst wenn es gelingt, sich aus dieser Umklammerung zu lösen – und das zivilisatorische Debakel der USA, Großbritanniens und anderer westlicher Staaten mit ihrer hemmungslosen Datenakkumulation, Ausspähung und Überwachung könnte dafür die Initialzündung gewesen sein –, wird sich eine gewisse Gelassenheit im Umgang mit der strukturellen Unterschiedlichkeit von Buch und Web einstellen, und wir verstehen, daß das Synergien und Synchronisierungen nicht grundsätzlich ausschließt.

Alles umsonst? Open Access

Zwischen der Erfindung des Buchdrucks und der letzten Jahrtausendwende haben sich in der Geschichte der Wissenschaften Themen und Inhalte, nicht aber die Publikationsformen wesentlich verändert. Im Anfang war das Buch, und als sich im 17. Jahrhundert, dem Zeitalter der Wissenschaftlichen Revolution, Klagen über die Bücherflut häuften, kamen Zeitschriften hinzu, die auch wie Bücher aussahen, und alles wurde auf Papier gedruckt. Und davon immer mehr. Die Geschichte des akademischen Publikationswesens ist eine des unaufhörlichen Wachstums, bis zum heutigen Tag. Für mehrere Jahrhunderte nutzten alle Wissenschaften beide Formate in gleicher Weise, und erst im 20. Jahrhundert trennten sich die Wege der Geistes- und der Naturwissenschaften, als nämlich letztere begannen, sich von den Büchern zu verabschieden. Dieser Prozeß war, Lehrbücher, Überblickswerke und populärwissenschaftliche Bücher ausgenommen, zur Mitte des Jahrhunderts weitgehend abgeschlossen.

In den Geistes- und Sozialwissenschaften ist das Bild weniger einheitlich. Manche Disziplinen wie Ökonomie, Linguistik oder Soziologie wendeten sich nach dem Zweiten Weltkrieg ebenfalls der Zeitschrift zu, durch andere verlief ein regelrechter Riß. In der Philosophie beispielsweise beschränkt sich eine Richtung, die analytische Philosophie, seit Jahrzehnten weitgehend auf Artikel, während alle anderen Bereiche die Symmetrie zwischen der kurzen und der längeren Form beibehalten haben. Das gleiche gilt für die meisten historischen, philologischen und theoretischen Geistes- und Kulturwissenschaften: Bücher und Aufsätze. Im späten 20. Jahrhundert wurde dann ein neues Format beliebt – Sammelbände. Faßt man die Entwicklung für alle Wissenschaften zusammen, so führt das zu einem etwas paradox anmutenden Befund: Der Aktionsradius für wissenschaftliche Bücher hat sich in der zweiten Hälfte des

20. Jahrhunderts verkleinert, weil viele Disziplinen ein anderes Veröffentlichungsformat vorzogen. Dafür tummeln sich auf dem kleiner gewordenen Feld mehr Bücher. Das hängt damit zusammen, daß neben dem großen Bereich *science, technology* und *medicine* (ab jetzt: STM) auch die Geistes- und Kulturwissenschaften in den letzten Jahrzehnten expandiert sind.

Buchdruck und Papier als materielle Grundlagen, eine sattsame Vermehrung von Artikeln, Büchern und Zeitschriften als Produktivitätsausweis, Verbindungen zu entsprechenden Verlagen und Herausgebern – auf diese wenigen Kenngrößen läßt sich das für die meisten Wissenschaften verbindliche Publikationsgeschäft vom 17. bis zum Ende des 20. Jahrhunderts reduzieren. Veränderungen fanden in diesem Zeitraum vor allem innerhalb der verschiedenen Textgenres und Publikationsformen statt. Das ist nicht das Kernthema dieser Untersuchung, doch ein paar wenige, orientierende Bemerkungen sind für den weiteren Argumentationsgang relevant.

Sprache: Vor dem 17. Jahrhundert war Latein die unumschränkte lingua franca. Danach setzten sich die Nationalsprachen durch. Im Jahrhundert der Aufklärung gab es eine Präferenz für das Französische, die Autoren des 19. Jahrhunderts wählten bevorzugt die Sprache des Landes, in dem sie arbeiteten. Heute haben wir es mit der lingua franca Englisch zu tun, auch wenn in den Geisteswissenschaften, anders als in den Naturwissenschaften, nach wie vor eine Vielfalt der Sprachen vorherrscht.[1]

Autorschaft: Noch im 19. Jahrhundert waren Publikationen mit zwei Autoren in quasi allen wissenschaftlichen Disziplinen ausgeschlossen. Seit einigen Jahrzehnten sind Autorenkollektive in den Naturwissenschaften an der Tagesordnung, während die Situation in den Geisteswissenschaften gemischter ist. In einigen Disziplinen ist es gängige Praxis, in anderen die große Ausnahme, in manchen beinahe undenkbar.[2] Neuerdings werden die Rufe nach solchen Kooperationen immer lauter, doch kommen diese in der Regel aus den Kreisen derjenigen, die sich von den Digital Humanities eine Erneuerung der Geisteswissenschaften versprechen.

Wissenschaftliche Artikel: Jede Epoche seit der Wissenschaftlichen Revolution im 17. Jahrhundert hatte methodische Standards, doch diese haben sich grundlegend gewandelt. Eine Abhandlung des Physikers Michael Faraday aus dem frühen 19. Jahrhundert würde heutzutage kaum als wissenschaftlicher Text angesehen werden, obwohl die in ihm mitgeteilten Ergebnisse nach wie vor zum physikalischen Grundlagenwissen gehören. Naturwissenschaftliche Artikel sind heute weitgehend standardisiert und damit in ihrem Aufbau weniger flexibel als noch vor 100 Jahren; in den Geisteswissenschaften sind die Freiräume größer. Als Ausweis für Wissenschaftlichkeit gilt das Peer-Review-Verfahren, das in der heute gebräuchlichen Form selbst in den Naturwissenschaften erst vor 50 Jahren systematisch eingeführt worden ist.[3]

Sprache, Autorschaft und Struktur bzw. Beurteilung wissenschaftlicher Artikel sind Parameter, die jetzt, mit der Verschiebung vom Buchdruck zur digitalen Publikation, einmal mehr in Bewegung geraten, und damit befinden wir uns bereits im Bedeutungshorizont von Open Access. In die Phase einer als immer verrückter empfundenen Publikationslawine platzte Open Access als das vielleicht kostbarste Geschenk des Internet an die Wissensgesellschaft hinein, das mit dem Versprechen grenzenloser Freiheit und Offenheit der Wissenskommunikation lockte. Schon jetzt dürfte niemand mehr bestreiten, daß Open Access (ab jetzt auch OA) das gesamte wissenschaftliche Publikationswesen völlig neu justiert. Zwar ist OA im Bereich der Naturwissenschaften entstanden und hat sich dort ausgebreitet, doch nach dem Verständnis seiner Anhänger betrifft dieses Prinzip Zeitschriftenartikel und Bücher aus den Geisteswissenschaften gleichermaßen. Deswegen ist ein genauerer Blick auf OA und seine historischen Voraussetzungen vis-à-vis politischer, ökonomischer und epistemischer Veränderungen des akademischen Publizierens hilfreich, um abzuschätzen, was auf die Hüter des Codex und nicht nur auf diese zukommt. Oder anders: Wir haben es hier mit der Umwelt zu tun, in der gedruckte Bücher sich zukünftig zu behaupten haben.

Dieses Kapitel führt also erst einmal weg vom Buch, hin zu den Naturwissenschaften und den neueren Entwicklungen ihrer Publikationspraxis. Dabei steht nicht wenig auf dem Spiel. Etablierte Praktiken der Forschung, die noch vor kurzem als heiliger Gral hingestellt wurden, geraten zunehmend unter Druck. Es ist die Rede von einer Krise des Peer-Review-Verfahrens, und es werden Zweifel geäußert, ob Zeitschriften überhaupt noch die geeignete Plattform für die Kommunikation von Forschungsergebnissen darstellen. Wenn das so ist, dann müssen sich neue Mechanismen einspielen, um das Relevante vom Irrelevanten zu trennen. Wie diese Mechanismen aussehen, weiß zum gegenwärtigen Zeitpunkt niemand.

Ähnlich wie andere Phänomene der digitalen Welt hat sich OA in kürzester Zeit global verbreitet. Es gibt annähernd 10.000 OA-Zeitschriften und eine unübersehbare Anzahl von Veröffentlichungen zu OA, die vor allen Dingen meinungsstark sind. Es gibt um Sachlichkeit bemühte Analysen und hitzige bis erbitterte Auseinandersetzungen, die sich bisweilen sogar im schon bekannten Sumpf von Verschwörungsszenarien bewegen.[4] Politiker haben das Thema für sich entdeckt, Bibliothekare entpuppen sich als energische Befürworter von OA und vermitteln den Eindruck, als hätten sie das gedruckte Buch längst hinter sich gelassen und sähen ihr neues Aufgabenfeld in der Strukturierung und Verwaltung des digital erzeugten Wissens. Wissenschaftsorganisationen und Förderinstitutionen haben sich das Thema auf die Fahnen geschrieben und neue Regelungen für Publikationen geschaffen, die einerseits Zwangsverordnungen gleichen, andererseits aber auch so unterschiedlich sind, daß Wissenschaftler sich erst einmal neu orientieren müssen, bevor sie ihre Artikel zur Veröffentlichung abschicken. Trotz solcher Widrigkeiten bekennt sich die Mehrheit der Wissenschaftler zu OA, ohne jedoch automatisch auf das neue Format umzuschalten.

Auch die traditionellen, auf naturwissenschaftliche Publikationen spezialisierten Verlage hatten sich in dieser Situation erst einmal neu zu sortieren. Sie wurden angehalten, ihre bestehenden Geschäftsmodelle zu überdenken und neue zu entwickeln, was sie inzwischen mit großem Engagement tun. Aber auch neue Akteure im Verlagsgeschäft haben bemerkt, daß hier höchst attraktive Märkte entstehen. Wer von Open Access redet, darf von neuen Geschäftsmodellen des Informationskapitalismus nicht schweigen. Man kann OA durchaus für eine große Errungenschaft halten, doch es zeichnet sich auch ab, daß zwischen all den Hoffnungen und Versprechungen und den realistisch erwartbaren Szenarien eine beachtliche Lücke klafft.

Angesichts dieser epochalen Veränderungen haben sich Geistes- und Kulturwissenschaftler und insbesondere Wissenschaftsforscher, die eigentlich zuständig wären, erstaunlich wenig für das Thema interessiert. Der Anthropologe Christopher Kelty hat dafür zwei mögliche Gründe benannt: Zum einen ist OA ziemlich langweilig, und zum anderen ist es beunruhigend komplex, wenn man sich näher damit befaßt.[5] Dem würde ich zustimmen. Anliegen und Grundprinzipien von OA sind tatsächlich trivial, doch der Teufel steckt so sehr im Detail, daß man genau hinsehen muß, um sich wenigstens einigermaßen Klarheit über den Stand der Dinge zu verschaffen. Weil die relevanten Diskussionen zu diesem Thema im angloamerikanischen Raum stattfinden, ist es nicht zu vermeiden, eine Reihe von englischen *termini technici* zu verwenden, für die es jedoch keine brauchbare Übersetzung gibt. Dadurch werden die folgenden Seiten etwas sperriger.

Aufklärung, Utopie und Technologie: Der Budapester Appell

Im Februar 2002 wurde in Budapest die erste Open-Access-Initiative ins Leben gerufen. Ungefähr ein Dutzend Wissenschaftler, Bibliothekare und Verleger verfaßten ein Manifest, das sie über die Open Society, eine von dem Hedge-Fonds-Milliardär und Philanthropen George Soros getragenen Stiftung, verbreiteten. Ihre Grundidee bestand darin, die alte Tradition, wonach Wissenschaftler nicht für den eigenen Profit arbeiten und ihre Erkenntnisse grundsätzlich allen zur Verfügung stellen, mit der neuen Technologie des Internet zu verknüpfen, sprich: alle wissenschaftlichen Arbeiten für Benutzer kostenlos ins Netz zu stellen. Einer der Autoren des Manifests, der Kognitionswissenschaftler Stevan Harnad, formulierte kompakt und unzweideutig: »Online availability of the entire full-text refereed research corpus • Availability on every researcher's desktop, everywhere 24 hours a day • Interlinking of all papers & citations • Fully searchable, navigable, retrievable, impact-rankable research papers • For free, for all, forever.«[6]

Bei Harnad, einem OA-Aktivisten der ersten Stunde, der seinen Blog mit gebotener Bescheidenheit *Archivangelism* getauft hat, mischt sich post-Gutenbergsche Technophilie mit der Überzeugung, daß die wissenschaftliche Erkenntnisproduktion nicht zum Bestandteil des kapitalistischen Marktgeschehens werden darf oder, da der Fall ja vor langer Zeit bereits eingetreten ist, dem Markt wieder entzogen werden muß. In seinem berühmt gewordenen *Subversive Proposal* von 1994 vertritt er die Ansicht, daß es den Wissenschaftlern bei ihrer Arbeit *nie* um Geld gehe, sondern ausschließlich darum, ihre Forschung anderen Wissenschaftlern zugänglich zu machen und so am gemeinschaftlichen Projekt gelehrter Forschung teilzuhaben.[7]

Dieses Ideal entsprach nie ganz der Realität, aber man kann es bis zur Gelehrtenrepublik der frühen Neuzeit zurückverfolgen. Neben einer habitusgestärkten Verachtung des Geistes für das Geld wurde später vielfach vorgebracht, daß eine objektive Haltung gegenüber den wissenschaftlichen Gegenständen nur unter Ausschluß finanzieller Interessen möglich sei. Bei Spengler hegt der typische Gelehrte eine »ungeheuchelte Verachtung [für die] Verwertung wissenschaftlicher Ergebnisse zum Gelderwerb«, der Soziologe Robert Merton hält Anspruchslosigkeit und Bescheidenheit für Grundtugenden des modernen Naturwissenschaftlers und faßt sie unter dem etwas mißverständlichen Begriff *communism* zusammen, womit letztlich gemeint ist, daß wissenschaftliches Wissen Gemeinbesitz und kein Privateigentum ist.[8] Harnad unterstreicht seine Haltung dadurch, daß er die wissenschaftliche Tätigkeit als *esoterisches* Unternehmen bezeichnet, das nicht nur jenseits des Marktes, sondern auch jenseits öffentlicher Rechtfertigung, Popularisierung oder Rücksicht auf das ungelehrte Publikum stattfindet. Open Access dient ausschließlich der *République des Lettres*, niemandem sonst.

Und es soll die Befreiung der Wissenschaftler aus der Umklammerung der Verlage bewirken. Die Geschichte der Wissenschaftler und ihrer Verleger ist noch kaum geschrieben, aber aus der Sicht eines Aktivisten wie Harnad, der die Umstände am Ende des 20. Jahrhunderts vor Augen hat, stellt sich die jahrhundertealte Zusammenarbeit mit Verlagen als *Faustischer Pakt* dar, den die Wissenschaftler notgedrungen eingehen mußten, um den Preis, daß Barrieren zwischen Autoren und Lesern aufgebaut wurden. Jenseits der nachvollziehbaren Frustrationen des Zeitgenossen stellt sich die Frage: War dieser Pakt bis weit ins 20. Jahrhundert hinein wirklich so faustisch? Zwar haben Wissenschaftler es mit ihren Forschungsarbeiten – anders als mit Lehrbüchern, Übersichtswerken, Popularisierungen usw. – nur in bestimmten Fällen darauf abgesehen, ihr Einkommen zu verbessern. Wohl aber haben sie sich in den letzten Jahrhunderten immer wieder als gewiefte Spezialisten erwiesen, wenn es um die Vermehrung ihres symbolischen Kapitals, um Zuverlässigkeit, Ansehen, Prestige und Autorität ging.

Diese Aspekte – aber auch das wäre genauer zu untersuchen – dürften in der Geschichte der Beziehung zwischen Wissenschaftlern und Verlegern eine wichtigere Rolle gespielt haben als gegenseitiges Mißtrauen, Frustration und Verärgerung. Insofern bleibt die Einteilung in mephistophelische, gefährliche Verleger und faustische, gefährdete Wissenschaftler Illusionstheater, wenn man ausblendet, daß die Beziehung für mehrere Jahrhunderte eher von gegenseitigem Nutzen als von Zwang bestimmt war. Und auch als einige der wichtigsten auf Naturwissenschaften spezialisierten Verlage im letzten Drittel des 20. Jahrhunderts einen radikalen Wandel hin zu global agierenden Geldmaschinen vollzogen, hat die Gemeinschaft der Wissenschaftler lange Zeit nicht darauf reagiert. Wie eh und je taten sie sich mit eben jenen auf maximalen ökonomischen Erfolg ausgerichteten Unternehmen zusammen – aus

Gründen wie Zugehörigkeitsgefühl, Gewohnheit, Reputationsgewinn, Einfluß und Macht. Dabei übersahen sie, daß einige immer weiter expandierende STM-Verlage durch ihre Preispolitik die finanzielle Leistungsfähigkeit der Bibliotheken massiv überstrapazierten.

Erst durch Open Access kam Bewegung in das Verhältnis von Wissenschaftlern und Verlagen, und zwar auf seiten der ersteren mit einem antikapitalistischen Gestus, der für den Netzenthusiasmus der Gründerjahre nicht untypisch war. Man nehme etwa John Perry Barlows berühmte *Unabhängigkeitserklärung des Cyberspace* von 1996, wo es gleich zu Beginn heißt: »Regierungen der industriellen Welt, ihr müden Giganten aus Fleisch und Stahl, ich komme aus dem Cyberspace, der neuen Heimat des Geistes.«[9] Übertragen auf unseren Zusammenhang, müßte das nur um Nuancen anders lauten: *Aristokraten der Verlagswelt, ihr müden Giganten aus Papier und Leim* ... Auch hier geht es um digitale Erlösungsphantasien, die mit der Abschaffung des Papiers zugleich eine Freisetzung der geistigen Potentiale assoziieren. Das Problem ist nur, daß das Wissen selbst zu den besten Zeiten des Bildungsenthusiasmus und der reinen, nur der Erkenntnis dienenden Forschung nicht auf jenes immaterielle Gut zu reduzieren war, das in wissenschaftlichen Kreisen zirkuliert. Doch mit dem Verblassen dieser Werte gilt um so mehr: Jegliches Wissen, das als Ansammlung von Daten im Internet zirkuliert, ist zugleich Ware; und das ist beileibe keine Einsicht des frühen 21. Jahrhunderts.

Ein kurzer Rückblick auf die Wissensdebatten der Postmoderne: 1979 hat Jean-François Lyotard die durch Computer und Kybernetik ausgelösten Konsequenzen für das Wissen analysiert und scharfsinnig eine »Kommerzialisierung des Wissens« diagnostiziert, die »mit einer Ideologie der kommunikativen ›Transparenz‹« einhergeht und dazu führt, daß Wissen immer weniger der Bildung dient, sondern für den Verkauf geschaffen und konsumiert wird. Und er sagte voraus, daß diese Frage »mit der informatischen und telematischen Technologie [...] noch heikler zu werden [droht]«.[10] Was sich bei Lyotard noch etwas abstrakt anhört, hat sich mit der Einführung des

Internet Schritt für Schritt bestätigt. Man kann den Budapester Appell durchaus als Protest gegen eine solche Entwicklung lesen, doch im Mahlstrom des akademischen Kapitalismus sind diese Träume der 1990er Jahre schnell weggespült worden, und zwar in dem Moment, da sich nicht-wissenschaftliche Akteure wie Politiker und Wissenschaftsmanager, Bibliothekare und Verlage Open Access zu eigen machten. Gehen wir einige der von Harnad formulierten Forderungen der Reihe nach durch.

All papers for free? Immer mehr Artikel sind für die Leser kostenlos, aber dafür müssen die Autoren zahlen. Und was die bereits existierenden Arbeiten betrifft: Wer wollte oder könnte sich den finanziellen Aufwand leisten, alle jemals veröffentlichten wissenschaftlichen Artikel und Bücher kostenlos ins Netz zu stellen? Was nicht einmal Google gelingt, liegt für staatliche Institutionen gänzlich außerhalb des Erreichbaren. Millionen wissenschaftliche Artikel unterliegen dem Copyright, und selbst wenn sie es nicht täten: Wer soll diese gigantischen digitalen Archive aufbauen, wer für ihren Unterhalt und reibungslosen Dauerbetrieb sorgen, zumal es in den Naturwissenschaften so ist, daß das Gros der mehr als zehn Jahre alten Artikel irrelevant ist und in der Regel nicht mehr zitiert wird?

Historiker freuen sich zu Recht darüber, daß Zeitschriften des 19. Jahrhunderts vollständig digitalisiert und bisweilen sogar schon für Content Mining zugänglich sind, aber das kostet Geld, und deswegen besteht kaum Hoffnung, daß die Arbeit mit Texten oder Daten in Zukunft *for free* sein wird. *All papers* ergibt nur dann Sinn, wenn jene erweiterte Gegenwart gemeint ist, die nur ein paar Jahre zurückreicht. Das entspricht dem sich immer deutlicher abzeichnenden Hauptzweck von OA, nämlich die durch Copyright generierten Barrieren zu überwinden und möglichst schnell Zugriff auf neue wissenschaftliche Ergebnisse in einer forschungsintensiven Umwelt zu haben. Auch nach dem Selbstverständnis der OA-Initianten fügt sich das nahtlos in die von Hartmut Rosa beschriebene Beschleunigungskultur ein.

Forever? Der große Vorteil, einen permanent freien Zugang zum großen digitalen Archiv und damit Texte sofort präsent zu haben, ist eine Sache; die dauerhafte Speicherung über Jahre und Jahrzehnte eine andere. Diese beiden Dinge sollten besser nicht miteinander vermischt werden, denn es könnte sich schnell herausstellen, daß unzählige wissenschaftliche Artikel im Nirwana des Netzes nachhaltiger verschwinden als ihre auf Papier gedruckten Vorgänger in den Bibliotheksregalen. Papier ist geduldig, wie der Volksmund so treffend sagt, digitale Files sind es nicht, weil Server und Software aus ökonomischen Gründen einem ständigen Wandel ausgesetzt sind.

For all? Auch wenn Harnad das zunächst auf die Gemeinschaft der Wissenschaftler beschränkt hat – darunter natürlich auch diejenigen, die aus finanziellen Gründen keinen leichten Zugang zur Fachliteratur haben –, reichen die im Budapester Appell formulierten Ansprüche weit darüber hinaus. Mit einer bildungsoptimistischen Erwartung, die an die Fortschrittsideale der Aufklärung anschließt, wird die Auflösung der an finanziellen Wohlstand gebundenen Wissensmonopole als Errungenschaft für die ganze Menschheit bezeichnet.[11]

Der Marquis de Condorcet hatte 1793 rückblickend auf die Erfindung des Buchdrucks geschrieben, dieser habe die Möglichkeit eröffnet, »Werke zu verbreiten, welche von Augenblicksumständen oder einer vorübergehenden Geistesbewegung ausgehen; so kann man die Gesamtheit der Menschen, welche die gleiche Sprache sprechen, an jeder Frage teilnehmen lassen, die an einem einzigen Ort erörtert wird«.[12] Open Access soll diesen Prozeß zur Vollendung bringen. Condorcets berühmte Forderung, das gesamte Wissen allen Menschen anzutragen, weil dadurch Ungleichheiten beseitigt, die Vervollkommnung des Menschen befördert und die Menschheit enger zusammengeführt werde, findet im Budapester Appell ihr Echo, wenn mit philanthropischem Ernst davon die Rede ist, »die Menschheit im gemeinsamen intellektuellen Gespräch und Streben nach Wissen zu vereinigen«.[13] Wiederum wird mit dem Internet eine Erwartung verbunden, die der Technologie zutraut, das Tor weit aufzustoßen, so daß die Menschheit sich nur noch in Bewegung setzen und hindurchschreiten muß. Die Aktualisierung älterer utopischer Ideale der Aufklärung, gegen die niemand ernsthafte Einwände erheben könnte, hat im Flachland der politischen Alltagsgeschäfte schnell zwei bereits genannte Forderungen populär gemacht, die bis dahin kaum eine Rolle in den Diskussionen um allgemeine Bildung gespielt hatten. Seit der Debatte um Open Access sorgen sie jedoch für einige Perplexität.

Zum einen war man sich im 20. Jahrhundert weitgehend einig darüber, daß jeder alphabetisierte Mensch möglichst ungehindert Zugang zum Wissen haben sollte, wenn auch nicht unbedingt zum Nulltarif. Die ganze populärwissenschaftliche Literatur mit ihren Zeitschriften und ihren preiswerten Büchern war dieser Idee geschuldet, und der mehr oder weniger kostenlose Zugang zu Bibliotheken tat ein übriges. Allerdings war es vor der Zeit des Internet kein diskursfähiges Thema, daß ein Gärtner oder eine Museumskuratorin prinzipiell und jederzeit Zugang zu den neuesten Ergebnissen der Teilchenphysik oder der Assyrologie haben müsse, und das nicht nur aus dem Grunde, weil es technisch unmöglich war, sondern auch, weil Einigkeit darüber bestand, daß hochspezialisierte Forschung in ihrer standardisierten Form für Laien schlicht ungenießbar ist.

Diese Einsicht ist seitdem auch nicht widerlegt worden, und dennoch haben OA-Aktivisten und Politiker ebendas zum moralischen Imperativ gemacht: Steuerzahler finanzieren die Arbeit von Quantentheoretikern und Assyrologen (letztere nicht unbedingt in allen zivilisierten Ländern), und deswegen haben sie ein Recht darauf, freien Zugang zu deren Forschungsergebnissen zu haben. So liest man es in den entsprechenden Blogs und Leserbriefspalten immer wieder. In unserer durch postdemokratische Tendenzen geprägten Gegenwart klingt das weniger geschmeidig als bei den Visionären der Aufklärung. Vielmehr wird der Steuerzahler als nicht weiter zu hinterfragende Trumpfkarte aus dem Ärmel gezogen, um Open Access politisch durchzusetzen. Die bloße Frage, ob immerwährender Zugang zu quantentheoretischen und assyrologischen Forschungsartikeln für alle mehr sein kann als kostspieliger Internettourismus, scheint ein Tabu zu sein. Keine Mißverständnisse: Niemandem soll das vorenthalten werden, wofür er sich interessiert, doch hier ist eine beträchtliche Portion Populismus mit im Spiel, dem durch das Internet überhaupt erst die Stimme geölt worden ist.

Zum anderen war es lange vor den Zeiten des Internet verpönt, wenn Wissenschaftler sich an ihrer Forschung bereicherten. Wie teuer ihre Produkte waren, stand jedoch auf einem ganz anderen Blatt. Dementsprechend ist es Naturwissenschaftlern höchstens in Ausnahmefällen vorgeworfen worden, wenn sie ihren Artikel in einer angesehenen Zeitschrift veröffentlichten, deren Jahresabonnement vielleicht 10.000 $ kostete; oder wenn ein Geisteswissenschaftler sein Buch in einem spezialisierten Verlag zu einem Preis publizierte, der nur für Bibliotheken, nicht aber für Privatpersonen und schon gar nicht für Studenten erschwinglich war. Allenfalls wurde die Preispolitik der Verlage beklagt. Der *Faustische Pakt* war für lange Zeit – berechtigt oder unberechtigt – nicht auf der Tagesordnung der zu verhandelnden Probleme.

Seitdem Open Access zu einem moralischen Imperativ geworden ist, haben sich auch für Wissenschaftler die Maßstäbe verändert, bis hin zu der Forderung, sämtliche Arbeiten frei ins Netz zu stellen. Das geht so weit, daß digitale Söldner die Homepages einzelner Wissenschaftler durchforsten und kontrollieren, wie viele Texte online verfügbar sind. Wenn das Ergebnis nicht so ausfällt, wie sie es für richtig halten, wackeln sie mit dem moralischen Zeigefinger.[14] Eine solche Überwachungslust mag man geschmacklos oder bedrohlich finden, jedenfalls zeigt sich hier auch jenseits des Datenhungers von NSA oder Google, daß Mißtrauen, Paranoia und Kontrolle, diese so unerfreuliche Trias, zwar nicht durch das Internet erfunden wurden, dort jedoch über eine unendlich große Spielwiese verfügen.[15] Das Mißtrauen gilt denjenigen, die sich nicht so verhalten, wie man es selbst für moralisch angezeigt hält; die Paranoia wähnt, daß hinter dem abweichenden Verhalten ein unheilvolles System steckt; die Kontrolle wird zum Selbstläufer, weil man sich nur mit Bestätigungen der eigenen Vorannahmen zufriedengeben kann.

Science Sells oder: Die Geschichte der Wissenschaftsverlage

Auch wenn die Einsicht, daß das traditionelle Zeitschriftenwesen nicht mehr den kommunikativen Bedürfnissen der Naturwissenschaftler entspricht, plausibel ist und Open Access ein Vehikel darstellt, um diese Situation zu verändern, so zeigen die Erfahrungen der letzten Jahre, daß der *Faustische Pakt*, den die OA-Protagonisten so gern schnell gelöst hätten, stabiler ist als gedacht. Das liegt vor allem daran, daß es neben den Interessen der Wissenschaftler auch um diejenigen ganz anderer Akteure geht wie Verlage, IT-Unternehmen, Start-Ups, Beraterfirmen, Bibliothekare, Politiker, Bürokraten, Wissenschaftsmanager und Netzaktivisten. Hier besteht ein erhebliches Konfliktpotential, denn es geht um viel Geld. In diesem Zusammenhang muß OA betrachtet werden.

Science sells – das war die Devise im letzten Drittel des 20. Jahrhunderts. Tatsächlich sind die Kosten für Publikationen im STM-Bereich vollständig aus dem Ruder gelaufen. Einige Zahlen aus den USA: 1973 kostete eine Zeitschrift im STM-Bereich pro Jahr durchschnittlich 24 \$, 1985 waren es 197 \$. 1997 mußten Bibliotheken für eine medizinische Fachzeitschrift durchschnittlich 460 \$ aufwenden, 2005 waren es 962 \$. Ähnliche Steigerungsraten sind für Chemie und Physik zu verzeichnen, während die geistes- und sozialwissenschaftlichen Zeitschriften deutlich darunter liegen. Das mag noch nicht so dramatisch klingen, aber faktisch sind die Preise für wissenschaftliche Periodika seit den 1980er Jahren doppelt so schnell angestiegen wie die Gesundheitskosten in den USA, und das liegt in erster Linie an den STM-Fächern.[16] Ein Blick in die Gegenwart macht die Sache nicht besser. Für das Jahresabonnement einer einzigen der teuren Zeitschriften könnte eine Universitätsbibliothek vermutlich die gesamte Jahresproduktion der zehn angesehensten deutschen geisteswissenschaftlichen Verlagsprogramme anschaffen. 2013 führt der Springer Verlag (genauer gesagt: *Springer Science and Business*) 2.200 Zeitschriften im Programm, im Januar 2014 müssen Institutio-

nen für das Journal *Psychopharmacology* jährlich 8.066 €
(2010: 6.500 €) aufwenden; *Theoretical and Applied Genetics*
7.143 € (2010: 6.500 €) ist etwas preiswerter. Für das *Journal of
Radioanalytical and Nuclear Chemistry* sind 15.643 € (2010:
12.500 €), für das *Journal of Materials Science* 13.257 € (2010:
10.000 €) zu veranschlagen.[17] Andere global operierende Verlage stehen dem in nichts nach. 2011 wurden allein mit Zeitschriften im STM-Bereich 9,4 Milliarden $ umgesetzt, das welt-
weite Gesamtaufkommen für wissenschaftliche, technische und
medizinische Information auf 23,5 Milliarden $ geschätzt.[18]

Um die Gründe für diese in wenigen Jahrzehnten indu-
zierte Preisentwicklung und die damit einhergehende Erosion des traditionellen Publikationswesens zu verstehen, die
vermutlich zu seiner irreversiblen Zerstörung führen wird,
hilft zunächst einmal nicht ein Verweis auf die Einführung
des Internet weiter, sondern ein kurzer Exkurs in die jüngere
Verlagsgeschichte. Seit der Erfindung des Buchdrucks und der
Gründung der ersten Druckereien, die Bücher herausbrachten;
seit dem Aufkommen wissenschaftlicher Periodika im 17. Jahrhundert; seit der Gründerzeit für wissenschaftliche Verlage im
19. Jahrhundert, die mit dem Aufstieg der Geistes- und Naturwissenschaften verbunden war, und seit der Verbreitung des
wissenschaftlichen Taschenbuchs – in diesen mehr als 500 Jahren des Buchdrucks waren wissenschaftliche Publikationen
stets das Geschäft mittelständischer Verlage. Diese gingen in
Europa häufig aus Familienbetrieben hervor, während in den
USA auch Universitätsverlage hinzukamen, die von den jeweiligen Universitäten finanziell getragen wurden und nicht
gewinnorientiert operierten.[19] Dementsprechend gab es eine
erhebliche Vielfalt an Verlagshäusern, die den immer größer
werdenden Kuchen an Publikationen untereinander aufteilten.
Preiswert war wissenschaftliche Literatur nie, und natürlich
wurden Zeitschriften – wie alles andere auch – teurer, aber das
Preisniveau war so gestaltet, daß die wissenschaftlichen Bibliotheken mithalten konnten.

In den letzten drei Jahrzehnten des 20. Jahrhunderts ist die
Preisentwicklung für wissenschaftliche Bücher und Zeitschrif-

ten radikal auseinandergedriftet. Während die Preissteigerung für geisteswissenschaftliche Bücher und Zeitschriften in der Regel deutlich unter der allgemeinen Teuerungsrate blieb, ist das naturwissenschaftliche Publikationswesen zum Spekulationsobjekt der global agierenden Verlagskonsortien geworden, mit dem Renditen angestrebt und durchgesetzt wurden, die das Buchgeschäft bis dahin nie hergegeben hatte. Die erzielten Gewinne wurden zum erheblichen Teil nicht – wie bei den seriösen Verlagen nach wie vor der Fall – wieder in den Verlag investiert, so daß sie der Wissenschaft zugute kommen, sondern flossen und fließen in die Taschen von Investoren und Spekulanten.

André Schiffrin, der langjährige Verleger von Pantheon Books, hat anschaulich beschrieben, wie das amerikanische Buchverlagswesen seit den 1960er Jahren hin zu Big Business mutierte, wie traditionelle Verlagshäuser, die durchschnittlich mit 4 % Rendite operierten, von Großkonzernen gekauft wurden, die Gewinnvorgaben von 12-15 % festlegten und alles dafür taten, das auch durchzusetzen.[20] Diese Veränderungen betrafen zunächst nur die auf Literatur und Sachbuch spezialisierten Publikumsverlage, doch alsbald kam es auch in der wissenschaftlichen Verlagslandschaft zur Herausbildung von Monopole anstrebenden Gebilden. Nicht die amerikanischen Universitätsverlage, wohl aber die alten Familienunternehmen verwandelten sich in internationale Konsortien oder verschwanden vom Markt. Die Vielfalt der Verlage schrumpfte zugunsten einiger Marktführer, dominiert von Elsevier, Springer und Wiley, die zu den zwanzig umsatzstärksten Buchverlagen weltweit gehören und den internationalen Markt für natur- und sozialwissenschaftliche Zeitschriften – nicht den für geistes- und kulturwissenschaftliche Zeitschriften, die für sie viel weniger interessant sind – unter sich aufgeteilt haben.[21]

Elsevier, ehemals ein niederländischer Verlag mit klangvollem Namen, agiert bereits seit den 1960er Jahren als multinationaler Konzern und macht einen Umsatz von deutlich mehr als 2 Milliarden €, der Gewinn liegt bei fast 1 Milliarde.[22]

Der Springer Verlag, ein 1842 gegründetes Berliner Familienunternehmen, stieg im 20. Jahrhundert zu einem der führenden internationalen Wissenschaftsverlage auf und wurde zur Jahrtausendwende zum Spekulationsobjekt: 1999 erfolgte der Verkauf an Bertelsmann, 2003 geriet der Verlag in die Hände britischer Finanzinvestoren, die ihn 2010 an Konsortien in Schweden und Singapur weiterreichten – womit das Ende der Verkaufsspirale kaum erreicht sein dürfte. Wiley, 1807 gegründet und mehrere Generationen lang in Familienbesitz, expandierte in den 1960er Jahren zum global operierenden Unternehmen und katapultierte sich 2006 mit dem Erwerb des britischen Verlags Blackwell für mehr als eine halbe Milliarde Pfund in die Gruppe der umsatzstärksten Verlagskonzerne.[23]

Die Größenordnungen dieser Verlage entsprechen dem Bedeutungszuwachs, den englischsprachige Zeitschriftenartikel in diesem Zeitraum gewinnen konnten, sie zeigen aber auch, daß die amerikanischen Universitätsverlage den Zeitschriftenmarkt fast vollständig den kommerziellen Verlagskonsortien überlassen haben. Zu Beginn des neuen Jahrhunderts haben sich die Verlage dann etwas ganz Besonderes einfallen lassen. Jeder einzelnen Bibliothek boten sie ein ganzes Paket von Zeitschriften an, das neben den etablierten, unverzichtbaren Journalen auch weniger interessante enthielt. Vor allem ließen sich mit diesen Paketen neue Zeitschriften verkaufen, die man ansonsten mühsam hätte offerieren müssen. Die Verlage priesen ihre sogenannten Big Deals mit den Bibliotheken als preisgünstige, maßgeschneiderte Lösung aller Probleme der Informationsbeschaffung an. Die Sache hatte nur den Haken, daß die Bibliotheken verpflichtet wurden, die ausgehandelten Preise geheimzuhalten. Aus gutem Grund, denn inzwischen ist ruchbar geworden, daß diese Pakete mit der gleichen Anzahl an Zeitschriften für verschiedene Universitätsbibliotheken erhebliche Preisunterschiede aufweisen.[24] Was nun auch der Anfang vom Ende dieses Modells sein dürfte.

Die Mutation der Traditionsverlage in globale Gewinnmaschinen dürfte der Hauptgrund für die Kernschmelze im traditionellen wissenschaftlichen Publikationswesen sein, doch es wäre etwas zu wohlfeil, den Schwarzen Peter ausschließlich der unternehmerischen Monopolbildung im Spätkapitalismus zuzuschieben. In der Ursachenkette finden sich auch Entwicklungen der Wissenschaftspolitik und der Wissenschaften selbst. An erster Stelle ist die engagierte Ausweitung der Wissenschaftsförderung seit den 1980er Jahren zu nennen, an die von Anfang an erhebliche wirtschaftliche Erwartungen geknüpft wurden. Neurowissenschaften, Informatik, Robotics, Gen- und Nanotechnologie – das sind nur einige Stichworte für einen beispiellosen Aufstieg neuer oder auch der Expansion bis dahin kleinerer Felder. Daraus folgt ganz einfach, daß der Anstieg der Zahl von Wissenschaftlern eng mit dem Anstieg an Zeitschriften und Artikeln korreliert ist. Es kommt hinzu, daß sich die Wissenschaftler mit der weitgehenden Umstellung der Forschungsfinanzierung auf Projektförderung einem erheblichen Publikationsdruck ausgesetzt haben, der mit der alten Formel *publish or perish* nur sehr annäherungsweise erfaßt ist.

Ein weiterer Faktor liegt darin, daß dieser Expansionsschub zu einer Reorganisation der Universitäten und der Wissenschaften selbst geführt hat, womit der akademische Betrieb an Elemente der neoliberalen Ideologie angepaßt wurde. Formeln wie *Akademischer Kapitalismus, Ökonomisierung der Wissenschaft, Science-Mart, Commodification of Research, Consuming Higher Education* oder *Wissen als Ware* sind längst zu geflügelten Worten geworden, die auf den Punkt bringen, daß Lehre und Forschung zunehmend unter Marktbedingungen stattfinden.[25] Dabei ist anzumerken, daß es sich hier um einen höchst sonderbaren Markt handelt: Staaten definieren durch politische Entscheidungen und die Verteilung ihrer finanziellen Zuwendungen die Bedingungen, unter denen Forschung stattfindet. Durch diese Bedingungen werden die üblichen Verdächtigen des Informationskapitalismus angelockt, und am Ende reiben sich die nicht-kommerziellen Akteure in diesem Geschehen die Augen angesichts der Chuzpe, mit der sie von den kommerziellen Profis zur Kasse gebeten werden.

In diesem Zusammenhang ist auch die enorme Bedeutung des Rankings bzw. der Impact-Faktoren von Zeitschriften zu erwähnen, weil die Preisentwicklung einer Zeitschrift und ihre Bedeutung für eine bestimmte Scientific Community nicht losgelöst voneinander zu betrachten sind. Den monopolbildenden Wissenschaftsverlagen konnte gar nichts Besseres passieren als die Expansion und Ökonomisierung der akademischen Forschung. Dazu wiederum ein paar Zahlen.

Bibliometriker haben notorisch Schwierigkeiten, präzise Daten hinsichtlich der weltweiten Anzahl von Zeitschriften und Artikeln zu erheben, aber auch ungefähre Schätzungen verschaffen einen Eindruck. So wird angenommen, daß sich die Anzahl der Zeitschriftenartikel in allen wissenschaftlichen Disziplinen zwischen 1986 und 2009 von ungefähr 750.000 auf 1,5 Millionen pro Jahr verdoppelt hat.[26] Für das Jahr 2011 werden 1,8 Millionen Artikel allein im STM-Bereich geschätzt.[27] Diese Zahlen sind so eindrucksvoll wie furchterregend, weil sie die Formel vom *Too much to know* allmählich ins Unvorstellbare steigern und auch die Frage aufwerfen, wann die Grenzen des Wachstums erreicht sind, denn es ist unrealistisch, daß irgendwann die halbe Menschheit wissenschaftliche Artikel veröffentlicht.

Weiter unten werde ich die epistemischen Konsequenzen dieser Wachstumsraten für die Forschung und für den Stellenwert des Buches unter dem Stichwort Überforschung genauer betrachten. Hier geht es erst einmal darum, die Wahrnehmung für den Zusammenhang zwischen wissenschaftlichem und ökonomischem Wachstum zu schärfen. Zunächst ist festzuhalten, daß die geschätzte Verdopplung der wissenschaftlichen Artikel in 23 Jahren nicht aus der Reihe fällt, wenn man sie aus der Perspektive der *longue durée* betrachtet. In seinen klassischen Untersuchungen hat Derek de Solla Price erstmals Zahlen zum Wachstum wissenschaftlicher Publikationen seit der Mitte des 17. Jahrhunderts vorgelegt und kam zu dem Ergebnis, daß sich die Anzahl der Zeitschriften zwischen 1660 und 1960 ungefähr alle 15 Jahre verdoppelt hat.[28] Man kann die Zahlen von de Solla Price nicht eins zu eins auf die Jahre nach 1960 übertragen, weil sich die Kriterien dessen, was als wissenschaftliches Periodikum gilt, verändert haben. Während er 1963 von 30.000 aktiven Zeitschriften ausging, nehmen heutige Bibliometriker eine (mehr oder weniger) scharfe Trennung zwischen Journalen mit und solchen ohne Peer-Review-Verfahren vor. Wenn man berücksichtigt, daß Peer Review erst um 1970 systematisch eingeführt wurde, dann sind die Steigerungszahlen jedoch nicht so weit von de Solla Price entfernt: Für 1995 wurden 11.000 Journale geschätzt, für 2012 sogar 28.100.[29] Sind diese Zahlen einigermaßen verläßlich, dann hat in 17 Jahren mehr als eine Verdopplung stattgefunden.[30] Allein ein knappes Drittel dieser Zeitschriften fällt in den Bereich der biomedizinischen Wissenschaften, die *arts & humanities* sind mit gerade einmal 5 % vertreten. Das ist nicht gerade viel, und sicherlich wäre es wünschenswert, wenn es ein paar mehr wären. Andererseits sind diese Zahlen aber auch kein Grund zur Sorge, denn sie beweisen, daß das Buch – Monographien und Sammelbände – in diesem Bereich eine wesentlich größere Bedeutung einnimmt.

Für Verlage, Investoren und Konzerne, die das Geschäft des akademischen Publizierens an sich gezogen haben, ist diese Entwicklung – man kann es kaum anders sagen – eine Lizenz zum Gelddrucken, und ein gewiefter Manager wie Derk Haank, CEO von Springer, gibt das auch unverblümt zu: »Wir operieren in einer Wachstumsindustrie. In den letzten paar hundert Jahren haben wir ein konstantes Forschungswachstum gesehen. Mehr Forschung heißt mehr Forscher, und ein Forscher produziert ungefähr alle zwei Jahre einen wissenschaftlichen Artikel. Das ist ein Mengenproblem, gegen das wir nichts machen können. Es handelt sich also um eine enorme Wachstumsindustrie, und es ist einfach unrealistisch, anzunehmen, daß es in den nächsten 10 Jahren keine Preissteigerungen für unseren wachsenden Datenbestand gibt.«[31]

Einige wenige Einblicke in die Wachstumsindustrie: Es kam zur Gründung zahlreicher neuer und zur Ausweitung bestehender Zeitschriften; manche gingen auch dazu über, sich selbst zu klonieren. *Nature* beispielsweise gründete mehr als ein Dutzend Ableger, die aufgrund des außerordentlichen Renommees der Zeitschrift auch von den meisten Bibliotheken angeschafft wurden. Ein anderes Beispiel sind die seit den 1980er Jahren neu gegründeten sogenannten *Trends journals*. Dabei handelt es sich um monatlich erscheinende Zeitschriften mit Übersichtsartikeln, Kommentaren und Diskussionsbeiträgen zu aktuellen Entwicklungen in verschiedenen Bereichen der Lebenswissenschaften. Für Forscher ist das außerordentlich nützlich, und dementsprechend ist das Modell so erfolgreich, daß es inzwischen vierzehn *Trends journals* gibt, für die Elsevier gegenwärtig bei einem durchschnittlichen Subskriptionspreis von 2.500 $ pro Zeitschrift insgesamt 35.000 $ in Rechnung stellt, wenn eine Bibliothek alle abonniert hat – es sei denn, es werden im Rahmen der Paketlösungen Rabatte eingeräumt.[32]

Diese Vermehrung der Forschungsartikel hatte noch einen weiteren Effekt für die Verschiebung von Praktiken und Werten innerhalb der Wissenschaften. Von jeher gab es Unterschiede in der Reputation und in der Qualität von Zeitschriften, aber das war eine Angelegenheit, die vor allem innerhalb der jeweiligen Disziplin bzw. eines definierten Wissenschaftsgebiets verhandelt wurde. Mit der Expansion der Wissenschaften kam es zu dramatischen Veränderungen der für die Beurteilung wissenschaftlicher Aktivitäten angenommenen Parameter. Vereinfacht gesagt, wurde die Urteilskraft, die auf Lektüre basierte, durch quantitative Meßverfahren, Zitationsindices und Impact-Faktoren der Zeitschriften zurückgedrängt, was es nun auch solchen Akteuren, die von der Sache nichts verstehen, ermöglichen sollte, in der Beurteilung einzelner Wissenschaftler ein Wort mitzureden. Mit diesem Instrumentarium befinden Biologen über Physiker, Chemiker über Geologen und Universitätspräsidenten über alle zusammen.[33]

An diesem Beispiel zeigt sich einmal mehr, wieweit diese Welt und die von Büchern bestimmte Welt der Geisteswissenschaften inzwischen auseinandergedriftet sind. Für Bücher gibt es keine Impact-Faktoren. Man muß sie lesen, um zu einem Urteil zu gelangen, und allein schon aus diesem Grund sollten die Geisteswissenschaften alles daransetzen, nicht die Fehler der Naturwissenschaften zu wiederholen. Sie sollten unbedingt am Buch festhalten, denn gute Bücher, die in jeder

Hinsicht Zeit benötigen, sind Impfstoffe gegen einen überbordenden akademischen Kapitalismus.

Die quantitative Bestimmung von Forschungsleistung ist nur eine Facette der viel grundsätzlicheren Verschiebung hin zur unternehmerischen Universität und dürfte keinen geringen Einfluß auf die Preisentwicklung im Zeitschriftenmarkt gehabt haben, denn die Zeitschriften mit den höchsten Zitations-Indices sind diejenigen, in denen die meisten Wissenschaftler ihre Veröffentlichungen sehen wollen. Deswegen können die wissenschaftlichen Bibliotheken am wenigsten auf sie verzichten. Es paßt gut in dieses Bild, daß Impact-Faktoren, die auf der Basis von Zitationsanalysen erstellt werden, selbst zur begehrten Ware im Zirkulationskreislauf des Wissens geworden sind. Sie werden von dem Medienkonzern Thomson Reuters (Web of Science bzw. Web of Knowledge) – ebenfalls ein Gigant mit 13 Milliarden $ Umsatz – und Elsevier (Scopus) erstellt. Die von Thomson Reuters ausgewerteten 10.675 Zeitschriften sind vielleicht nicht mit den DAX-Unternehmen an der Börse zu vergleichen, aber dennoch wird dadurch so etwas wie ein gigantischer Kanon gebildet. Nur wer mit dabei ist, kann für sich in Anspruch nehmen, zu den häufiger zitierten und damit relevanten Zeitschriften zu zählen, und das wird sogleich in Geld umgesetzt. Denn: Marktführer wie Elsevier verkaufen Daten an Akteure im Feld der Wissenschaftspublizistik, dieselben Daten erlauben es Elsevier aber auch, die Preise für in ihrem Besitz befindliche Zeitschriften nach Belieben zu diktieren.

Niemand braucht sich zu wundern, daß spektakuläres Wachstum und Ökonomisierung der STM-Fächer zum Niedergang des traditionellen Publikationssystems beigetragen haben. Der *Faustische Pakt* der Wissenschaftler mit den Verlagen ist nicht erst durch das Internet brüchig geworden. Zwar liegt die Zeitschriftenkrise seitdem offen zutage, doch schon vorher gerierten sich die Wissenschaften mehr und mehr – halb gezogen, halb hingesunken – als kleine Mephistopheliker, denen man ins Stammbuch schreiben kann: *Da habt ihr's nun! Mit Narren sich beladen, Das kommt zuletzt dem Teufel selbst zu Schaden.*[34]

Der Schaden liegt am Ende darin, daß die Wissenschaften und ihre Budgets nicht mit gleicher Geschwindigkeit wachsen können und die Etats der Bibliotheken unter einem chronischen Erschöpfungssyndrom leiden. Dennoch liegt eine gewisse Ironie darin, daß es auch in diesem Fall zu einer *Tragedy of the Commons*[35] gekommen ist, denn Wissenschaftler übernehmen von jeher mit erheblichem unbezahlten Aufwand die gesamte inhaltliche Arbeit für diese Zeitschriften. Mit dieser Arbeit sind Reputation und Einfluß verbunden, und die dürfen sie für sich verbuchen. Doch das Geld, das mit den Zeitschriften verdient wird, fließt zu einem Großteil in die Taschen von Finanzkonsortien, Aktionären und Spekulanten. Die Gewinnspanne von Elsevier ist höher als diejenige von ExxonMobil.[36] Es dürfte nur wenige Beispiele in der neueren Geschichte geben, in denen symbolisches Kapital in so außerordentlichem Maßstab zu ökonomischem Kapital verdinglicht worden ist. Grund genug also, mit neuen Publikationsformen zu experimentieren und Open Access in den Naturwissenschaften als grundsätzliche Alternative sehr ernst zu nehmen.

Der Gewinn an Bequemlichkeit ist ein Verlust an Freiheit

Daß das politische Drehen an der Wachstumsschraube in den Wissenschaften entsprechende Drehungen an der Kostenschraube im Publikationswesen mit sich bringen würde, haben die Verlage frühzeitig erkannt, ihre Kunden und Verhandlungspartner auf seiten der akademischen Einrichtungen anscheinend nicht. Sprachlos sahen sie mit an, wie die STM-Zeitschriften immer größere Anteile der Bibliotheksetats verschlangen. Vor diesem Hintergrund ist es verständlich, daß sich die öffentlich geförderten Institutionen die Budapester OA-Initiative dankbar zu eigen machten und die Berliner Erklärung zu Open Access im Jahre 2003 unter Federführung der Max-Planck-Gesellschaft auf den Weg brachten.

Deklarationen tun in der Regel gut daran, den Gestus einer großen Aufbruchstimmung gegenüber den Nöten der Gegenwart in den Vordergrund zu rücken. So auch in diesem Fall. Mit keinem Wort wurde die Preisexplosion bei den wissenschaftlichen Zeitschriften erwähnt, aber dafür pries man das Internet, das »zum ersten Mal die Möglichkeit einer umfassenden und interaktiven Repräsentation des menschlichen Wissens, einschließlich des kulturellen Erbes« biete.[37] Es ist nachvollziehbar, daß die beteiligten Wissenschaftsinstitutionen sich von der Rhetorik einer quasi-kopernikanischen Wende mehr versprachen als von finanziellen Argumenten. Dennoch stellt sich für Open Access seitdem, also seit mehr als zehn Jahren, die Frage, wie sich der Glaube an bessere und gerechtere Publikationsformen in die Praxis übersetzen läßt. Da verschiedene Allianzen, Organisationen, Initiativen, Geldgeber, Politiker und auch Wissenschaftler die Sache von OA mit erheblichem Nachdruck vertreten, bestehen kaum Zweifel an der weltweiten Durchsetzung dieser Initiative. Unklarheiten betreffen die Details und am Ende natürlich die Frage, wie sich Vor- und Nachteile zueinander verhalten.

Nach einer im Auftrag der European Commission entstandenen Untersuchung vom August 2013 haben die OA-Publikationen inzwischen den Scheitelpunkt erreicht. Etwa 50 % aller 2011 erschienenen wissenschaftlichen Artikel sind im Netz verfügbar – entweder in solchen Zeitschriften, in denen alle Artikel frei zugänglich sind, was nicht selten voraussetzt, daß die Autoren und nicht die Leser das Periodicum finanzieren (dies wird allgemein als der goldene Weg bezeichnet), oder in Repositorien, also Dokumentenservern in Universitätsbibliotheken oder Forschungseinrichtungen, in denen der in einer traditionellen Zeitschrift zum Druck akzeptierte, aber noch nicht ins Zeitschriftenformat gesetzte Artikel nach einer Sperrfrist von sechs Monaten bis zwei Jahren durch die Forscher selbst frei zugänglich gemacht wird (der sogenannte grüne Weg). Ein drittes, allerdings kaum zukunftsträchtiges Modell besteht in der Möglichkeit, einen Artikel durch die Bezahlung seitens des Autors in einer traditionellen Abonnement-Zeitschrift von vornherein frei zugänglich zu machen (der sogenannte hybride Weg).[38] Die Tendenz zu OA wird rasch voranschreiten, zumal die Politik in Europa, den USA und anderen Ländern darauf dringt, daß frei zugängliche Publikationen zum Regelfall werden. Bei der Umsetzung allerdings gibt es erhebliche Unterschiede, die, ganz im Gegensatz zu den ursprünglichen Intentionen von OA, Einschränkungen der akademischen Freiheit mit sich bringen.

Ab Januar 2014 müssen die von der Europäischen Kommission geförderten Forschungsergebnisse, soweit sie in Zeitschriften veröffentlicht werden, in den Naturwissenschaften spätestens sechs Monate, in den Geistes- und Sozialwissenschaften ein Jahr nach Publikation für Leser kostenlos sein.[39] In den USA gilt dieses Prinzip für alle öffentlich geförderte Forschung generell ein Jahr nach der Publikation in einer Zeitschrift.[40] Solche Regeln können zu handfesten Problemen führen. Folgt daraus beispielsweise für in Europa arbeitende, von der EU geförderte Naturwissenschaftler, daß sie Artikel in besonders hoch angesehenen Zeitschriften, die aber Sperrfristen von einem Jahr vorsehen, nicht mehr publizieren dürfen? Die Verlage verfolgen hier alles andere als eine einheitliche Linie. Springer beispielsweise schreibt ein Jahr vor, bevor der in einer Zeitschrift publizierte Artikel in der zum Druck akzeptierten Version (also nicht die publizierte Version) auf einem nichtkommerziellen Repositorium erneut veröffentlicht werden darf.[41] Wiley ist strikter: Die begutachteten Versionen dürfen im STM-Bereich ein Jahr, im geistes- und sozialwissenschaftlichen Bereich erst zwei Jahre nach Publikation ins Netz gestellt werden. Außerdem bestehen mit ausgewählten Fördereinrichtungen »separate Einigungen«, was bedeutet, daß die wissenschaftlichen Autoren nicht einmal mehr nach ihren Publikationspräferenzen gefragt werden.[42] So oder so müssen diese sich nun auch mit dem Kleingedruckten der Verlagsverträge befassen – und mit dem Kleingedruckten ihrer Förderinstitutionen, denn auch da gibt es erhebliche Unterschiede.

Während die Europäische Kommission den grünen Weg von OA favorisiert, sah es eine Zeitlang so aus, als würde die Vereinigung der britischen Research Councils (RCUK), das Pendant zur Deutschen Forschungsgemeinschaft, den goldenen Weg zur Pflicht machen. Diese Entscheidung orientierte sich an dem sogenannten *Finch Report*, der 2012 herauskam und sich explizit für den goldenen und den hybriden Weg zu Open Access aussprach, während Selbstarchivierung in Repositorien eher ablehnend beurteilt wurde.[43] Unter den britischen Wissenschaftlern machte sich Empörung breit, als die rigorosen Pläne im Sommer 2012 durchsickerten. Stevan Harnad erhob den wohl nicht unberechtigten Vorwurf, daß der *Finch Report* von den Interessen der Verlagsindustrie durchtränkt sei, und brachte die Kritik auf den Punkt: »Providing gold OA is in the hands of publishers while green OA is in the hands of researchers.«[44] So deutlich hatte bis dahin noch kein Aktivist gesagt, daß die häufig als ideal angepriesene Form von OA zunächst einmal an der Abhängigkeit des Wissenschaftssystems von den Verlagen nichts ändern würde. Dabei ist Harnad keineswegs gegen den goldenen Weg. Seine Strategie besteht nur darin, so lange den grünen Weg zu verfolgen, bis alle Subskriptionszeitschriften und deren Verlage aufgegeben haben. An diesem Zielpunkt angekommen, ist der goldene Weg dann frei.[45]

Auch der implizit erhobene Vorwurf, eine öffentliche Institution wie der Research Council vertrete eher die Interessen der Großverlage als diejenigen der Wissenschaftler, ist ein Desaster für diejenigen, die unkritisch an die heile, idealistische Welt von OA glauben. Jedenfalls sah sich der RCUK daraufhin gezwungen zurückzurudern. Kleinlaut räumte man ein, daß »die Entscheidung über den einzuschlagenden Weg im Ermessen der Forscher und ihrer wissenschaftlichen Institutionen liegt«.[46] Damit sind die Probleme für die Forscher aber längst nicht erledigt. Zwar werden in Großbritannien die Sperrfristen im Vergleich zur Europäischen Kommission etwas liberaler gehandhabt: sechs Monate für die biomedizinischen Fächer, ein Jahr für die übrigen Naturwissenschaften, zwei Jahre für die Geistes- und Sozialwissenschaften. Dafür schreibt der RCUK jedoch vor, daß die zum Druck angenommene Fassung veröffentlicht werden muß (was bei Wiley nur mit Sondergenehmigungen möglich ist), und bestimmte Sektionen des Research Council schreiben sogar genau vor, auf welchem Repositorium die Zweitveröffentlichung zu erfolgen hat. Vorläufiger Höhepunkt dieser Zwangsmaßnahmen ist die Ankündigung des Higher Education Funding Council for England (Hefce), daß die Universitäten ab April 2016 nur noch solche Publikationen für das berüchtigte Research Excellence Framework (REF) – eine regelmäßig durchgeführte Evaluation aller Universitäten, die erhebliche Auswirkungen auf deren finanzielle Ausstattung hat – berücksichtigen dürfen, die spätestens drei Monate nach Annahme zur Publikation in einem Repositorium verfügbar gemacht werden.[47]

Ich weiß nicht, ob die Mehrzahl der Wissenschaftler sich die Praxis des Publizierens am Beginn der Ära von Open Access so mühsam vorgestellt hat. Aus einer rein forschungsstrategischen Perspektive richtet sich die Frage des geeigneten Publikationsortes – mit oder ohne Impact-Faktor der Zeitschrift – nach sachlichen Gesichtspunkten, Reputation, ordentlichem Copy-editing, unbeschränkter Verbreitung und möglichst zügigem Ablauf, vielleicht auch, weil man bereits gute Erfahrungen gemacht hat. Solche Erfahrungen haben sich bislang auf einzelne Zeitschriften bezogen, nicht so sehr auf die Verlage, in denen diese erscheinen, denn im Gegensatz zu den Geisteswissenschaften, für die ein spezifisches Verlagsprofil einen hohen Stellenwert einnimmt, ist das in den STM-Fächern irrelevant. Nun ist eine neue Situation entstanden. Die Spielregeln der Verlage und die von Einrichtung zu Einrichtung und Land zu Land variierenden Vorgaben der Förderinstitutionen und der Gesetzgeber müssen ebenso mit berücksichtigt werden wie die Kosten für eine Publikation.

Folgerichtig wird in einer im Auftrag der Universität Wien erhobenen Studie gefordert, daß bei Wissenschaftlern »ein Bewusstsein für Preise entsteht und eine entsprechende Wahl des Journals – wenn auch als nachrangiges Kriterium – eine wirtschaftliche Entscheidung darstellt«.[48] Jüngeren Geisteswissenschaftlern, die ihre Dissertation veröffentlichen wollen, insbesondere Kunsthistorikern, sind solche Erwägungen nicht ganz unbekannt, denn die von den Verlagen geforderten Druckkostenzuschüsse variieren erheblich. Naturwissenschaftler hingegen haben bislang in der Tat noch kein Preisbewußtsein entwickeln müssen, doch es ist davon auszugehen, daß sie dazu in Zukunft angehalten werden. Das gilt nicht zuletzt für die jüngeren, noch nicht etablierten Teilnehmer auf dem Marktplatz der Wissenschaften, deren publizistisches Portfolio dann aber doch so überzeugend sein muß, daß sie bei Beförderungen, Berufungen, Preisen und neuen Forschungsanträgen auch zum Zuge kommen.

Das Publizieren ist unübersichtlicher geworden, und auch wenn die Einrichtung von OA dem Wunsch einer großen Mehrheit von Wissenschaftlern entspricht, kommt es bei der Umsetzung zu Situationen, die ganz entgegen den offiziellen Verlautbarungen nicht uneingeschränkt als Vergrößerung der Publikationsfreiheit zu deuten sind. Politik und Wissenschaftsmanagement schenken offensichtlich nur das eine Ohr den Wissenschaftlern, das andere hingegen – so paradox das erscheinen mag – entweder der Lobby der Großverlage oder den entsprechenden Finanzministern. Mit absehbaren Folgen: Die amerikanischen National Institutes of Health und der englische Wellcome Trust, zwei der weltweit größten Förderinstitutionen für biomedizinische Wissenschaften, sind dazu übergegangen, jene Wissenschaftler mit einer Stornierung der Fördergelder zu bestrafen, die sich nicht an die OA-Regeln halten.[49]

Das britische Beispiel zeigt, daß öffentliche Förderinstitutionen mit Unterstützung der Politik schnell bereit sind, die akademische Freiheit einzuschränken, um das Ziel einer unbeschränkten Zugänglichkeit der Forschung zu gewährleisten. Traditionelle Verlage und diejenigen Start-Ups, die dabei sind, in das Geschäft mit OA-Zeitschriften einzusteigen, dürften eine solche Haltung als Ermutigung auffassen, neue Geschäftsmodelle auszuprobieren. Was folgt daraus? Wissenschaftler tun gut daran, auf der Hut zu sein, denn was gestern in Großbritannien geschah, kann morgen auch in anderen Ländern passieren. Open Access, mit all seinen Idealen, ist

dabei, zum Spielball politischer, gouvernementaler und ökonomischer Machtinteressen zu werden. Die Verlagskonzerne
wollen sich ihre einträglichen Geschäfte nicht streitig machen
lassen, und die wissens- und technologieaffinen Staaten sind
der Überzeugung, daß Medizin, Informationswissenschaften,
Naturwissenschaften und Technologie hochsensible ökonomische Faktoren sind, die ihnen im globalen Wettbewerb Sicherheit und Wohlstand garantieren. Die Frage ist: Wie soll Open
Access der neoliberalen Ideologie und dem globalen Informationskapitalismus entzogen und sicher in den Hafen demokratischer Prinzipien geleitet werden?

In dieser Situation ist ein Blick nach Deutschland nützlich,
weil im Grundgesetz (Art. 5 Abs. 3 GG) die Wissenschaftsfreiheit und damit implizit auch die Publikationsfreiheit
festgeschrieben sind. Wohlweislich räumt die zum 1. Januar
2014 in Kraft getretene Novelle des Urheberrechtsgesetzes
den Autoren das Recht ein, ihren Forschungsbeitrag, »der im
Rahmen einer mindestens zur Hälfte mit öffentlichen Mitteln
geförderten Forschungstätigkeit entstanden und in einer periodisch mindestens zweimal jährlich erscheinenden Sammlung
erschienen ist, [...] nach Ablauf von zwölf Monaten seit der
Erstveröffentlichung in der akzeptierten Manuskriptversion
öffentlich zugänglich zu machen, soweit dies keinem gewerblichen Zweck dient« (§ 38 Abs. 4 UrhG).[50]

Damit favorisiert der Gesetzgeber den grünen Weg von OA,
ohne den goldenen auszuschließen. Es ist nichts übrig geblieben
von der populistischen Forderung, alle staatlich finanzierten
Wissenschaftler sollten ihre Forschungen generell kostenlos
zur Verfügung stellen. Es geht dabei nur um öffentlich – also
etwa von der Deutschen Forschungsgemeinschaft oder vom
Bundesministerium für Bildung und Forschung – geförderte
Forschungsprojekte, was streng genommen nicht ganz konsequent ist, denn mit universitätseigenen Mitteln bezahlte Forschung ist ebenfalls öffentlich finanziert. Wie dem auch sein
mag, in jedem Fall haben die Autoren das Recht, ihre Arbeit in
einer Manuskriptversion auf einen Server zu stellen, sie können aber nicht dazu gezwungen werden. Dieser Unterschied ist

von großer Bedeutung, weil in den letzten Jahren nicht selten der Eindruck entstanden ist, akademische Autonomie könne auf dem Altar verpflichtender Maßnahmen zur Durchsetzung der guten Sache geopfert werden. Insofern ist die Gesetzesänderung in Deutschland als Aufforderung an Wissenschaftler und Wissenschaftsorganisationen zu begreifen, weiterhin nach neuen Publikationsstrukturen zu suchen, die aber die Rechte des einzelnen Forschers von keiner Seite her einschränken.[51] Die Vernunft hat mit dieser Urheberrechts-Novelle jedoch nur einen Etappensieg errungen.

Im Herbst 2013 wurde der Entwurf für ein geplantes baden-württembergisches Hochschuländerungsgesetz bekannt, in dem es (in der Fassung vom 15.10.2013) heißt: »Das Gesetz nimmt den Open-Access-Gedanken in der Form auf, dass Hochschullehrerinnen und Hochschullehrer verpflichtet werden, sich das Recht auf nichtkommerzielle Zweitveröffentlichung vorzubehalten. [...] Ferner können sie durch Rechtsverordnung des Wissenschaftsministeriums dazu verpflichtet werden, die Zweitveröffentlichung in hochschuleigene Repositorien (Plattformen) einzustellen.«[52] Eine Verpflichtung zur Ausübung eines Rechts, das hört sich fast nach dem Kantschen inneren Gerichtshof an, vor den die Forscher sich selbst bringen. Aber es sind eben nicht das moralische Gewissen oder die Vernunft, die ihnen Beine machen, sondern der Staat, der sich in die Belange der Wissenschaftler einmischt. Zugestanden, daß das Ziel dieses Gesetzes *nur* eine Optimierung der Kommunikationsströme und keineswegs eine ideologische Gleichschaltung ist, mutet die Kompetenzaneignung des Staates seltsam an, wenn man bedenkt, daß gerade solche Interventionsmöglichkeiten nach den Erfahrungen mit dem Nationalsozialismus ein für allemal ausgeschlossen werden sollten. So sah sich die für Open Access kämpfende Allianz der Wissenschaftsorganisationen in einer Stellungnahme zu dem Gesetzentwurf veranlaßt, Bedenken zu äußern, ob die Verpflichtung mit der im Grundgesetz garantierten Wissenschaftsfreiheit vereinbar sei.[53] Nach weiteren Einwänden und Protesten[54] ist der Gesetzentwurf abgeändert worden: Die Hochschulen sollen ihren

Wissenschaftlern bei der praktischen Umsetzung von OA nur noch behilflich sein.

Allzu tröstlich ist diese Einschränkung nicht. Die Implementierung einer politisch motivierten Bevormundung der Wissenschaften bedeutet eine merkwürdige Liaison traditioneller linker Planungsphantasien mit zeitgenössischen Techniken des Auditing, Controlling, Monitoring und Ranking, die zu den Säulen des gegenwärtig betriebenen Qualitätsmanagements gehören. Wenn Offenheit zwangsverordnet wird, ist Skepsis angebracht. Anscheinend handelt es sich hier um einen Versuchsballon, der die Schmerzgrenze der Wissenschaftler ausloten soll. Es wird weitere Versuche geben, OA verbindlich für alle Veröffentlichungen zu installieren. Gesetze sind dazu möglicherweise nicht der beste Weg, aber das ist auch nicht notwendig, denn in der gegenwärtigen Wissenschaftslandschaft sind es die Universitätsleitungen als verlängerte Arme ihrer politischen Vorgesetzten, die mit den Wissenschaftlern sogenannte Zielvereinbarungen treffen, deren Gegenstand die Kopplung des Gehalts an die Einwerbung von Drittmitteln ist. Warum sollte nicht auch die Einhaltung der erwünschten OA-Regeln mit der Höhe des Lohns verknüpft werden, wie Jürgen Kaube zu Recht argwöhnte?[55] Zwar möchte man Wissenschaftlern nicht direkt den goldenen Weg aufdrängen, aber man kann nachhelfen. Die schon erwähnte Wiener Studie empfiehlt dem Präsidenten der dortigen Universität, bei Berufungsverfahren denjenigen Kandidaten den Vorzug zu geben, die »bei gleicher fachlicher Eignung« bereits auf OA umgestellt haben.[56]

Je mehr die Universitäten ihrem Selbstverständnis nach wie Unternehmen agieren, die unterschiedlichen Kunden wie Studenten, Kollegen, Unternehmen und der Öffentlichkeit Produkte anbieten, die nur noch aus alter Gewohnheit Lehre, Forschung oder Wissen heißen, desto resoluter ist der Zugriff auf die erzielten Forschungsergebnisse. Im Anstellungsvertrag der Universität Zürich klingt das so: »Sämtliche im Rahmen des Arbeitsverhältnisses erstellten Werke, Erfindungen und Computerprogramme sind Eigentum der Arbeitgeberin. Nutzungs- und Verwertungsrecht an diesen Werken und Erfindungen werden der Arbeitgeberin umfassend abgetreten.«[57] *Werke*, das betrifft eben auch Forschungsartikel oder sogar Buchmanuskripte. Doch kann es besonders bei geisteswissenschaftlicher Produktion kaum darum gehen, Geld zu verdienen – anders als bei Erfindungen oder Computerprogrammen. Eher schon ist zu vermuten, daß die Universität sich das Recht vorbehalten will, diese Werke unter ihrer eigenen Regie zu publizieren. Es geht darum, Instrumente zur Regulierung und Kontrolle in die Hand zu bekommen, die im Fall einer Verpflichtung auf Open Access für das Publikationsverhalten ihrer Mitglieder einschneidende Konsequenzen haben werden. In dieser Perspektive hat OA nichts mehr mit aufklärerischen Idealen gemein, die das Wissen der Menschheit für alle verfügbar machen. Vielmehr erscheint es ganz profan als Stützpfeiler jener »audit explosion«, die seit den 1990er Jahren zu einer nicht nachlassenden Lawine von Evaluationen, Impact-Kontrollen, Bewertungen, Vergleichen und Hierarchisierungen wissenschaftlicher Aktivitäten geführt hat.[58]

Als Steuerungsinstrument könnten sich sogenannte Publikationsfonds erweisen, die einige Universitäten bereits eingerichtet haben, um ihren Wissenschaftlern die Gebühren zu erstatten, wenn diese ihre Forschungsarbeiten in einer Zeitschrift mit Open Access und *Authors-pay*-Modell veröffentlichen wollen. Das ist unproblematisch, solange mehr Geld zur Verfügung steht, als die Forscher benötigen. Was aber, wenn der goldene Weg von so vielen beschritten wird, daß nicht mehr genug Geld für alle da ist? Dann muß selektiert werden. Das ist angesichts der Publikationslawinen auch vernünftig, nur sollte es nicht eine Institution wie die Universität sein, die über die Publikationen ihrer Angehörigen den Daumen hebt oder senkt. Die Großen fressen die Kleinen, der Mainstream die Randständigen, das Konventionelle das Ungewohnte und Provozierende. Die Vorschläge für die Wiener Universität lassen erahnen, in welche Richtung solche Pläne führen. Es wird eine wissenschaftliche Kommission eingesetzt, die über einen Kriterienkatalog verfügt, der von der Qualität der Zeitschrift über die Höhe der Autorengebühr bis hin zu der Forderung reicht, nur solche Artikel zu finanzieren, die ohne jede Einschränkung von anderen weiter benutzt und verwertet werden können.[59]

Für das Aktivitätsgefüge innerhalb der Universitäten sind die Konsequenzen ebenfalls absehbar. Es wird eine weitere Evaluationsinstanz eingeführt, die das ohnehin pathologisch gewordene Begutachtungssystem um eine weitere Noxe anreichert – von Verteilungskämpfen innerhalb der Fakultäten, Disziplinen und Institute nicht zu reden. Zwar gehört die Rivalität um gute Publikationsorte seit langem zum Alltag der Wissenschaften, doch wenn innerhalb des Machtgefüges der unternehmerischen Universität entschieden wird, wer von den dort angestellten Wissenschaftlern wie viele Arbeiten und an welchem Ort publizieren darf, ist der Unterschied zwischen einer Universität und einem Pharmakonzern, der absolute Kontrolle über die in ihm erzielten Forschungsergebnisse verfügt, nicht mehr erkennbar.[60]

Auch einige europäische Förderorganisationen haben begriffen, daß Autorengebühren um so mehr einen Kostenfaktor darstellen, je mehr Forschungsarbeiten nach dem goldenen oder dem hybriden Modell publiziert werden. Deswegen haben sie eine Studie in Auftrag gegeben, die eine Strategie für die Finanzierung dieser Gebühren vorschlagen soll.[61] Darin werden mehrere mögliche Szenarien entwickelt, doch bei allen vorgeschlagenen Modellen ist eines klar: Die Förderorganisationen haben eine Obergrenze für ihren Anteil an der Finanzierung eines Artikels festzulegen, und was jenseits davon liegt, müssen die Autoren bzw. ihre Universitäten selbst bezahlen. Das heißt: Forscher sollten sich genau überlegen, in welchem Journal sie ihre Artikel publizieren. Der Zweck einer solchen Übung ist die Schaffung eines Preisbewußtseins, das zudem eine Markt-Konkurrenz herstellt, die die Verlage dazu zwingt, den Wissenschaftlern möglichst attraktive Angebote zu machen.

Bo-Christer Björk und David Solomon, die beiden Autoren dieser Studie, sehen die möglichen Nachteile für solche Forscher, die den Differenzbetrag nicht aufbringen können, aber sie diskutieren die naheliegenden Konsequenzen nicht: Für diese Wissenschaftler bleiben dann eben nur die preiswerten, weniger angesehenen Journale, womit die Mehrklassengesellschaft innerhalb der internationalen Forschergemeinde noch unmittelbarer an die finanziellen Möglichkeiten gekoppelt wird, als es ohnehin schon der Fall ist. Das ist nicht die einzige Leerstelle dieser Studie. Die eben schon skizzierte weitere Eskalation der inneruniversitären Evaluationsarbeit auf Kosten der Forschungszeit wird ebenso ignoriert wie mögliche Maßnahmen der Verlage, um ihre Kosten zu senken bzw. die Gewinne noch weiter zu steigern. Da editorische Qualität und Service nur in einem gewissen Umfang eingeschränkt werden können, ohne die Kunden, also die Autoren, abzuschrecken, bietet es sich an, noch mehr Arbeitsbereiche in Billiglohnländer zu verlegen.

Ich räume ein: Das sind Spekulationen, wenn auch keine unbegründeten. Die angeführten Beispiele, die sich gewiß vermehren lassen, zeigen nur, daß die im Heidelberger Appell geäußerten Befürchtungen nicht aus der Luft gegriffen waren. Vielleicht besinnt man sich noch eines Besseren, vielleicht nehmen die Wissenschaftler solche Reformen ähnlich murrend und erschöpft hin wie die Bologna-Reform, vielleicht ist das aber auch der Auftakt zu einer neuen Runde grundsätzlicher Querelen zwischen den Wissenschaften und ihren übergeordneten Verwaltungsinstanzen. Bemerkenswert jedenfalls ist der Wandel, den Open Access in wenigen Jahren durchgemacht hat. Die Initiative wurde populär mit dem Anspruch, die ganze Menschheit kostenlos am wissenschaftlichen Wissen teilhaben zu lassen und gleichzeitig die Wissenschaftler aus den Fesseln global operierender Verlagskonsortien zu befreien, die mit ihrer Preispolitik für Zeitschriften die von den Steuerzahlern finanzierten Universitätsbibliotheken auspressen und die freie Zirkulation der wissenschaftlichen Ergebnisse behindern. Davon ist immer noch häufig die Rede, aber inzwischen befinden wir uns in einer Situation, in der öffentlich finanzierten Wissenschaftlern vorgeschrieben wird, wo und wie sie ihre Arbeiten publizieren. Sie können sich noch für den grünen oder den goldenen Weg entscheiden, doch wenn sie den letzteren wählen, was im Grunde die reinste Form der OA-Idee wäre, müssen sie sich auch um die Finanzierung ihrer Publikation kümmern. Noch setzen Universitäten und Förderinstitutionen große finanzielle Anreize, um *Golden OA* weiter zu stärken, doch irgendwann wird der Moment kommen, in dem nicht mehr nur akademische Stellen und die Projektförderung einem harten Konkurrenzkampf ausgesetzt sind, sondern auch die Publikationen, und das wird keineswegs mehr hauptsächlich nach epistemischen Gesichtspunkten festgelegt, sondern nach kommerziellen.

Man muß bis in die frühe Neuzeit zurückgehen, als Wissenschaftler zur Entourage von Höfen gehörten bzw. sich in wissenschaftlichen Akademien zusammentaten, um eine historische Situation zu finden, in der die Spielräume für das wissenschaftliche Publikationswesen so klar vom Staat definiert wurden. Auch in der Blütezeit der modernen Universitäten gab es zumindest in Deutschland und Frankreich zeitweise eine Zensur, die auch wissenschaftliche Autoren betraf, aber ansonsten bestanden keinerlei Publikationsverpflichtungen. Natürlich kann man argumentieren, daß durch OA eine Erweiterung der Möglichkeiten zur Veröffentlichung von Forschungsergebnissen entstanden ist, aber dieser Vorteil wird sogleich wieder kassiert, wenn Politiker, Lehr- und Forschungsinstitutionen oder forschungsfinanzierende Organisationen Zwangsmaßnahmen ergreifen – und dafür häufen sich die Beispiele. Vom *Faustischen Pakt* zwischen Wissenschaftlern und Verlegern war die Rede, aber der neue Pakt zwischen Wissenschaft und Politik sieht um keinen Deut erfreulicher aus.

Open Access als Geschäftsmodell

Früher waren wissenschaftliche Verlage stets mit bestimmten Orten assoziiert: Springer mit Berlin, Blackwell mit Oxford, Wiley mit New York. Bei einigen vermehrte sich die Anzahl der Zweigstellen, was dafür sprach, daß sich die jeweilige Verlagsproduktion mehr und mehr international ausrichtete. Verlage als globalisierte Unternehmen funktionieren noch einmal anders. Sie verfügen weder über identifizierbare Verlegerpersönlichkeiten noch über lokalisierbare Zentren. Operatives Management, Finanzabteilung, Lektorate für die verschiedenen wissenschaftlichen Sparten und Herstellung sind auf mehrere Orte verteilt. Springer beispielsweise hat die editorische Arbeit und Produktion nach Rationalisierungskriterien in diejenigen Teile der Welt verlagert, wo die Arbeit möglichst preiswert ist. Diese Art von Globalisierung geht mit veränderten Kommunikationsstrukturen einher, was ein kurzer persönlicher Erfahrungsbericht illustrieren mag.

Nachdem ein englischsprachiger Artikel von mir in einer Springer-Zeitschrift zum Druck angenommen worden war, erhielt ich irgendwann von einem »Springer Correction Team« aus Mylapore in Indien die Aufforderung, die Druckfahnen von einem Server herunterzuladen und schnellstmöglich zu korrigieren. Aus der E-Mail konnte ich nicht recht ersehen, ob sie von einer Person geschrieben oder automatisch generiert worden war. Als die Korrekturen wegen meiner urlaubsbedingten Abwesenheit, die in einer automatischen Mailantwort auch mitgeteilt wurde, nach 72 Stunden noch nicht den Weg zurück nach Indien gefunden hatten, erhielt ich eine automatische Mahnung, und weil ich darauf auch nicht sofort reagierte – der Urlaub dauerte noch etwas an –, kam eine Woche später eine zweite Mahnung, nun direkt von einer namentlich ausgewiesenen Springer-Mitarbeiterin aus den Niederlanden. Als diese E-Mail mich erreichte, hatte ich aber die Korrekturen längst zurückgeschickt, was in den Niederlanden dann blitzschnell bemerkt wurde. Schon eine Minute später kam der Widerruf der E-Mail an, nun aber nicht mehr mit persönlicher Ansprache, sondern als automatisierte Mitteilung. Etwas später erhielt ich doch noch eine persönliche E-Mail aus Mylapore, um letzte Korrekturen absegnen zu lassen. Und dann die freundliche Aufforderung: »Please send your answers within 48 hours by return e-mail. Speed of response is important to everyone involved in publishing (the author, editor, and publisher), and we are utilizing all the electronic means available to achieve rapid turnaround and publication of material.«

Diese Petitesse ist kein Grund zur Empörung, sie offenbart nur die durchrationalisierten Kommunikationsformen eines Unternehmens, das sich einer mensch-maschinellen Hybridität verschrieben hat. Sender der Botschaften sind wohl Menschen, doch der Informationsvorgang selbst wird über maschinell erstellte Datensätze abgespult. Das Eigentümliche dieses Prozesses liegt darin, daß die Kommunikation so lange automatisch funktioniert, wie alles nach Plan verläuft. Erst wenn gravierendere Störungen auftauchen, treten Menschen mit Namen und Adressen auf den Plan. Man kennt das von zahlreichen Unternehmen, Versicherungen und Behörden, mit denen man in Kontakt zu treten versucht. Daß das nun auch zum Modell für die Kommunikation zwischen Verlagen und Autoren geworden ist, zeigt nur, daß diese zu Kunden jener geworden sind. Das gilt, wenn die Kunden etwas erwerben wollen – zum Beispiel eine Zeitschrift abonnieren – *und* wenn sie etwas anzubieten haben – zum Beispiel einen Artikel für eine Zeitschrift. Mit dem Netz, aber auch mit Open Access geht die Kundenexistenz der Autoren in ein neues Stadium über.

Problemlos, kundenorientiert und automatisiert war auch die allererste E-Mail vom Springer Verlag, die ich im Zusammenhang mit der Veröffentlichung meines Artikels erhielt. Darin wurde mir angeboten, meinen Artikel nach dem Hybridmodell Open Access zu publizieren. Wenn ein Benutzer die entsprechende Ausgabe der Zeitschrift im Netz anklickt und meinen Artikel im Inhaltsverzeichnis entdeckt, kann er ihn kostenlos herunterladen. Eigentlich eine schöne Sache, nur hätte mich die Veröffentlichung auf hybridem Weg 1.000 $ gekostet, weswegen ich das Angebot ablehnte. Solche Möglichkeiten bieten inzwischen fast alle Zeitschriftenverlage an, und wenn man sich einen Überblick über die Preisvorstellungen verschafft, dann ist die geforderte Summe sogar noch günstig. Bis zu 5.000 $ werden von den Autoren gegenwärtig für die sofortige Freischaltung ihres Artikels verlangt.[62]

Die globalen Verlagsunternehmen haben OA als Geschäftsmodell für sich entdeckt, in diesem Fall als hybride Publikation,
die freie Verfügbarkeit mit dem herkömmlichen Abonnement-
modell verbindet. Dabei fließen die Einnahmen aus zwei Richtungen: Diejenigen Bibliotheken, die die Zeitschrift in ihrem
Bestand haben, zahlen nach wie vor für das Abonnement, auch
wenn vielleicht zwei oder drei Artikel pro Jahr freigeschaltet
sind. Angeblich reduziert sich der Preis ein wenig, aber hier
sind die Angaben der Verlage ziemlich undurchsichtig.[63] Dafür
nehmen sie zusätzlich Geld von den Autoren ein. Mit diesen
doppelten Einnahmen – im Fachjargon spricht man von *double
dipping* – kommt es noch einmal zu einer Verteuerung wissenschaftlicher Publikationen, und der OA-Gedanke ist endgültig
auf den Kopf gestellt. Verständlicherweise können sich Forscher für dieses Modell nur wenig erwärmen, obwohl die Verlage sich redlich bemüht haben, es ihren Kunden anzudienen.
Nach der Analyse von Björk sieht es nicht so aus, als ob das
hybride Modell eine große Zukunft hätte.[64] Allzu gravierend
ist das für die globalisierten Verlage jedoch nicht, denn in ökonomischer Hinsicht versprechen auch die anderen OA-Modelle
attraktive Möglichkeiten – der goldene Weg allerdings mehr
als der grüne.[65]

Grüner Weg: Das Subskriptionsmodell einer Zeitschrift
wird nicht ausgehebelt, wenn Wissenschaftler nach einer gewissen Frist die begutachtete Vorfassung ihres Artikels auf ein
institutionelles, kommerzielles oder persönliches Repositorium
hochladen. Die Verlage können weiterhin die Preise gestalten,
es sei denn, die Bibliotheken würden die Zeitschriften abbestel-
len. Man kann nur darüber spekulieren, ob sie das tun würden.
Womöglich hängt das von einer sich mittelfristig als Standard
etablierenden Sperrfrist ab.[66] Das grundlegende Problem liegt
an anderer Stelle, nämlich bei den Repositorien. Wenn sie nur
einen weiteren Ablageort für Artikel darstellen, sind sie für
Forscher nicht sonderlich attraktiv. Je mehr diese Repositorien
jedoch die Sichtbarkeit und Benutzbarkeit der Artikel erhöhen,
indem sie diese mit weiteren Daten und Metadaten anreichern,
desto teurer wird das Ganze. Sind Universitäten, Forschungs-

einrichtungen oder Förderinstitutionen willens und in der Lage, diesen Aufwand dauerhaft zu leisten? Vermutlich nicht, und deswegen sind die Verlage durch solche kleinen, lokalen Repositorien kaum zu beeindrucken. Dementsprechend sind sie ausgesprochen großzügig, wenn Autoren ihre Manuskripte dort hochladen, bei themen- oder disziplinenorientierten Repositorien hingegen sind sie wesentlich restriktiver.[67]

PubMed Central beispielsweise ist eine digitale Plattform der amerikanischen National Institutes of Health, die gegenwärtig 3,3 Millionen medizinische und biowissenschaftliche Artikel archiviert hat, darunter auch Zeitschriftenbeiträge mit Copyright.[68] Auf diese besteht kein kostenfreier Zugriff, aber die ebenfalls sehr zahlreichen Manuskriptversionen, welche die Autoren selbst hochladen – und hier lohnt sich das, weil die weltweite Sichtbarkeit von PubMed so groß ist, daß Autoren und Leser gleichermaßen profitieren –, könnten den Verlagen tatsächlich das Wasser abgraben. Deswegen besteht ihre Strategie darin, den grünen Weg etwas unwegsamer zu machen oder solche Plattformen in Eigenregie zu betreiben. Nehmen wir Mendeley. Dabei handelt es sich zugleich um ein Literaturverwaltungsprogramm und eine Internet-Plattform, die es Wissenschaftlern ermöglicht, eigene und fremde Artikel, Manuskripte, Dokumente, Forschungsresultate, Rohdaten usw. hochzuladen, zu verwalten und allgemein zur Verfügung zu stellen. Mendeley wurde im April 2013 von Elsevier gekauft.

Mit solchen Plattformen tut sich ein ganz neuer operativer Bereich auf, der das herkömmliche Geschäft mit den Zeitschriften möglicherweise sogar verdrängt, aber dafür können die Verlage dann nach Belieben Daten sammeln und die Spielregeln für die Kommunikation ihrer Kunden bestimmen.[69] Es deutet nichts darauf hin, daß die Verlage mit der Einführung von Plattformen ausgeschaltet oder wenigstens zur Vernunft gebracht werden können. Dennoch birgt der grüne Weg gewisse Unsicherheiten für sie, und deswegen streuen sie Sand ins Getriebe. Mit dem Finch Report in Großbritannien sind die Verlage ziemlich erfolgreich gewesen, denn die britische Regierung hat nicht zuletzt deswegen auf den goldenen Weg gesetzt, weil der grüne Risiken für das dort sehr profitable Verlagsgeschäft birgt.[70]

Neben den ökonomischen Erwägungen sind auch die Nachteile des grünen Wegs für Forscher nicht ganz außer acht zu lassen. Von jedem Artikel gibt es zwei unterschiedliche Versionen. Nach welcher soll zitiert werden? Für Naturwissenschaftler ist das kein Thema, weil sie sich für Seitenzahlen nicht interessieren. Geisteswissenschaftler hingegen, die den exakten Nachweis von Zitaten und Belegstellen noch nicht aufgegeben haben, sind gezwungen, die Druckversion hinzuzuziehen. Die Zweitveröffentlichung in einem Repositorium dient dann vor allem einem ersten Überfliegen des Textes, bevor man sich die offizielle Version besorgt. Zugegeben, in den Diskussionen um OA spielt das keine große Rolle, doch aufgrund der verschiedenen Nachteile sah es eine Zeitlang so aus, als sei der grüne Weg nur eine Zwischenstufe mit kurzer Halbwertszeit. Nach den gegenwärtigen Regelungen in den USA und in Europa sowie den Erfahrungen in Großbritannien allerdings scheint der grüne Weg vielleicht nicht so schnell verlassen zu werden.

Goldener Weg: Wie der Name bereits sagt, wird dieses Modell von vielen Forschern, Politikern, Bibliothekaren, Förderungsinstitutionen und Verlagen als das irgendwann zu erreichende Ideal betrachtet, weil es eine einzige Version eines Forschungsartikels sofort zur allgemeinen Verfügung zu stellen erlaubt. Das entspricht ungefähr den Vorstellungen, die OA-Pioniere bereits in den neunziger Jahren verfolgten: Zeitschriften von Forschern für Forscher, in denen alle Artikel nach erfolgter Begutachtung frei zirkulieren können. Die Frage ist nur, ob das in einem gemeinnützigen öffentlichen oder in einem kommerziell organisierten Rahmen stattfindet. Die ersten OA-Zeitschriften verfolgten keine kommerziellen Interessen, und doch wurde schnell klar, daß sie nicht kostenfrei zu betreiben sind. Irgend jemand muß bezahlen: Bibliotheken, Universitäten, Förderorganisationen, Mäzene, die Mitglieder wissenschaftlicher Gesellschaften oder eben die Autoren selbst. Es gibt OA-Zeitschriften, die weder Autorengebühren erheben noch von forschungsfördernden Institutionen finanziert werden, doch bevor man einem solchen Organ freiwillig einen Artikel zur Verfügung stellt, sollte man lieber erst einmal genau hinschauen, wie es sich finanziell trägt, welche Qualitätsstandards es hat und welche Leistungen es anbietet. In aller Regel ist hier nicht allzuviel Gutes zu erwarten. Da es zudem nicht wahrscheinlich ist, daß die öffentliche Hand längerfristig Tausende von OA-Zeitschriften direkt subventionieren kann, deutet alles auf die weitere Festigung des Bezahlmodells für Autoren hin. Ohne Geld sind die Qualitätsansprüche an ein Publikationsorgan nicht zu halten. Und wo Geldflüsse zu verzeichnen sind, stellen sich stets auch Akteure ein, die diese Flüsse auf ihre Mühlen zu lenken versuchen, vor allen anderen die Großverlage, die am goldenen Weg Geschmack gefunden haben. Zwar setzen sie Bibliotheken und Forschungseinrichtungen nach wie vor – bisweilen sogar mit Gerichtsprozessen – unter Druck und versuchen die Wissenschaftler auf ihre Seite zu ziehen, lobbyieren bei den entsprechenden Instanzen und inszenieren sich in der Öffentlichkeit als treue Partner der Wissenschaft, die mit ihren Zeitschriften für Qualität und Nachhaltigkeit sorgen, aber man täusche sich nicht: Inzwischen sind die Verlage ziemlich gut auf die neuen Bedingungen eingestellt und haben bei den OA-Zeitschriften und auch bei den Repositorien bzw. Informationsplattformen ihre Hände mit im Spiel. Sie haben begriffen, daß sich im Prinzip jedes Journal ebenso durch Autorengebühren wie durch Abonnements finanzieren läßt. Sie haben in fast allen ihren Zeitschriften die Möglichkeit einer hybriden Publikation eingeführt, haben neue OA-Journale gegründet, traditionelle Zeitschriften auf Open Access umgestellt und kleinere OA-Verlage aufgekauft. Dieser Prozeß ist noch lange nicht abgeschlossen. Und wenn sich schon ein zum globalen Branchenriesen Holtzbrinck gehörender Verlag wie Macmillan, der auch die Zeitschrift *Nature* herausbringt, in der Ankündigung des neuen OA-Journals *Frontiers in Robotics and AI* auf den Budapester Appell und die freie Zugänglichkeit zur Forschung bezieht, dann kann das nur heißen, daß OA sich auch für die Großverlage rechnet.[71]

Ein großer Vorteil der Online-Journale besteht darin, daß sie beliebig viele Artikel veröffentlichen können. Vorbild und Rekordhalter unter den sogenannten Megajournalen ist gegenwärtig das in der gemeinnützigen Public Library of Science erscheinende Journal *PLOS ONE*, das alle STM-Fächer umfaßt und 2012 sagenhafte 23.464, 2013 sogar über 31.000 Artikel veröffentlicht hat. Warten wir ab, ob sich hier nicht eine Entwicklung anbahnt, die de Solla Price' Regel, wonach sich die Anzahl der Artikel alle 15 Jahre verdoppelt, über den Haufen wirft. Jedenfalls sind solche Zahlen nur zu erreichen, indem jede methodisch und formal einwandfreie Arbeit publiziert wird. Kriterien wie Originalität, Brillanz oder Relevanz spielen für die Annahme keine Rolle mehr und sollen erst nach der Publikation durch die Leser beurteilt werden. Legt man eine Autorengebühr von ca. 1.000 € pro Artikel zugrunde, dann hat *PLOS ONE* im Jahr 2013 ca. 30 Millionen € eingenommen.[72] Dagegen ist gar nichts zu sagen, weil das Geld nicht in die Taschen von Spekulanten und Investoren fließt, sondern innerhalb des Bereichs der Wissenschaften verbleibt. Mit den Gewinnen werden kleinere, selektivere und defizitär arbeitende Zeitschriften der Public Library of Science wie *PLOS Medicine* oder *PLOS Biology* finanziert.

Vielleicht liegt hier die Zukunft des akademischen Publizierens. 75 Journale von der gleichen Größe wie *PLOS ONE* würden ausreichen, um die 2 Millionen Artikel aufzunehmen, die die gegenwärtige wissenschaftliche Jahresproduktion ausmachen. Tatsächlich sind inzwischen einige weitere Megajournale wie *SAGE Open*, *Springer Plus* oder *PeerJ* gegründet worden,[73] doch es gibt auch Entwicklungen in die andere Richtung. In den großen und kleinen Etagen des Informationskapitalismus sind zahlreiche neue Initiativen, Zeitschriften und Start-Ups entstanden. Ein Blick in das *Directory of Open Access Journals* zeigt, daß es inzwischen über 10.000 (2009 waren es noch 4.000) solcher Zeitschriften gibt.[74] Die Mehrzahl der OA-Zeitschriften erhebt gegenwärtig keine Autorengebühren, da sie sich durch Werbung tragen, externe Förderung erhalten oder durch Mitgliedsbeiträge finanziert werden. Das sieht auf den ersten Blick erfreulich aus, ist aber nur begrenzt aussagekräftig, denn diese Mehrheit der Zeitschriften entspricht keineswegs einer Mehrheit der Artikel, für die sehr wohl Autorengebühren zu entrichten sind. Und dabei handelt es sich um solche Journale der kommerziellen und solcher gemeinnützigen Verlage, die bereits ein gewisses Ansehen genießen.[75] Daraus folgt jedoch umgekehrt keineswegs, daß alle gebührenpflichtigen Zeitschriften sich durch Professionalität und Vertrauenwürdigkeit auszeichnen.

Angesichts der Goldgräberstimmung unter den verschiedenen Anbietern, der enormen Vielfalt an OA-Journalen und der offensichtlichen Qualitätsunterschiede konnten Debatten darüber, wie sich OA und die Einhaltung wissenschaftlicher Standards zueinander verhalten, nicht ausbleiben. Der Bibliothekar Jeffrey Beall hat den Begriff »predatory publisher« geprägt, worunter solche Anbieter zu verstehen sind, die Autoren attraktive Publikationsangebote unterbreiten, dafür jedoch in editorischer und verlegerischer Hinsicht so ziemlich alles vermissen lassen, was ein seriöses Journal auszeichnet.[76] Klickt man sich durch die von Beall laufend aktualisierte Liste, so findet man zwar einige Web-Ruinen, aber die Mehrzahl der Zeitschriften-Webseiten spricht für rege Aktivität. Klickt man noch etwas weiter, versteht man auch, warum das so ist. Die Autoren der publizierten Artikel gehören zum globalen Prekariat einer segmentierten akademischen Mehrklassengesellschaft. Die Namen von Wissenschaftlern aus renommierten Einrichtungen, die auf Ansehen, Impact-Faktor oder H-Faktor setzen, sind in solchen und vielen anderen OA-Zeitschriften nicht zu finden. Auch wenn man durch die Beall-Liste erst einmal eine gewisse Orientierung erhält,[77] ist das Problem der Verschränkung von Geld, Qualität und Prestige damit nicht aus der Welt. Solange das symbolische Kapital der Reputation über Quantifizierungsmechanismen generiert wird, die der Logik des akademischen Kapitalismus gehorchen, ist eine grundlegende Veränderung der Situation nicht zu erwarten.

Seit ein oder zwei Jahren erhalte ich fast täglich über E-Mail einlaufende Angebote von Verlagen und Zeitschriften, einen

Artikel in irgendeinem OA-Journal einzureichen. Das hat nichts mit meinen Qualitäten als Forscher zu tun, sondern nur damit, daß meine Mailadresse nach Regeln, die ich nicht genau durchschaue, kreuz und quer durch das globale digitale Dorf geschickt wird. Immerhin erhalte ich keine Einladung, in einer physikalischen OA-Zeitschrift zu publizieren, aber Medizin, Biowissenschaften, Neurowissenschaften, Psychiatrie, Sozialwissenschaften und auch Philosophie sind vertreten. All das mag mit meiner Ausbildung als Mediziner, meiner lange zurückliegenden Forschungszeit in der Neurophysiologie und meinen wissenschaftshistorischen Arbeiten zur Hirnforschung zusammenhängen. Dennoch stammen die Journale, die mir als möglicher Publikationsort angedient werden, in der Mehrzahl aus Disziplinen, in denen ich nie wissenschaftlich gearbeitet habe. Das liest sich in einer E-Mail von Labome.org dann beispielsweise so: »Dear Researcher: The new open-access journal ›RESEARCH‹ is inviting you to submit a manuscript in English, French, Chinese, or Russian. RESEARCH (ISSN: 2334-1009) covers all fields of research endeavors, with a focus on biomedical observations and experimentations. There is no fee if a manuscript is submitted in 2014.«[78]

Nicht nur das Heer der Namenlosen, auch die globalen Giganten und etwas kleinere Verlage wie SAGE oder Taylor & Francis dienen sich potentiellen Kunden – denn als solche betrachten sie wissenschaftliche Autoren – in einer Weise an, die ihnen noch vor 20 oder 30 Jahren peinlich gewesen wäre. SAGE beispielsweise offeriert eine Veröffentlichung im schon erwähnten Megajournal *SAGE Open – the Open Access journal for the social sciences and the humanities* im Juni 2014 zum Sonderangebotspreis von 99 $ und weist darauf hin, daß die Autorengebühren zum 1. September 2014 auf 195 $ angehoben werden.[79] Dem wissenschaftlichen Publikationswesen wird damit eine neue Dimension hinzugefügt: die Veröffentlichung zum Schnäppchenpreis oder auch – vorerst jedenfalls – zum Nulltarif. Ermöglicht wird das Ganze durch die ungebremste globale Zirkulation von Mailadressen, so daß Forscher weltweit mit solchen Einladungen überschwemmt werden.

Von unaufgefordert zugeschickter Werbung unterscheidet sich das im Grundsatz nicht mehr. Während dort ein neues Produkt zum Verkauf angeboten wird, geht es hier um die Vorstellung neuer OA-Zeitschriften, in die sich Wissenschaftler gewissermaßen einkaufen können; und ähnlich wie beim Erwerb einer neuen Kreditkarte oder eines neuen Mobiltelefons ist der Service zunächst einmal gratis, bevor später Kosten anfallen. Eine etwas vornehmere Variante der Offertenstrategie wird beim Berliner Verlag De Gruyter gewählt, wo sich Autoren zwischen *Open »Life«*, *Open »Classic«* und *Open »Prestige«* entscheiden können, was wohl den unterschiedlichen Servicepaketen in Wellness-Hotels entspricht. Der akademische Kapitalismus baut sich seinen neuen Kundenstamm auf.

Vor gar nicht langer Zeit wurden Wissenschaftler in erster Linie als Akteure angesehen, die durch Veröffentlichungen zu ihrer eigenen Reputation beitragen und auf dem Weg dorthin gewisse Hürden zu überwinden hatten, so daß sie letztlich auch stolz sein konnten, in einer bestimmten Zeitschrift zu publizieren. Von Geld war dabei keine Rede, und das war wohl ein Fehler, denn natürlich richtete sich der Preis einer Zeitschrift auch danach, wer in ihr publizierte. Doch während diese Zusammenhänge nicht so leicht zu durchschauen waren, ist es nun offensichtlich, daß Autoren direkt zum ökonomischen Ertrag des Verlags beitragen, und zwar unabhängig davon, ob es sich um kommerzielle oder nicht-kommerzielle Unternehmen handelt.

Das funktioniert, wie schon gesagt, entweder durch Masse, was bedeutet, daß die Zeitschrift eher Biergarten als Sternerestaurant ist: *PLOS ONE* publiziert ca. 70-80 % der eingereichten Arbeiten. Oder die Zeitschrift bleibt exklusiv, hat ein strenges Peer-Review-Verfahren und akzeptiert, wie *Nature* oder *Science*, nur ca. 10 % der eingereichten Arbeiten zur Publikation. Das generiert einen hohen Impact-Faktor, was den dort publizierenden Wissenschaftlern viel Prestige verschafft und was die Verlage sich durch hohe Zeitschriftenpreise und / oder hohe Autorengebühren vergüten lassen. Die Untersuchungen von Björk und Solomon zeigen, daß OA-Journale nur dann die

Prestigewerte der traditionellen Zeitschriften erreichen, wenn sie Autorengebühren erheben.[80] Einzelne Beobachtungen deuten darauf hin, daß auch die Höhe dieser Gebühren und der Impact-Faktor miteinander verbunden sind. Wie das *PLOS*-Modell zeigt, sind die Autorengebühren bei den strenger selektierenden und mit einem höheren Impact-Faktor ausgestatteten Journalen wie *PLOS Medicine* oder *PLOS Biology* mehr als doppelt so hoch wie bei *PLOS ONE*.[81] Dafür publizieren sie weniger als 300 wissenschaftliche Artikel pro Jahr und arbeiten defizitär. Das läuft darauf hinaus, daß das elitäre Medium durch das Massenmedium querfinanziert wird – ein Vorgang, den man aus der analogen Bücher- und Zeitschriftenwelt vor Open Access nur zu gut kennt – und die Autorenpreise für OA-Journale deutlich nach oben gehen.

Springer ist mit dem Erwerb von BioMed Central im Jahre 2009 zum größten, die meisten Zeitschriften umfassenden OA-Verlag aufgestiegen. Die Autorenpreise liegen zur Zeit zwischen 1.200 und 1.700 € pro Artikel, Ausreißer nach unten und oben ausgenommen. Natürlich bemißt sich der Preis auch nach der Größe des Forschungsgebiets, für das die jeweilige OA-Zeitschrift steht. Es überrascht nicht, daß *BMC Biology* (1.760 €) teurer ist als *Acta Neuropathologica Communications* (1.000 €); und die Zeitschrift mit dem höchsten Impact-Faktor, *Genome Biology* (10.3), liegt auch im hohen Preissegment (1.970 €).[82] Das sind noch keine dramatischen Preisunterschiede, und in kleineren Fächern als der Biologie gibt es auch Zeitschriften, bei denen der höhere Impact-Faktor mit einem niedrigeren Preis korreliert. Nur ist nach den bisherigen Erfahrungen kaum zu erwarten, die Verlage würden darauf verzichten, an der Preisspirale zu drehen. Weitere Preissteigerungen hat Springer-CEO Derk Haank bereits öffentlich angekündigt, nur daß in diesem Fall nicht die Bibliotheken, sondern die Wissenschaftler die Adressaten sein werden.

Detaillierte Informationen darüber, welche Verlage wieviel Geld für Open Access erhalten, bietet eine tabellarische Übersicht des britischen Wellcome Trust. Im akademischen Jahr 2012/13 wurden für die Förderung von 2.127 OA-Artikeln (und einem Buch!) knapp 4,7 Millionen € aufgewendet, was einem Preis von ca. 2.160 € pro Artikel entspricht.[83] Bei der Verteilung des Kuchens erweist sich einmal mehr die Richtigkeit des Matthäus-Prinzips: *Wer da hat, dem wird gegeben.* Elsevier bezog 25 % der Gelder, gefolgt von Wiley, Springer und Oxford University Press, und einzig die nicht-kommerzielle Public Library of Science konnte sich mit ihren diversen Journalen unter den ersten fünf dieser Gruppe behaupten.[84] Besonders aufschlußreich ist die Preisgestaltung bei den einzelnen Zeitschriften. Während die teuersten Artikel in PLOS bei 1.900 € liegen, kosten Artikel in *Nature Communications* (Impact-Faktor 10.015) mehrheitlich um 4.400 €, Artikel in Elseviers *Neuron* (Impact-Faktor 15.766) erreichen locker die Schwelle von 5.000 €.

Natürlich ist der Durchschnittspreis von 2.160 € mit Vorsicht zu genießen. Zum einen sind nicht alle Wissenschaftsbereiche so teuer wie der von Wellcome geförderte biomedizinische Bereich.[85] Und zum anderen fließt nicht der ganze Betrag an die kommerziellen Verlage, da ein Teil der OA-Anbieter gemeinnützig ist. Deswegen sind aus solchen Zahlen noch keine richtungsweisenden Entwicklungen abzuleiten, doch es bestätigen sich gewisse Trends, insbesondere, daß die globalen Konzerne auch den Open-Access-Markt dominieren und daß Impact-Faktoren der Zeitschriften unverändert symbolisches Kapital für Wissenschaftler und ökonomisches Kapital für Verlage bedeuten. Ein Kommentator schreibt: »Diese Preisunterschiede entsprechen jedoch den Präferenzen der Autoren und damit – vorausgesetzt, dass es zumindest einen minimalen Wettbewerb gibt – einem marktwirtschaftlichen Preis.«[86] So ist es. Und es spricht nichts dafür, daß der *Faustische Pakt* zwischen symbolischem und ökonomischem Kapital gelöst wird, zumindest nicht unter den gegenwärtigen Bedingungen, die auch innerhalb der Wissenschaften selbst dazu geführt haben, daß finanzielle Stärke durch erfolgreiche Einwerbung von Drittmitteln zum maßgeblichen Prestigefaktor geworden ist. Die Verschränkung von symbolischem und ökonomischem Kapital ist zweifellos fatal, aber niemand vermag zu sagen, wie ein gemeinnütziges OA-Modell und der ansonsten üppig sprießende akademische Kapitalismus überhaupt zusammenpassen sollen. Natürlich kann die Wissenschaftsbürokratie Forscher dazu zwingen, möglichst preiswert zu publizieren. Ob dabei aber mehr herauskommt als schlecht begutachtete und lektorierte Forschung, wird sich erweisen.

Die Strategien der Politik und der Wissenschaftsverwaltung, der Förderorganisationen und der Verlage sind also einigermaßen klar und durchschaubar. Alle sind für Open Access, die Frage ist nur, welche Wege dabei beschritten werden und in welchen Kassen die investierten Gelder am Ende landen. Was aber ist mit den Wissenschaftlern selbst? Laut Umfragen spricht sich eine kontinuierlich wachsende Mehrheit aller Wissenschaftler, auch Geistes- und Kulturwissenschaftler, für Open Access aus,[87] aber bei genauerem Hinsehen erweist sich, daß der Bedarf an OA in verschiedenen Disziplinen sehr unterschiedlich ist. Einige Fachgebiete haben längst einen befriedigenden Weg gefunden, den Kommunikationsfluß auf die erwünschte Weise zu gewährleisten. Andere wollen nicht auf die herkömmlichen Reputationskriterien (Zeitschrift mit Impact-Faktor, renommierte Verlage usw.) verzichten. Manchen wiederum ist es gleichgültig, ob sie in kommerziellen oder nicht-kommerziellen Verlagen publizieren, sofern die Autorengebühren nicht allzu hoch sind.

Von dieser großen, heterogenen Mehrheit der Forscher ist eine kleine, gut vernetzte und einflußreiche Gruppe von OA-Aktivisten unter den Wissenschaftlern zu unterscheiden, die auf die radikale Durchsetzung eines nicht-kommerziellen Publikationssystems dringt, und das bietet einigen Zündstoff. Aktivisten wie Harnad oder der in Berkeley tätige Molekularbiologe Michael B. Eisen, Mitbegründer der Public Library of Science, machen aus ihrer Frustration keinen Hehl. Eisen klagt: »I didn't expect publishers to give up their profits, but my frustration lies primarily with leaders of the science community for not recognizing that Open Access is a perfectly viable way to do publishing.«[88] Und Harnads Verbitterung geht so weit, daß er sein *Subversive Proposal* heute nicht mehr an die Wissenschaftler, sondern an die Fördereinrichtungen addressieren würde.[89] Vom *Faustischen Pakt*, den Wissenschaftler notgedrungen mit Verlegern eingehen mußten, ist keine Rede mehr. Statt dessen hält er es inzwischen eher mit dem Erlkönig: *Und bist du nicht willig, so brauch ich Gewalt!* Will sagen, daß alle Wissenschaftler, die mit Steuermitteln finanziert werden bzw. sich dem moralischen Imperativ einer finanziellen Interesselosigkeit verpflichtet haben, Open Access publizieren müssen.

Unverständlich ist die Frustration nicht. Nach etwas mehr als zehn Jahren Open Access ist keineswegs der Eindruck entstanden, daß scientific communities für eine freiwillige Änderung ihrer Gewohnheiten oder gar effektiven Protest und Boykott prädestiniert sind. Zahlreiche Wissenschaftler haben sich offen und bisweilen kämpferisch zu OA bekannt, doch Konsequenzen für ihr Verhalten gegenüber den Verlagsimperien folgten daraus nur in sehr eingeschränktem Maße. Mir geht es hier nicht um ein Bashing von Naturwissenschaftlern, aber insbesondere an die Adresse der biomedizinischen Bereiche wäre schon die Frage zu richten, ob sie nicht sehenden Auges gemeinsame Sache mit den globalen Verlagskonsortien machen und dabei billigend in Kauf nehmen, daß die Zeche von anderen bezahlt werden muß. Immerhin haben über 14.500 Personen den 2012 initiierten Boykottaufruf des britischen Mathematikers William Timothy Gowers gegen Elsevier unterzeichnet,[90] doch das scheint den Verlag nicht sonderlich zu tangieren. Bekanntlich hat Elsevier 2013 im STM-Bereich mehr Geld verdient als je zuvor.

Wenn die Preise für Zeitschriften tatsächlich so überzogen sind, wie es Bibliotheken, Förderorganisationen und andere Akteure immer wieder beklagen: Wieso hat sich keine andere Bibliothek der Universitätsbibliothek Konstanz angeschlossen, als diese im Frühjahr 2014 alle Zeitschriften von Elsevier abbestellte?[91] Das Feld der Wissenschaften ist zu zerklüftet, die Interessen zu unterschiedlich, der Pragmatismus, wenn nicht Opportunismus zu ausgeprägt, als daß hier eine umfassende konzertierte Aktion zu erwarten wäre. Es gibt einzelne Wissenschaftler, die seit Jahren mit dem Megaphon für OA werben und gleichzeitig für genau diejenigen Verlage tätig sind, die eigentlich ihre ärgsten Widersacher sein müßten. Dasselbe trifft auf Universitätsbibliotheken zu: Einerseits werden sie von Elsevier verklagt, andererseits legen sie ihren Wissenschaftlern Elseviers Mendeley ans Herz. Solche Paradoxien sind schwer zu erklären, aber wenn man nicht von blanker Dummheit oder Bigotterie ausgehen will, dann sind sie offensichtlich Bestandteil eines sich gegen sich selbst wendenden Zynismus, der zum *Faustischen Pakt* gehört, gegen den Open Access doch eigentlich angetreten war. Konsequenz: Nach den gegenwärtigen Verhaltensmustern der akademischen Akteursgruppen ist nicht zu erwarten, daß das Monopol der kommerziellen Wissenschaftsverlage gebrochen wird.

Damit das so bleibt, intensivieren die Verlage für ihre Kunden, die Wissenschaftler, ihre Angebote. Springer verschickt inzwischen E-Mails an Wissenschaftler, die unterzeichnet sind mit: »Kind regards, The Open Access Marketing Team«.[92] Fast möchte man meinen, daß der Verlag es sich zum Ziel gesetzt habe, das zu erreichen, was Politiker, Funktionäre, Bürokraten, Manager und OA-Enthusiasten in den letzten Jahren nicht geschafft haben, nämlich das Gros der Wissenschaftler endlich dazu zu bringen, Open Access zu publizieren. Das heißt aber nichts anderes, als daß Open Access im Herzen des Informationskapitalismus angekommen ist. Dabei werden auch neue Wege beschritten, die mit der bisherigen Dienstleistung einer sorgfältig redigierten Zeitschrift oder eines Buches nichts mehr zu tun haben. Erik Engstrom, CEO von Reed Elsevier, faßt den Transformationsprozeß im Jahresbericht für 2013 so zusammen: »In 2013 we continued to make good progress on our strategy to systematically transform our business into a professional information solutions provider that combines content and data with analytics and technology to deliver improved outcomes for customers.«[93] Das heißt: Es werden digitale Plattformen zur Verfügung gestellt, und man bietet den Kunden auch Hilfe an, wenn es um das Hochladen, Suchen, Scannen und Bearbeiten von Daten und Inhalten geht. Das sind genau diejenigen Tätigkeiten, die im traditionellen Verständnis vor allem mit Bibliotheken assoziiert werden, und es ist nicht abwegig, daß diesen mit den kommerziellen Serviceleistungen der Verlage ein ernsthafter Konkurrent entsteht.

Ein entscheidendes Stichwort im Zusammenhang mit den *professional information solutions* lautet Data Mining. Die Bergbau-Metaphorik ist nicht schlecht gewählt, denn es geht nicht mehr um das Studium einzelner Texte, was Leser voraussetzt, sondern darum, sich durch große Mengen von Forschungsartikeln oder experimentellen Rohdaten zu fräsen, was hinreichende Serverkapazitäten und bestimmte Algorithmen voraussetzt. Damit lassen sich den Datenbergen der Biologen, Teilchenphysiker oder Astronomen Erkenntnisse entlocken, die für menschliche Bemühungen unzugänglich bleiben.

Die Verarbeitung von Big Data – sei es das Genom des Neanderthalers, der Genitiv in französischen Liebesschnulzen oder der 24-Stunden-Blutdruck aller Isländer – setzt den offenen Zugang zu allen Inhalten, Daten, Bildern, Tabellen, Filmen, Dokumenten usw. voraus, die zum großen Teil gar nicht Bestandteil der eigentlichen Publikation sind, weil es diese nach herkömmlichen Maßstäben auf unzumutbare Weise aufblähen würde. Deswegen besteht eine Forderung nach Open Data, was noch einen Schritt über Open Access hinausgeht. Wenn der ultimative Traum der NSA darin besteht, die relevanten Daten aller Menschen jederzeit zur Verfügung zu haben – wobei sie selbst definieren, was relevant ist –, dann besteht der ultimative Traum der Open Data nerds darin, alle wissenschaftlich erhobenen Daten jederzeit zur freien Verfügung zu haben. Vom fröhlichen Datenpositivismus, der direkt in die wissenschaftlichen Denkweisen des 19. Jahrhunderts zurückführt, mal ganz abgesehen, liegen hier gravierende ethische und rechtliche Probleme verborgen, deren genauere Erörterung über den hier gesteckten Rahmen hinausweist.

Für den Moment ist festzuhalten: Die angemessene Sammlung, Aufbereitung und Verfügbarmachung der Daten ist ziemlich aufwendig, und sie kostet Geld. An diesem Punkt kommen die Großverlage wieder ins Spiel. Elsevier hat inzwischen Millionen von Artikeln, für die der Verlag die Verwertungsrechte besitzt, für wissenschaftliches Data Mining zugänglich gemacht, und das ist nur der Auftakt für eine ganze Palette neuer Dienstleistungsangebote auf der Basis von Big Data. Die Bedingungen, die Elsevier stellt, damit Forscher Zugriff auf diese Daten bekommen, können hier nicht im Detail beleuchtet werden, sie sind aber bereits heftig kritisiert worden.[94] Und das nicht ohne Grund, denn die Spielregeln der zynischen politischen Theologie gelten auch hier: Souverän ist, wer über den effektivsten Server verfügt. Souverän werden wohl nicht die Universitäten, Forschungsbibliotheken, Wissenschaftsgemeinschaften oder die nationalen Wissenschaftsorganisationen sein.

Daß sich mit Daten und Metadaten nach der Abschaffung von Papier und Druckmaschinen Geld verdienen läßt, zeigt sich auch daran, daß die professionellen Aktivitäten von Forschern im Netz zu einer finanziell lukrativen Ressource geworden sind. Was die gewöhnlichen Internet-Surfer im großen – willkommene Datenlieferanten, die zum Reichtum der entsprechenden Unternehmen beitragen –, sind die Wissenschaftler im kleinen. Sie stellen Daten und Inhalte zur Verfügung, haben auf solche anderer Forscher Zugriff und bilden dadurch neue Kommunikationsnetzwerke. Das setzt Internet-Plattformen voraus, die sich in ihren Grundstrukturen an den bereits bekannten Social Media orientieren. Mehr und mehr Wissenschaftler tummeln sich auf diesen zunächst als private Initiativen gegründeten Plattformen wie Academia.edu, Researchgate oder Mendeley. Aber so wie Google, Amazon, Microsoft, Apple und Facebook beständig kleinere Unternehmen aufkaufen, um ihre Machtbereiche auszudehnen, läuft es auch in dieser Sparte ab. Sobald sich neue Ideen und Initiativen, mögen sie idealistisch oder kommerziell motiviert sein, als geschäftsträchtig erweisen, landen sie in den Armen der globalen Konzerne. Elsevier hat Mendeley gekauft, Bill Gates hat Millionen Dollar in das Berliner Netzwerk Researchgate investiert, und auch Academia.edu hat fremde Investoren an Bord.

Wie immer man darüber denken mag: Die alltäglichen Aktivitäten von Wissenschaftlern vor allem, aber nicht nur aus dem STM-Bereich gehören zum Portfolio des Informations-kapitalismus, und das beginnt genau in dem Moment, da sie ihren Computer anschalten. Wie es der CEO von Elsevier sagt: Das traditionelle Verlagsgeschäft wird zum Lieferanten von Dienstleistungen transformiert. Weil damit die kommunikativen Bedürfnisse vieler Wissenschaftler angesprochen werden und weil es sich beim akademischen Publikationssystem weiterhin um eine Wachstumsbranche handelt, ist die Erwartung, daß die Wissenschaftler sich von diesen Unternehmen abwenden, ungefähr so realistisch wie die, daß Kunden sich weltweit von Onlinehändlern wie Alibaba oder Amazon abwenden.

Lost between common and commodity

Wieviel kostet Open Access? Verlage geben sich notorisch zugeknöpft, wenn es um Geld geht. Man liest zwar, daß die Gewinnspanne bei Elsevier oder Springer zwischen 35 und 50 % liegt, aber wieviel kostet die jährliche Produktion einer Zeitschrift wie *Cortex* oder *Experimental Brain Research,* und wieviel verdienen die Verlage daran? Wie sieht das Verhältnis von Kosten und Gewinn bei *PLOS ONE* aus? Wir wissen es nicht genau. Immerhin ist bekannt, wieviel Geld der Verlagsindustrie zufließt. Laut der kalifornischen Beratungsfirma Outsell haben die Wissenschaftsverlage 2011 9,4 Milliarden $ für 1,8 Millionen englischsprachige Artikel eingenommen, was ungefähr einem Durchschnittspreis von 5.000 $ entspricht.[95] Diesen Preis muß die öffentliche Hand nicht allein entrichten, denn auch Unternehmen, Stiftungen und andere private Institutionen abonnieren Zeitschriften. Zieht man also 25-30 % vom Durchschnittspreis ab, ist das immer noch mehr als jener Preis von 2160 €, den der Wellcome Trust 2012 durchschnittlich pro OA-Artikel im Bereich der biomedizinischen Wissenschaften entrichtet hat; und es ist erheblich teurer als der Durchschnittspreis für einen Artikel, wenn man alle wissenschaftlichen Disziplinen berücksichtigt. Der beträgt gegenwärtig im Schnitt 1.400 $ bei den nicht-kommerziellen

Zeitschriften und 2.100 $ bei den fünf größten Verlagen.[96] Kurzum: OA-Artikel sind deutlich preiswerter als diejenigen im traditionellen Subskriptionsmodell.

Bei diesen Preisen wird es natürlich nicht bleiben. Nicht zu Unrecht ist die Befürchtung geäußert worden, daß die kommerziellen Verlage, wenn sie einmal den goldenen OA-Markt dominieren, mit Autoren, Universitäten und anderen Forschungseinrichtungen ähnlich rücksichtslos verfahren wie bisher mit den Bibliotheken.[97] Es käme wiederum zu speziell zugeschnittenen Abonnementspaketen und vermeintlichen Sonderangeboten, deren Intransparenz proportional zu den Informationen wächst, über die die Konzerne (z. B. dank Mendeley) verfügen. Der goldene Weg wird die Nasen der Verlage vergolden. Und auch die Mehrkosten, die in einer Übergangszeit anfallen, weil sowohl Abonnements als auch Autorengebühren zu bezahlen sind, sprechen gegen Einsparungen. Klar ist nur, daß sich die anfallenden Kosten auf mehrere Bereiche und Akteure verteilen und dementsprechend weniger transparent sind, weil für unterschiedliche Formate und Geschäftsmodelle bezahlt werden muß.

Zunächst einmal sind da die Subskriptionskosten für Zeitschriften, die eine Bibliothek, sofern es sich um reine Online-Journale handelt, nicht besitzt, sondern nur abrufen kann. Sollte sie den Vertrag mit einem Anbieter kündigen, kann es passieren, daß sie auch keinen Zugang mehr zu älteren Zeitschriften-Jahrgängen hat, für die sie jahrelang bezahlen mußte. Weiterhin muß für den goldenen und den hybriden Weg von OA ebenso bezahlt werden wie für die von kommerziellen Anbietern betriebenen Forschungsplattformen, auf die Wissenschaftler ihre Arbeiten bzw. Daten stellen. Und schließlich fallen auch für die nicht-kommerziellen Repositorien der Universitäten, Bibliotheken, Forschungsinstitute, Gesellschaften usw., auf denen die Zweitveröffentlichungen lagern, Kosten an. Insbesondere die Serverkosten stellen eine große Unbekannte dar. Grundsätzlich gilt: Je mehr Daten auf einem Server anfallen, desto teurer wird es. Das beginnt damit, daß die Daten für eine Publikation auf einem Server aufbereitet, redaktionell und graphisch bearbeitet und mit Metadaten versehen werden müssen. Sodann fallen Kosten an, nachdem der Text oder die Daten in die Datenbanken eingepflegt wurden. Soweit ich es verstehe, sind hier drei Faktoren voneinander zu unterscheiden: erstens das Personal, das den Server kompetent betreut; zweitens die anfallenden Stromkosten, die bei Servern je nach Beanspruchung beunruhigende Ausmaße annehmen; drittens die Computerfirmen, die mit ihrer ständig überarbeiteten neuen Software Optimierungen versprechen, wodurch allerdings die über Jahre hinweg problemlose Lesbarkeit bzw. Nutzung von Daten keineswegs sichergestellt ist.

All diese Kostenpunkte sind für die digitale Zukunft des akademischen Publizierens und Speicherns in Anschlag zu bringen, und insofern ist es verständlich, wenn nicht einmal diejenigen Initiativen, die ins Leben gerufen wurden, um für OA Werbung zu machen, zu klaren Aussagen bereit sind. Die etwas behäbige Informationsplattform für Open Access hat seit einigen Jahren unverändert folgende Sätze auf ihrer Webseite: »Die konkreten Kostenstrukturen sind bei OA-Verlagen im Vergleich zum traditionellen Publikationssystem sehr unterschiedlich und schwer vergleichbar. [...] Unter Beachtung sämtlicher wirtschaftlicher Faktoren kommt John Houghton in einem Report für JISC zum Schluss, dass Publizieren mit Open Access am stärksten mit ökonomischen Vorteilen verbunden und daher insgesamt am kostengünstigsten ist.«[98]

Eine frohe Botschaft klingt anders, und tatsächlich sind die von Houghton angeführten Parameter für die Berechnung seiner Modelle zum Teil recht spekulativ. Das liegt daran, daß es ihm weniger um die Kosten von OA als vielmehr um die Frage geht, wie sich die Produktion und Verbreitung von Forschungsergebnissen am effektivsten – und das heißt: mit dem größten ökonomischen Ertrag – gestalten läßt.[99] Das setzt voraus, daß neben Zeitschriftenpreisen oder Kosten für Server etwa auch der vermutete Wegfall von Fotokopien und Computerausdrucken sowie Zeitersparnis bei der Recherche von Literatur, beim Lesen und Schreiben von Artikeln, beim Peer Review und bei der Abklärung von Rechtefragen auf ihren volkswirtschaftlichen Nutzen hin abgeschätzt werden. Das führt beispielsweise zu der kontraintuitiven Annahme, daß bei einer weiteren Förderung des grünen Wegs sogar dann Geld eingespart wird, wenn keine einzige der teuren Zeitschriften abbestellt wird. Aber wenn man die von Houghton simulierten indirekten Einsparungen wegläßt, also nur den Finanzbedarf berücksichtigt, dann ist Open Access sogar teurer als das bisherige Subskriptionsmodell. Es überrascht nicht, daß diese gewagte Kosten-Nutzen-Rechnung Houghton von Verlegerseite heftige Kritik einbrachte und auch in akademischen Kreisen kontrovers diskutiert wurde.[100]

Nach meiner Auffassung ist es an diesem Punkt nicht damit getan, bei der Frage zu verweilen, ob die verschiedenen Varianten von OA kostengünstiger sind als das herkömmliche Modell oder nicht. Es mag – für jedes Land leicht unterschiedlich – etwas teurer oder billiger sein. Natürlich ist das für notorisch unterfinanzierte Bibliotheken relevant, doch scheinen mir die Untersuchungen von Houghton einen weiteren Bogen zu spannen, der dazu einlädt, OA noch einmal grundsätzlicher in jenen sozialen Milieus zu betrachten, die es hervorgebracht haben.

Bislang habe ich argumentiert, daß die Ideale von Open Access in nur wenigen Jahren zwischen autoritärer Steuerungspolitik und globalem Informationskapitalismus eingeklemmt worden sind. Dieser Zangengriff hat dazu geführt, daß OA im Vergleich zu anderen Reformen mit bemerkenswerter Geschwindigkeit, Effektivität und Konsequenz vorangetrieben wurde. Doch ich habe Zweifel, ob die Überzeugung, wissenschaftliche Erkenntnis sei in erster Linie *common* und nicht *commodity*, an Boden gewonnen hat, wenn führende Forscher, die sich wissenschaftlich mit diesem Thema befassen, OA als Teil des akademischen Informationskapitalismus betrachten. Houghtons ökonomische Perspektive ist das beste Beispiel dafür. Es ist ihm nicht vorzuwerfen, daß er hypothetische Elemente in seine Modelle einspeist und daß er verschiedene idealtypische Szenarien entwirft, die voraussichtlich nie mit irgendeiner Realität übereinstimmen werden. Wohl aber ist ihm entgegenzuhalten, daß er wissenschaftliche Arbeit, Produktivität und Kreativität ausschließlich nach ökonomischen Kriterien beurteilt. Gewiß hören Politiker und Wissenschaftsmanager das gern, und deswegen beauftragen sie Houghton, sein Kosten-Nutzen-Modell auf verschiedene Staaten anzuwenden, auch auf Deutschland.[101]

Das Problem liegt jedoch darin, daß so getan wird, als ob mit gewonnener Forschungszeit neue Erkenntnisse erzielt würden, die sich sogleich in volkswirtschaftlich nützliche Erfindungen, Produkte, Patente usw. umwandeln ließen. Houghton redet ausdrücklich von »economic implications« und betrachtet OA »as part of the industry, rather than separate from it«.[102] Anders würden es amerikanische oder EU-Politiker auch nicht formulieren. In seiner Begründung zur Novellierung des Urheberrechtsgesetzes weist der deutsche Gesetzgeber darauf hin, daß genau das Sinn und Zweck von OA ist: »Ein möglichst ungehinderter Wissensfluss ist Grundvoraussetzung für innovative Forschung und für den Transfer der Ergebnisse in Produkte und Dienstleistungen. Nur wenn Forschungsergebnisse frei verfügbar sind, können sie Grundlage weiterer Forschungsaktivitäten sein und die damit verbundenen positiven gesamtwirtschaftlichen Effekte auslösen. […] Wissen ist im globalen Wettbewerb ein entscheidender Faktor. Eine hohe Innovationskraft ist ohne ein produktives Wissenschaftssystem und einen effektiven Wissenstransfer nicht denkbar.«[103]

Das ist Klartext. Aus Sicht der Politik – und Houghtons Studien sekundieren dieser Auffassung – dient OA in erster Linie dazu, im globalen Wettbewerb weiterhin ganz vorne mitzuspielen. Voraussetzung dafür ist eine ungebremste Zirkulation der wissenschaftlichen Erkenntnis. Um zu dokumentieren, daß die Verhältnisse sich wenigstens ansatzweise zum Besseren wenden, wird die Verbreitung des Wissens unter den Bedingungen von OA in der Anzahl an Zitationen gemessen, mit dem nicht völlig überraschenden Ergebnis, daß in Repositorien archivierte Artikel häufiger zitiert werden als solche, die nur in herkömmlichen Zeitschriften veröffentlicht werden.[104] Hingegen scheinen die Unterschiede zwischen traditionellen und OA-Zeitschriften nicht erheblich zu sein,[105] doch hier wird die Zeit zwangsläufig für Verschiebungen sorgen. Je mehr sich die Waage zugunsten von OA-Artikeln neigt, desto mehr Zitationen werden sie aufweisen.

An Zirkulationen, Zitationen, Klicks, Downloads und Impact als Orientierungshilfe ist bis zu dem Punkt nichts auszusetzen, da Erkenntnis zur Ware verdinglicht wird. Die ökonomische Perspektive suggeriert, daß nur die notwendigen finanziellen und medialen Bedingungen geschaffen werden müssen, um die Entstehung und Verbreitung der Erkenntnisse zu gewährleisten, was wiederum durch Audit und nicht durch Urteilskraft festgestellt wird. Wie realistisch ist das? Man braucht kein Kenner der Wissenschaftsgeschichte zu sein, um zu begreifen, daß Verbreitung und Akzeptanz von Erkenntnis durch Moden, Denkstile, Diskurse, Netzwerke, Interessen usw. geprägt sind, die sich schwer in ein ökonomisches Modell einfügen. Sicher, viele Forscher wenden sich bevorzugt dahin, wo Geld ist, aber dieses Geld garantiert gerade in seiner projektförmigen Gestalt nicht automatisch neue Einsichten, weil beispielsweise Zeit mit der Administration des Geldes anstatt mit Forschung verbracht wird. Wenn Houghton schon davon ausgeht, daß Forscher durch OA beim Recherchieren, Lesen und Schreiben von Artikeln Zeit sparen, müßte er vielleicht auch einen Gedanken daran verschwenden, daß Wissenschaftler die – möglicherweise – eingesparte Zeit wieder verlieren, wenn sie sich um weitere Gelder bemühen müssen, um die Publikation ihrer Artikel zu finanzieren, oder wenn sie in Kommissionen sitzen, um über die Verteilung der Gelder für Autorengebühren zu entscheiden.

Ein weiterer kritischer Punkt dieses Denkansatzes liegt darin, daß er wissenschaftliche Erkenntnis auf materielle bzw. Nützlichkeitsaspekte beschränkt. Jedoch legen es nicht bloß zivilisatorisch-moralische Gründe (Bildung, Abwehr von Fundamentalismus, Begründung von Zivilgesellschaft usw.) nahe, daß Erkenntnis auch eine nicht-materielle Komponente hat.[106] Ohne Neugierde, Phantasie, Spiel, Verirrung, unökonomisches Festhalten an einer Idee, Umwege, Stillstand, Zufall, implizites

Wissen gibt es keine wissenschaftliche Erkenntnis. In vielen Fällen ist diese Erkenntnis ein rein intellektuelles Phänomen, das in jeweiligen Denkkollektiven auf den Prüfstand gestellt wird, Anregungen gibt, Bewegungen auslöst, Widerstände hervorruft oder auch schlicht ignoriert wird. Was immer der akademische Kapitalismus behaupten mag: Die nicht-materielle Komponente des Wissens überwiegt die materiell-ökonomische. Wenn dem nicht so wäre, könnte alle Forschung sofort an die Industrie, an Agenturen und andere kommerzielle Unternehmen delegiert werden. Das aber geschieht aus guten Gründen nicht, weil die in der Wirtschaft gepflegten Praktiken wie Geheimhaltung, Patente und sonstige Abschottungsmechanismen das Ende eines freien wissenschaftlichen Austauschs bedeuten würden.

»Turn your idea into business« – dieses Logo hing im Frühjahr 2014 für einige Wochen über dem Hauptportal meiner Universität, der ETH Zürich. Technische Hochschulen pflegen seit dem 19. Jahrhundert eine größere Nähe zur Industrie, und dagegen ist auch nichts einzuwenden. Die Frage ist aber, wann diese Affinität so groß wird, daß die immaterielle Dimension des Wissens durch die materielle verdrängt wird. Dieser Punkt ist prekär, denn gegenwärtig deutet viel darauf hin, daß Open Access mit all seinen Hoffnungen auf Beschleunigung, Zirkulation und Data Mining den Wandel von der Idee zum Business noch weiter beschleunigen soll, als es bislang der Fall gewesen ist. Reifen dadurch dann aber potentielle Geldbäume heran, ist die Angelegenheit überhaupt nicht mehr *open*, und wir befinden uns in der rauhen Welt von Patenten, Produkten, Umsätzen, Lizenzen, Anwälten, Consultants, Investoren und Spekulanten. Gegenwärtig ist OA Teil dieses Spiels.

Es geht also um eine Positionierung im Raum zwischen Wissen als Ware und Wissen als immaterieller Wert, um eine nüchterne Abwägung des symbolischen Nutzens bzw. der Kosten von OA, und das gilt um so mehr, als diese neue Form des Publizierens – weniger durch den Enthusiasmus der Betroffenen als durch die Wucht der Governance-Strukturen – so atemberaubend schnell durchgesetzt worden ist. Anders gesagt: Als Geschäftsmodell des Informationskapitalismus ist OA Realität, als Programm dafür, »die Menschheit im gemeinsamen intellektuellen Gespräch und Streben nach Wissen zu vereinigen« – wie es im Budapester Appell heißt –, ist OA weitgehend Utopie. Das ist auch nicht verwunderlich, wenn man die völlig divergierenden Interessen betrachtet, die bei OA im Spiel sind. Der britische Soziologe John Holmwood betont in diesem Zusammenhang mit Recht, daß OA als Beitrag zur Förderung des Dialogs innerhalb und außerhalb der Wissenschaften gepriesen werde, daß aber gleichzeitig die subkutanen Mechanismen für OA ignoriert werden, die den Dialog über unseren künftigen Umgang mit Wissen wieder in Frage stellen.[107]

Ich habe schon mehrfach betont, daß die allermeisten Akteure im wissenschaftlichen Betrieb – Wissenschaftler, Verleger, Bibliothekare, Förderungsorganisationen, Wissenschaftsmanager und Politiker – für OA eintreten, aber in der Kakophonie der unterschiedlichen Interessen ist nicht klar, um welches OA es sich dabei handeln soll. Ich fasse noch einmal ganz kurz zusammen: Eine kontinuierlich wachsende Mehrheit aller Wissenschaftler befürwortet OA, ist bei der Umsetzung allerdings eher träge. Nur eine kleine Gruppe von OA-Aktivisten unter den Wissenschaftlern dringt auf die zwangsweise Durchsetzung eines nicht-kommerziellen akademischen Publikationssystems. Die Verlage vertreten den goldenen Weg und akzeptieren den grünen Weg nur so lange, wie er nicht zu Abbestellungen ihrer Zeitschriften führt. Bibliothekare dagegen favorisieren den grünen Weg bzw. ein Mischmodell aus grün und golden, weil sie ihr neu definiertes Aufgabenspektrum einer Verwaltung, Aufbereitung und Verfügbarmachung von Wissen nur dann realisieren können, wenn das Modell des Universitätsservers sich durchsetzt; denn wozu bräuchte es noch Bibliothekare, wenn das gesamte wissenschaftliche Wissen in ein paar Dutzend Megajournalen bzw. in fächerspezifischen, kommerziellen Repositorien publiziert werden würde? Politiker sehen in OA ein Vehikel, die ökonomische Performance der Forschung zu verbessern, und sind in der Frage, wie OA realisiert wird, agnostisch – es sei denn, sie halten die Tätigkeit der globalisierten Verlage volkswirtschaftlich für unverzichtbar, wie es in Großbritannien der Fall ist: Dann plädieren sie in Abstimmung mit den Verlagen für den goldenen Weg. Förderorganisationen schließlich knüpfen ihre Fördermittel konsequent an für den Benutzer kostenfreie Publikationen, müssen aber aufpassen, daß *golden OA* für sie nicht zu einem Faß ohne Boden wird.

Dieses Konglomerat aus Geldströmen, moralischen und epistemischen Ökonomien, post-Gutenbergscher Technophilie und New Public Management erklärt, warum OA so schwer faßbar ist. Noch komplizierter wird die Situation dadurch, daß OA für verschiedene Disziplinen und Wissenskulturen, die keineswegs unter den gleichen Bedingungen arbeiten, eine ganz unterschiedliche Rolle spielt. Wieweit die Bedingungen, Ansprüche und Erwartungen auseinandergehen, die in der heterogenen Wissenschaftlergemeinschaft mit kostenlos im Netz stehenden Publikationen assoziiert wird, soll im Folgenden anhand zweier Fallbeispiele angedeutet werden.

Die internationale Gemeinde der Teilchenphysiker, die sich um das CERN in Genf herum versammelt, ist eine relativ homogene, überschaubare Gruppe, die ihre Kommunikations- und Publikationsmodalitäten auf folgende Weise geregelt hat. Die Physiker sind es seit über zwei Jahrzehnten gewohnt, ihre Forschungsarbeiten bereits vor Begutachtung und Publikation in einer Zeitschrift auf dem Server arXiv hochzuladen und zur Diskussion zu stellen. Nun sind sie noch einen Schritt weiter gegangen und haben die Internet-Plattform SCOAP3 gegründet, einen Zusammenschluß der Teilchenphysiker unter dem Dach zahlreicher internationaler Forschungs- und Förderungsorganisationen, die das Projekt auch finanzieren. Der Punkt ist nun, daß SCOAP3 einen Vertrag sowohl mit kommerziellen als auch mit gemeinnützigen Verlagen geschlossen hat, in denen zehn relevante Zeitschriften der Teilchenphysik erscheinen. Alle Artikel werden nach den herkömmlichen Kriterien eingereicht, begutachtet und publiziert. Die anfallenden Autorengebühren werden von SCOAP3 übernommen. Ein wichtiger Bestandteil dieses Arrangements sind die hybriden Strukturen, in denen Kommunikation und Verbreitung der Forschung stattfinden. Die Artikel werden als pdf-Files zur Lektüre angeboten, man kann sie aber auch als XML-Files für Data Mining nutzen. Das eine ist die mit dem Gütesiegel des Peer Review versehene Forschungsarbeit, die damit eine gewisse historische Stabilität erhält; das andere ist ein liquider, weniger mit den Augen als mit Maschinen lesbarer Datens(ch)atz, der direkt wieder in die Forschung eingespeist werden kann – was nicht mehr zum traditionellen Verständnis einer Zeitschrift gehört. Es sieht so aus, als sei dies zumindest für einen gewissen Zeitraum das angemessene mediale Kanalsystem für die Erkenntnisproduktion der Teilchenphysik. Sechs Monate nach Inbetriebnahme von SCOAP3 Anfang 2014 stehen 2.000 neue Forschungsartikel zur Verfügung.

Von außen betrachtet, erscheint dies als das Modell eines ausgereiften und exklusiven Denkkollektivs, das sich um seine Finanzierung keine allzu große Sorgen machen muß und darauf verzichten kann, sich durch Publikationen in *Science* oder *Nature* Reputation zu erwerben. Die Zusammenarbeit mit Verlagen wie Elsevier oder Springer, die daran im Jahr 2014 2 Millionen bzw. deutlich über 2 Millionen $ verdienen dürften, scheint unproblematisch zu sein. Natürlich drängen sich Fragen auf: Ist es vorgesehen, daß neue Journale hinzukommen? In welchen Situationen würden beteiligte Verlage ausgeschlossen werden? Unter welchen Bedingungen könnte auf Zeitschriften und Verlage ganz verzichtet werden? Ist der Bedarf an neuen, experimentellen Formen des Publizierens abgedeckt? Was passiert, wenn das Finanzierungsmodell nicht mehr gesichert sein sollte? Ich meine, daß hier ein zugleich statisches und auf die Bedürfnisse der Forschung zugeschnittenes Modell vorliegt, das in seiner Eleganz und Klarheit beeindruckt. Könnte es damit zum Vorbild für andere überschaubare, exklusive Communities taugen? Diese Frage entscheidet sich nicht an wissenschaftlichen, sondern an machtpolitischen Fragen. Die um das CERN herum agierenden Physiker sind stark genug, um den Großverlagen als ebenbürtige Verhandlungspartner entgegentreten zu können. Am Verhandlungstisch sitzen ohnehin Justitiare, Ökonomen, Bibliothekare und andere Spezialisten des CERN bzw. der beteiligten Gesellschaften, um die Vertragsdetails auszuhandeln. Es ist wenig wahrscheinlich, daß andere Communities wie etwa die Stringtheoriker oder die analytischen Philosophen so machtvoll und geschlossen auftreten können, zumal diese über die ganze Welt verstreut sind und nicht über eine zentrale Institution wie das CERN verfügen. Noch unrealistischer erscheint es, daß das Modell auf größere, komplexere und auch kompetitivere Communities wie beispielsweise die Molekular- oder Systembiologie zu übertragen wäre.

Eine völlig andere Einschätzung ergibt sich beim Blick auf die Situation der *Cultural Anthropology* in den USA. Deren Aufstieg zu einer zeitweilig weit über das eigene Fach hinaus wirkenden Disziplin war durch Figuren wie Claude Lévi-Strauss, Clifford Geertz, Marshall Sahlins, George Marcus oder Mary Douglas geebnet worden und schlug sich in den achtziger Jahren in einer eigenen Gesellschaft mit Zeitschrift nieder. 2013 entschlossen sich die Mitglieder der Gesellschaft, ihre Zeitschrift ganz auf Open Access umzustellen, was zur Folge hatte, daß die Zusammenarbeit mit Wiley nach 28 Jahren beendet wurde. Dabei liegen die Gründe für die Veränderung ganz woanders als bei den Teilchenphysikern. Der schon erwähnte Christopher Kelty hat diese Gründe zusammengefaßt. Einen Vorteil sieht er darin, weniger Geld in den Gruben der großen Verlage zu versenken. Viel entscheidender jedoch ist die Hoffnung, die Forschung der Anthropologen aus dem engen Käfig der Disziplin bzw. der Universität zu befreien und einen stärkeren Einfluß auf öffentliche Debatten zu nehmen: Hier dient OA als »Werkzeug zur Wiederherstellung des Forschungsumfelds in einer sehr besonderen, wenn auch begrenzten Weise«.[108] Wiederherstellung des Umfelds setzt voraus, daß hier Verwüstungen stattgefunden haben müssen. Und dafür lassen sich auch Kandidaten benennen.

Es ist in den USA keine neue Klage, daß es so gut wie keine öffentliche Präsenz der Geisteswissenschaften gibt. Der Typus des *public intellectual* ist gewiß nicht ausgestorben, und wenn man regelmäßig die Webseite *Arts and Letters Daily* konsultiert, drängt sich nicht unbedingt der Verdacht auf, daß nur noch Autoren der bei John Brockman unter Vertrag stehenden Dritten Kultur Foren finden, um ihre Meinung zu artikulieren. Doch speziell die *Cultural Anthropology* hat in den letzten zwanzig Jahren eine Entwicklung genommen, die sich auch für andere wissenschaftliche (Teil-)Disziplinen nachzeichnen ließe (zum Beispiel meine eigene, die Wissenschaftsgeschichte), nämlich von einer öffentlich wahrgenommenen Leitdisziplin hin zu einer normalen Wissenschaft, von der vergleichbare Impulse nicht mehr ausgehen. Das bedeutet keineswegs, daß deren Arbeit belanglos wäre, aber wenn eine geisteswissenschaftliche Disziplin dazu tendiert, immer mehr unter sich zu bleiben, sollte die dadurch bedingte intellektuelle Leerstelle nicht unterschätzt werden. Und irgendwann schlägt diese Selbstgenügsamkeit auf die betreffende Wissenschaft selbst zurück. Steven Shapin hat diesen Zustand vor einigen Jahren als Hyperprofessionalismus bezeichnet, der genau dann eingetreten ist, wenn Wissenschaftler nicht mehr in der Lage sind, Interessierten außerhalb der eigenen Disziplin zu vermitteln, was sie tun.[109]

Ein anderer Grund für die Misere der *Cultural Anthropology* – und das ist der einzige Punkt, auf den Kelty selbst nachdrücklich hinweist – mag die prekäre Situation der Geisteswissenschaften in einer neoliberalen Universitätslandschaft sein: Proletarisierung akademischer Arbeit durch Projektarbeit; zunehmend unsichere Zukunftsaussichten; steigende Studiengebühren, die am ehesten ein Studium in Fächern wie Ökonomie, Jura, Medizin oder Informatik nahelegen; ausufernde Bürokratie und Kommissionstätigkeit; erheblicher Zeitaufwand mit der Evaluation von Lehre, Doktoratsprogrammen, Forschung, Forschungsverbünden usw.; wachsende Konkurrenz um abnehmende öffentliche Mittel, wobei die Geisteswissenschaften immer schlechter abschneiden.[110]

Manches davon kennt man aus Europa, insbesondere aus Großbritannien, andere Punkte deuten auf spezifische Probleme in den USA hin. So irrelevant sind die Geisteswissenschaften im öffentlichen Raum hierzulande nicht, und auch wenn es zweifellos ein beunruhigend großes akademisches Prekariat gibt, ist die Situation der öffentlichen Förderung gewiß nicht so trostlos. Was das amerikanische Beispiel lehrt, ist dies: Das Modell der Autorengebühren ist für viele Anthropologen – und das dürfte zahlreichen Geisteswissenschaftlern nicht viel anders gehen – nicht finanzierbar, und das erklärt auch, warum die Zeitschrift *Cultural Anthropology* nun nicht mehr bei Wiley oder in einem anderen Verlag erscheint, sondern von der Gesellschaft selbst herausgegeben wird. Insofern handelt es sich hier um ein Sozialexperiment mit zwei zu überprüfenden Ausgangsfragen.

Zum einen fragt sich, ob die Zeitschrift mit dieser Umstellung tatsächlich neue Leserkreise jenseits des akademischen Zirkels erreichen wird. Der Versuch, verlorenes intellektuelles Terrain in der Öffentlichkeit zurückzugewinnen, ist ebenso legitim wie Keltys Anspruch, OA im Rahmen dieses *big picture* anzusiedeln. Britische Geisteswissenschaftler gehen in dieselbe Richtung, wenn sie die Hoffnung äußern, mit Hilfe von OA den Moloch der neoliberalen Impact-Rhetorik zurückzudrängen und das öffentliche Engagement der Geisteswissenschaften zu befördern.[111] Wie immer man diese Hoffnung einschätzen mag, klar ist, daß das ohne Veränderungen in Form und Inhalt der in diesem Geist geschriebenen Texte nicht abgehen kann. Jüngere Anthropologen machen mit einer Verknüpfung von »Occupy and Open Access« auch deutlich, in welche Richtung die Reise gehen könnte.[112] Ihre Solidarisierung mit denjenigen, die das herrschende Gesellschaftsmodell für bankrott halten, könnte durchaus zu einer faszinierenden Reformulierung der sozialanthropologischen Forschungsagenda führen. Prekarisierung führt zu Politisierung, das ist kein neues Phänomen, aber wie sich das nach der zumindest vorläufigen Entzauberung der Occupy-Bewegung und im digitalen Modus akademischer, vielleicht post-akademischer Kommunikation entwickelt, ist eine wichtige Frage.

Zum anderen: Wird die *Society for Cultural Anthropology* die administrativen und finanziellen Anforderungen bewältigen, um ihr Journal mittelfristig weiterführen zu können? Eine solche Zeitschrift ist nur so lange finanzierbar, wie die Mitglieder der Gesellschaft ihre Jahresbeiträge zahlen. Eine gedruckte Ausgabe ist in diesem Modell nicht mehr vorgesehen. Die kann, wie auf der Webseite verkündet wird, als Print-on-Demand für 12,95 $ bestellt werden – beispielsweise bei Amazon. Ich bin nicht sicher, ob Amazon wirklich ein überzeugender Partner ist, wenn man den globalen Informationskapitalismus bekämpfen will, aber unabhängig davon zeigt diese Entscheidung, daß es ohne Arrangements mit kommerziellen Unternehmen nicht geht – es sei denn, man verzichtet auf Papier bzw. verläßt sich ganz auf öffentliche oder private Subventionen.

Während also der Schritt der Teilchenphysik zu OA als stabil erscheint, ist derjenige der *Cultural Anthropology* höchst unsicher. Beide basieren auf ganz unterschiedlichen finanziellen und sozialen Voraussetzungen, und sie verfolgen unterschiedliche epistemische Strategien und Publikationsmodelle. Um es mit den Begriffen von Ludwik Fleck zu sagen: die Teilchenphysik restrukturiert ihr esoterisches, auf einen Kern von Spezialisten beschränktes Kommunikationssystem; die *Cultural Anthropology* versucht die Kanäle zwischen esoterischer und exoterischer Kommunikation so offen wie möglich zu schalten, um sich damit letztlich eine neue Identität zu schaffen.[113] Was folgt daraus? Gewiß nicht, daß diese beiden Wege repräsentativ in dem Sinne wären, daß sich alle Wissenschaften dem einen oder anderen zuordnen lassen. Eher im Gegenteil: OA als einheitliches Phänomen gibt es nicht. Es ist so diffus wie die Wissenschaftslandschaft selbst, und das bedeutet, daß OA in jedem dieser Landschaftsabschnitte unterschiedliche Effekte haben wird, deren Skala von nützlich über indifferent bis hin zu verheerend reichen kann.

Vor diesem Hintergrund ist es naheliegend, daß alle Wissenschaften sich darüber Rechenschaft geben, wo sie ihre Wissensproduktion zwischen *common* und *commodity* angesiedelt sehen wollen. Viele Akteure im STM-Bereich haben es sich leichtgemacht und allein den Verlagen die Schuld dafür gegeben, daß das traditionelle Publikationssystem ein kompletter

Sanierungsfall ist. Das ist nicht falsch, aber es ist auch nicht die ganze Wahrheit. Der kommt man freilich nur näher, wenn man bereit ist, die vielfältige Verflechtung politischer, ökonomischer, medialer und epistemischer Aspekte in der wissenschaftlichen Praxis zur Kenntnis zu nehmen. Aus der Tragödie des akademischen Zeitschriftenwesens folgt nicht, daß OA das Allheilmittel ist, und zwar allein schon deswegen nicht, weil es absurd wäre, zu hoffen, in den neoliberal verfaßten Wissensgesellschaften ließe sich per politischem Beschluß die Seligkeit der Allmende einfach so implementieren. Open Access gibt viel eher Anlaß, um darüber nachzudenken, wo sich die so unterschiedlichen Wissenschaften im Raum zwischen Markt, Subventionssystem und Selbstorganisation positionieren wollen.

Wenn es kein einfaches und schon gar nicht ein einziges Rezept für ein brauchbares Ineinandergreifen von Erkenntnisarbeit und medialen Räumen gibt, dann müssen sich alle Disziplinen, Forschungsbereiche und -gemeinschaften und im Grunde jeder einzelne kritisch mit ihrem jeweiligen Weg zwischen Open Access und Verkaufspreis, Zeitschriften und Repositorien, Megajournalen und exquisiten Zeitschriften, Impact-Faktoren und Urteilskraft, gedruckten Büchern und E-Books, abgeschlossenen und hybriden Texten, Peer Review und Autorengebühren auseinandersetzen. Das schließt auch die Frage ein, ob und in welcher Weise Verlage ein epistemisches und kommunikatives Surplus bieten. Natürlich behaupten das alle Verlage von sich, doch was von den Dienstleistungen der globalen Verlagskonsortien zu halten ist, haben wir im Verlauf dieses Kapitels gesehen.

Die Frage stellt sich noch einmal anders, wenn man den Blick auf die geisteswissenschaftlichen Publikationsformen richtet, weil es hier mindestens ebenso um Bücher wie um Zeitschriftenartikel geht. Seit langer Zeit haben Verlage immer wieder gezeigt, daß sie zur Konfiguration des geisteswissenschaftlichen und kulturellen Wissens erheblich beitragen. Auch wenn etliche Verlage diesen Kredit in den letzten Jahrzehnten gründlich verspielt haben – an den Geisteswissenschaften ist der akademische Kapitalismus auch nicht spurlos vorbeigegangen –, ist das verlegerische Engagement in seiner Kombination aus notwendigem wirtschaftlichen Kalkül und geistig-kulturellen Überzeugungen so prägnant, daß man nicht darüber hinwegsehen darf.

Deswegen kann man ohne Übertreibung sagen, daß die Geisteswissenschaften nicht in der Weise einen *Faustischen Pakt* mit den Verlagen eingegangen sind wie die Naturwissenschaften. Das ist keineswegs nur Verdienst, weil viel weniger Geld im Spiel ist. Aber so sonderbar es für heutige Ohren auch klingen mag: Längerfristig dürfte es sich als eine der bedeutendsten Leistungen der deutschsprachigen Geisteswissenschaften unserer Tage herausstellen, daß sie sich standhaft dagegen gewehrt haben, das trojanische Pferd der quantitativen Messung von Forschungsleistung in Form von Impact-Faktoren und anderen Instrumenten in ihr Gebiet hineinzulassen. Der Preis, den sie dafür zu entrichten haben, ist nicht gering, denn im akademischen Kapitalismus richten sich Machtverhältnisse und Geldströme nicht nur nach realer oder vermeintlicher Nützlichkeit, sondern auch nach Quantifizierungsparametern. Dafür eröffnet dieser Verzicht aber auch größere Freiräume, sich abseits üppiger finanzieller Quellen solchen Forschungsthemen zuzuwenden, die aus Erkenntnisinteresse für relevant gehalten werden und die kognitiven Leidenschaften wecken. Nicht, daß die Geisteswissenschaften dabei uneingeschränkt glänzen, aber unter der vollständigen Kontrolle eines Quantifizierungsregimes sähe es viel schlimmer aus.

Darüber hinaus möchte ich nicht unerwähnt lassen, daß auch die Vielsprachigkeit der Geisteswissenschaften dazu beigetragen hat, eine vergleichbare Monopolbildung der Verlage wie im STM-Bereich zu verhindern. Erst wenn das überwiegende Gros der geisteswissenschaftlichen Forschungen in einem kaum redigierten, also hilflosen Englisch erscheinen würde, wäre eine Situation erreicht, die schnell zum Verschwinden vieler kleiner und mittlerer Verlage führt. Das würde aber auch das Gefüge der Geisteswissenschaften zum Einsturz bringen, denn über Jahrzehnte hinweg haben sie von der Zusammenarbeit mit genau solchen Verlagen erheblich profitiert.

Diese Zusammenarbeit funktioniert aber nur, solange es nicht um Gewinnspannen geht, die in den anderen Verlagssparten inzwischen üblich sind, und solange die investierten Gelder nicht in die Taschen anonymer Investoren fließen, sondern im wissenschaftlichen Publikationskreislauf verbleiben. Darin besteht der entscheidende Unterschied. Verleger kleiner und mittlerer geisteswissenschaftlicher Verlage kalkulieren und lesen Bilanzen, sie lesen aber auch Manuskripte und Bücher, und wenn sie es nicht tun, dann übernehmen das Lektoren, die für die Programmgestaltung mitverantwortlich sind. CEOs von Verlagskonsortien lesen Bilanzen und Börsennotierungen, doch was die Inhalte der von ihnen verlegten Produkte betrifft, sind sie agnostisch. Konsequenz: Die Frage nach Open Access stellt sich im Bereich geisteswissenschaftlicher Bücher auch, aber sie muß anders beantwortet werden.

Vom Buch zum Buch

Jorge Luis Borges ist zweifellos der leidenschaftlichste und auch trickreichste Cicerone durch die phantastische Welt der Bücher. Er hat Bücher rezensiert, die es gar nicht gibt, und auf Autoren verwiesen, die außer ihm niemand kennt. Er war Direktor der argentinischen Nationalbibliothek und hat die Bibliothek von Babel entworfen, er hat das Lesen und vor allem das Wiederlesen auch dann noch als das eigentliche Leben betrachtet, als seine schwindende Sehkraft ihm das Lesen nicht mehr erlaubte. Borges und das Buch – das hat für gewöhnlich in einem Atemzug Platz. Doch es ist vielleicht weniger bekannt, daß der argentinische Dichter sich auch in die medienhistorische Diskussion um das Buch eingemischt hat: »Unter den verschiedenen Werkzeugen des Menschen ist das erstaunlichste zweifellos das Buch. Die anderen sind Erweiterungen seines Körpers. Mikroskop und Teleskop sind Erweiterungen des Sehens; das Telefon ist eine Erweiterung der Stimme; […] Aber das Buch ist etwas anderes: es ist eine Erweiterung des Gedächtnisses und der Phantasie.«[1]

Mit diesen Worten fügt Borges das Buch in die Wunderkammer der medialen Prothesen ein und weist ihm dort einen ganz besonderen Platz zu. Er spielt auf Ernst Kapps und McLuhans These von den Instrumenten als Verlängerungen der menschlichen Organe an,[2] biegt dann aber in eine andere Richtung ab. Das Buch ist nämlich keine Erweiterung eines Organs, etwa unseres Gehirns, sondern es wird selbst zum Organ geistiger Vorgänge, eben des Gedächtnisses und der Phantasie, und man möchte hinzufügen: auch des Denkens. Das Buch ersetzt das Gehirn nicht, wird aber zum zweiten, vielleicht zum eigentlichen Organ des Seelenlebens. Die Verinnerlichung geht so weit, daß Borges im Prolog zu der Essaysammlung, die auch den Text über *Das Buch* enthält, bekennt, dieses sei ihm »nicht weniger intim als Hände oder Augen«.[3] Das Buch wird somit zu einem Teil von uns selbst, dessen wir uns gar nicht entledigen können, ohne uns selbst zu amputieren.

Man kann diese radikale Anthropologisierung als polemische Spitze gegen McLuhans Apokalypse des Buches auffassen, die in eine deutliche Anspielung auf die Prognose des Medientheoretikers mündet: »Man spricht vom Verschwinden des Buchs; ich halte das für unmöglich. […] Ein Buch liest man, um es im Gedächtnis zu behalten.« Ich weiß nicht, wie viele Zeilen oder ganze Passagen Borges aus dem Gedächtnis hersagen konnte, aber hier geht es nicht darum, das einmal Gelesene beliebig abrufen zu können. Das Gedächtnis ist kein Archiv. Im Gedächtnis behalten heißt, zu einer erneuten Zusammenkunft mit dem Buch bereit zu sein, es wiederzulesen, und dann passiert das Wunderbare: »Das Buch [hat sich] verändert, das Beziehungsgefüge der Wörter ist ein anderes.«[4] In dieser Variabilität des Buches steckt seine eigentliche Kraft. Solange wir es aus dem Regal ziehen und wiederlesen können, sind wir lebendig, und erst die Vorstellung, das nicht mehr zu können, konfrontiert uns mit unserem eigenen Ende. Die letzten Zeilen des Gedichts *Grenzen* lauten: »unter den Büchern in meiner Bibliothek (ich habe sie vor mir) / ist eines, das ich nie mehr aufschlagen werde. / Diesen Sommer werde ich fünfzig Jahre alt; / der Tod verheert mich, unablässig.«[5]

Borges schwebte einmal eine Geschichte des Buches vor, die weit hinter Gutenberg zurückreichen sollte. Vielleicht hätte er den Buchdruck auch nur am Rande gestreift, denn in einem letzten Seitenhieb gegen McLuhan bezeichnet Borges den gedruckten physischen Gegenstand als indifferenten »Würfel aus Papier und Leder, mit Blättern«. Worum es ihm geht, sind die »unterschiedlichen Bewertungen, die das Buch erfahren hat«.[6] Als ob der Buchdruck für Starrheit und Monumentalität stünde, besteht das Faszinosum des Buches für Borges in seiner Flexibilität, seiner historischen Wandelbarkeit. Mit diesen Eigenschaften ist es für Denken, Phantasie und Gedächtnis des Menschen konstitutiv. Solange sich Menschen als historische Wesen verstehen und zwischen Vergangenheit, Gegenwart und Zukunft hin- und herwandeln, werden sie auf das Buch nicht verzichten. Das wäre die Gegenthese zu McLuhans Vorstellung vom Übergang des Gutenbergschen Lesers als Machtmenschen hin zum post-Gutenbergschen Informationskonsumenten (und -lieferanten) als Kommunikationstier. Im ersten Kapitel haben wir gesehen, daß McLuhans These vom erratischen Buchdruck einiges für sich hat, doch im Folgenden werde ich zeigen, daß auch Borges' Idee der Plastizität und Variabilität des Buches nicht von der Hand zu weisen ist. McLuhan hat sich mit seiner historischen Fixierung auf den Buchdruck festgelegt, Borges vermag mit seinem losen Bezug auf den Buchdruck den Denk- und Phantasieraum des Buches viel flexibler zu gestalten. Es geht nicht in erster Linie um Papyrus, Papier, Zelluloid oder Bildschirm, also auch nicht um eine Substituierung des einen Mediums durch das andere. Das Buch mag die Rationalität befördern, aber den Traum auch. Es mag Machtmenschen hervorbringen, aber auch Phantasten. Es mag dem Leser ein Erinnerungsgerüst verschaffen, ihn aber auch in neue Welten tragen. Diese Variabilität und Plastizität bezieht sich auf bestimmte Bücher und glückliche Leser, wie Borges einer war, sie läßt sich aber auch auf ganze Generationen von Lesern und Schreibern, auf literarische Bewegungen und kulturelle, wissenschaftliche und politische Entwicklungen anwenden.

Schreiben und Veröffentlichen, Lesen und Wiederlesen, universitäre Lektüreseminare und außeruniversitäre Lesegruppen, Verehrung oder Kritik eines Buches, seine Veränderung durch Übersetzungen oder durch Phasen intensiver bzw. ausbleibender Rezeption, Buchreihen als politisch-kulturelle Orientierungsgeber, die enge Verbindung von Verlagen mit bestimmten wissenschaftlichen Schulen oder Richtungen – all diese Aspekte lassen sich im Borgesschen Kosmos viel besser unterbringen als in McLuhans Gutenberg-Galaxis. Auch wenn der sich als unpolitisch verstehende, dabei nicht immer ganz sattelfeste argentinische Dichter wenig Gefallen an der Verknüpfung seiner Stichworte mit der Wissensgeschichte des Buches gefunden hätte, so zeigt sich dessen Variabilität gerade darin, daß seine Rolle für die Entstehung und Entwicklung intellektueller, politischer und wissenschaftlicher Dynamiken, für Emanzipation und Revolte, Engagement und Distanzierung, Beschleunigung und Etablierung ziemlich hoch zu veranschlagen ist. Das gilt auch heute noch. Für bibliophobe Netzenthusiasten wirkt das gedruckte Buch schrecklich alt. Drehen wir diese These einfach herum und behaupten: Nicht nur, daß das einzelne Buch sich durch wiederholte Lektüren verändert, altert und sich auch wieder verjüngen kann; auch im größeren Maßstab sind Bücher flexible und lebendige Organe, mit denen sich historische Bewegungen artikulieren. Ein historischer Schnelldurchlauf, der natürlich ohne den von Borges etwas an die Peripherie beförderten Buchdruck nicht auskommt, vermag das zu illustrieren.

Als Gutenberg und seine Schüler die Druckerpresse in Bewegung setzten, passierte erst einmal nichts Umstürzendes. Die klerikalen Eliten freuten sich, weil sie über ein elegantes Medium verfügten, um ihre Lehren weiterzuverbreiten und damit sogar noch Geld zu verdienen. Nicolaus Cusanus sprach von einer »heiligen Kunst«, als ob Gott selbst diese Technik auf die Erde geworfen hätte.[7] Erst nach einigen Jahrzehnten wurden Druckerzeugnisse zum Vehikel für radikal abweichende Ansichten. Die Reformation hätte ohne die vielfältigen Möglichkeiten zum Druck kaum eine solche Durchschlagskraft entwickelt, und auch der Humanismus war, so Kurt Flasch, »die erste literarische und kulturelle Bewegung, die vom Buchdruck wesentlich profitiert hat«.[8] Durch verschiedene Ausgaben und Übersetzungen antiker Texte veränderten sich Lese- und Rezeptionsmuster. Platon und Aristoteles mit der philologisch-kritischen Brille zu lesen führte zu neuen Erkenntnissen, Sichtweisen und intellektuellen Gravitationsfeldern.

Das Zeitalter der Wissenschaftlichen Revolution tat sich schwer mit dem Buch und diskreditierte es als Hort des aus der Antike tradierten, verstaubten Wissens, das der neuen Begeisterung für Beobachtung und Experiment im Wege stand. Allerdings hat schon Hans Blumenberg auf die Ironie hingewiesen, daß sich Wissenschaftler wie Galileo Galilei oder René

Descartes metaphorisch wieder auf das Buch bezogen – ganz zu schweigen davon, daß sie oder auch die englischen Naturphilosophen jener Zeit das Buch wählten, um den neuen Blick auf und in die Natur zu strukturieren und zu diversifizieren.[9] Bücher gestatteten es den intellektuellen Libertins und den Untergrundliteraten des 18. Jahrhunderts ihr prekäres Wissen und ihre *chroniques scandaleuses* zu formulieren und zu verbreiten;[10] Bücher weckten und unterhielten die Hoffnungen, Erwartungen und Emanzipationsbestrebungen, die im viktorianischen England mit dem Übergang von der älteren *natural philosophy* hin zur modernen *science*, in Deutschland nach der gescheiterten Revolution von 1848 mit der Popularisierung der Naturwissenschaften verbunden waren.[11] Nach dem Zweiten Weltkrieg wanderten die Geisteswissenschaften im großen Stil ins Taschenbuch ein und erhielten dadurch eine bis dahin unbekannte öffentliche Präsenz. Was in den sechziger und siebziger Jahren als Theorie firmierte, steckte in Taschenbüchern, deren physische Halbwertszeit oftmals deutlich unter derjenigen ihres Inhalts lag. Und auch John Brockmans Dritte Kultur ist vor allem anderen erst einmal ein Bücherphänomen, das in die Geschichte der *big business deals* mit schwindelerregenden Vorschüssen für noch nicht geschriebene Bücher gehört, die das amerikanische Verlagswesen dominieren.

Man kann Bücher als Ware und nichts anderes betrachten. Man kann Bücher als Kommunikationsinstrumente und Informationsspeicher ansehen, deren man sich so lange bedient, bis man bessere gefunden zu haben meint. Man kann Bücher, wie sie einem auf der Frankfurter Buchmesse begegnen, als unvorstellbare Masse empfinden und sich so verloren vorkommen wie Nietzsches kluge Tiere in einem abgelegenen Winkel des Weltalls. Man kann, umgekehrt, das einzelne Buch zur sorgfältig gestalteten Preziose aufwerten und in einer Buchreihe wie *Die andere Bibliothek* monatlich ein einziges Buch herausbringen; das ist nicht wenig, suggeriert aber, daß es auf jeden einzelnen Band ankommt. Man kann mit Borges die Intimität des gelesenen Buches darin sehen, daß es sich – immer wieder – verändert; und man kann, von Borges' Idee der Variabilität des

Buches ausgehend, Bücher, Buchreihen oder Verlagsinitiativen als Manifestationen eines eigenen Denkstils oder einer Wissenskultur ansehen, bei der wissenschaftliche und ästhetische Ansprüche zusammengehen. Das Buch als Ware und als Massenprodukt ist damit nicht suspendiert, aber doch eingebunden in eine Art von Projektdenken, das auf Neugierde, Klugheit, Mut und Schönheit setzt. Die gute Nachricht ist, daß es solche Projekte bis auf den heutigen Tag gibt. Eine neue Buchreihe wie die von Judith Schalansky herausgegebenen *Naturkunden* des Verlags Matthes & Seitz, mit feiner typographischer Handschrift gefertigt, bringt das massiv im Wandel begriffene Verhältnis von Mensch und Tier in einer Weise auf den Punkt, daß es schwerfällt, an den Untergang des Buches zu glauben.

Natürlich ist das nicht die ganze Geschichte. Man könnte mir, wenn schon nicht einen nostalgischen Blick zurück in die Jahre, in denen ich zufällig intellektuell sozialisiert wurde, aber doch vorwerfen, daß ich eine arg euphemistische Sichtweise vertrete. Falls Studenten im letzten Drittel des 20. Jahrhunderts die wichtigste Zielgruppe der geisteswissenschaftlichen Buchproduktion gewesen sein sollten, so kann darauf im heutigen Verlagsgeschäft, von ganz wenigen Ausnahmen abgesehen, niemand mehr bauen. Der Strukturwandel der Bildung hat längst vor der Ankunft des Internet eingesetzt, ist dadurch aber beschleunigt worden. Das Leseverhalten war noch nie uniform, und doch deutet manches darauf hin, daß sich das Lesen vom konzentrierten, vertieften Durcharbeiten ganzer Bücher mehr zu einer oberflächlichen und assoziativen Durchmusterung verschoben hat.

Die Verkaufszahlen für geisteswissenschaftliche Bücher insgesamt, und sogar für diejenigen der angesagtesten Autoren, Theorien und Themen, sind in den letzten Jahrzehnten kontinuierlich zurückgegangen. Gleichwohl gibt es so viele Bücher, daß der *information overload* mehr denn je nach *gate keepers* verlangt. Das ist ein bemerkenswert häßlicher Begriff, zumal er suggeriert, potentielle Autoren von der ersehnten Republik der Reputation fernhalten zu wollen. Ein profundes Mißverständnis: Es geht einerseits um Programmatik, Auswahl,

Verachtung der Beliebigkeit, Orientierung, Qualität, Beharr-
lichkeit und das Gespür für neue Ideen; andererseits um eine
sorgfältige Auseinandersetzung mit entstehenden Büchern
und deren Autoren, also – wie es der Lektor Günther Busch
einmal wunderbar formuliert hat – um eine »leise Verständi-
gung, die, sofern sie glückt, erst in den Büchern vernehmlich
wird«.[12] Eine solche Arbeit ist mit ausschließlich ökonomischen Interessen, Rationalisierung oder Saisonplanung und
auch mit purem Ermöglichungsenthusiasmus von unbegrenz-
ter Netzfreiheit nicht zu leisten.

Skrupellose Monopolisten wie Amazon setzen allen Verlagen, ob groß oder klein, mit immer drastischeren Rabattfor-
derungen erbarmungslos zu, wohl wissend, daß auch ein am-
bitionierter geisteswissenschaftlicher Kleinverlag mindestens
30 % seiner Umsätze über diesen Internetanbieter macht. Zu
E-Books werden erstaunliche Prognosen gemacht: Im Sach-
buchbereich sollen sie mehr als 50 % Marktanteile erobern,
in der Wissenschaft den Buchdruck gar nahezu vollständig
verdrängen.[13] Ich weiß es nicht, halte es aber immer noch für
unwahrscheinlich, daß Bücher wie Blumenbergs *Die Lesbarkeit der Welt* oder Foucaults *Die Ordnung der Dinge* bevorzugt
auf einem Rechner gelesen werden. Eher schon würde ich vermuten, daß solche Bücher überhaupt nicht mehr geschrieben
werden, aber selbst das scheint mir nicht allzu wahrscheinlich
zu sein.

Jeder der angeführten Punkte berührt ein ernsthaftes Problem für geisteswissenschaftliche Bücher, doch hoffnungslos
ist die Situation für das gedruckte Buch auch nicht, denn wie
sonst wäre es zu erklären, daß all diese Verlage, von denen noch
zu reden sein wird, und all diese Bücher überhaupt noch existieren? Das tun sie, und ich habe den Eindruck, daß die Phantasie sich gegenwärtig einmal mehr darauf richtet, das Buch mit
anspruchsvollen, originellen Texten sowie neuen Formen, Ge-
staltungen und Genres durchzulüften. Die Medienrevolution
ist eine Tatsache, das E-Book ist eine Tatsache, aber anstatt mit
McLuhan dem Buchdruck das letzte Sakrament zukommen
zu lassen, ist es angemessener, mit Borges der Variabilität und

Plastizität des Buches Rechnung zu tragen, und dabei spielen Papier, Prägnanz und Programmatik weiterhin eine zentrale Rolle.

Das *Goldene Zeitalter* des geisteswissenschaftlichen Buches

Die Entwicklung der geisteswissenschaftlichen Buchproduktion in den westlichen Ländern nach dem Zweiten Weltkrieg wird in der Regel als Teil jener größeren Geschichte gesehen, die vom Auf- und Niedergang eines Goldenen Zeitalters der akademischen Bildung und des Universitätswachstums erzählt. In einem lesenswerten Essay hat Louis Menand das Goldene Zeitalter in den USA als anhaltende Bildungsexpansion skizziert, die vor allem durch wirtschaftliches Wachstum, Baby-Boom und die welthistorische Konstellation des Kalten Krieges bedingt war.[14] Nur dieser letzte Punkt interessiert in unserem Zusammenhang. Im Wettkampf der politischen Systeme nach 1945 setzte die USA darauf, daß die Ausweitung von wissenschaftlich-technischer und historisch-kultureller Expertise sowie von dezidierter Grundlagenforschung und Allgemeinbildung einen entscheidenden Faktor im Kampf gegen den großen Rivalen im Osten darstellte. Bücher spielten in diesem Zusammenhang eine zentrale Rolle. Daß Generationen von amerikanischen Undergraduate-Studenten die kanonischen Bücher der abendländischen Tradition von Aristoteles und Descartes bis zu Nietzsche und Dewey – um nur diese zu nennen – durchpauken mußten, wird in der sprichwörtlichen Formel *From Plato to Nato* auf den Punkt gebracht: Die *großen Bücher* sollten dem Westen helfen, der sowjetischen Herausforderung erfolgreich zu begegnen.[15]

Wo die Bücher alter Meister aus politischen und kulturellen Gründen derart hohes Ansehen genossen, stand auch die Veröffentlichung neuer gelehrter Bücher unter einem günstigen Stern, zumal der Typus des Forschungsprofessors an amerikanischen Universitäten und Colleges zum Standardmodell wurde.[16] Das bedeutete für die Geisteswissenschaften, daß Bücher zu einem zentralen, wenn auch nicht dem einzigen Kriterium für eine erfolgreiche Universitätslaufbahn wurden. Universitäres Wachstum führte somit zwangsläufig zu mehr Büchern. Dementsprechend erhöhte sich die Zahl der Universitätsverlage zwischen 1960 und 2003 von 60 auf 96, und jeder einzelne Verlag erhöhte die Zahl der produzierten Titel. Zwischen 1963 und 1993 kam es zu einer durchschnittlichen Steigerung von 41 auf 88 Titel.[17]

Das Goldene Zeitalter der amerikanischen Universitätsverlage bestand also darin, daß sie ohne Rücksicht auf Gewinnmargen diejenigen Bücher veröffentlichen konnten, die sie für wissenschaftlich wertvoll hielten.[18] Für John B. Thompson stellten diese Verlage einen gewichtigen Akteur im Bildungsaufschwung des Kalten Krieges dar, zumal es für diese Bücher einen zwar beschränkten, aber doch lukrativen Markt gab. In den 1970er Jahren war es üblich, von einem akademischen Buch 2.000 oder gar 3.000 Exemplare zu drucken.[19] Die Gesamtauflage wurde zwar kaum je verkauft, aber zum einen waren die Forschungsbibliotheken zuverlässige Abnehmer fast der gesamten Verlagsproduktion, und zum anderen führte die Gründung von großen Ketten wie Barnes & Noble zunächst einmal dazu, daß auch akademische Bücher vermehrt im Buchhandel auftauchten. Dadurch wurden sie nicht zu Bestsellern, die ein breiteres Publikum jenseits der akademischen Klientel erreichten, doch innerhalb dieses Soziotops genossen sie ein hohes Ansehen.

Die Herrschaft des Buches hat diesen Verlagen einen im Grunde bis heute andauernden Einfluß auf die Geschicke der Universitäten verschafft, denn ob Wissenschaftler eine Festanstellung erhalten, hängt seit Jahrzehnten im Wesentlichen auch davon ab, ob sie ihre Bücher in einem solchen Verlag, am besten bei University of Chicago Press, Harvard oder Princeton University Press plazieren. Man braucht kein Ökonom zu sein, um zu verstehen, daß ein solches, an sich sinnvolles Selektionssystem von einigermaßen stabilen wirtschaftlichen Bedingungen der Verlage abhängt. Das aber war ab den achtziger Jahren zunehmend weniger der Fall, als nämlich die meisten Universitäten dazu übergingen, die jährlich anfallenden Verluste ihrer Verlage gar nicht mehr oder zumindest nicht in dem Umfang zu kompensieren wie bis dahin. Das zwang diese Verlage, auch nicht-wissenschaftliche, kommerziell einträgliche Bücher ins Programm zu nehmen, womit der Abstand zwischen ihnen und den kommerziellen Verlagen deutlich kleiner wurde. Dennoch besteht der Hauptunterschied zwischen den privaten und den Universitätsverlagen immer noch darin, daß letztere keinen Maßgaben für Gewinnspannen folgen müssen und sich auch nicht an dem ruchlosen Spiel um Verlagsvorschüsse in sechs- oder gar siebenstelliger Höhe beteiligen.

Es wäre falsch, aus den obigen Zahlen den Schluß zu ziehen, daß die Wachstumsentwicklung bei den geisteswissenschaftlichen Büchern ähnlich verlaufen wäre wie bei den naturwissenschaftlichen Zeitschriften. Im Gegenteil. Die Universitätsverlage fuhren bereits in den siebziger Jahren, als die Zeiten des ökonomischen Wachstums erst einmal vorbei waren, Verluste ein, aber das wurde allgemein noch nicht als gravierendes Problem angesehen. Verheerend für die geisteswissenschaftliche Buchproduktion waren die zu dieser Zeit einsetzenden dramatischen Preiserhöhungen für naturwissenschaftliche Zeitschriften, die die Bibliotheken dazu zwangen, immer mehr Anteile ihrer nicht oder nur gering ansteigenden Budgets in Journale zu investieren.[20] In wenigen Jahren schmolzen die Auflagenzahlen wie Wachstafeln in der Sonne. Kurz nach 2000 waren es laut Thompson ungefähr noch 600 bis 1.000 Exemplare pro Buch, der Verkauf blieb vielfach bei 400 bis 500 Exemplaren weltweit stehen, und inzwischen sind die Zahlen noch weiter nach unten gegangen.[21] Um nicht die privaten Buchkäufer zu vergraulen, wurden diese Einbußen nicht durch Preissteigerungen kompensiert. Sie verblieben unter der allgemeinen Teuerungsrate. All das geschah vor Open Access und vor Google Books, also zu einer Zeit, da Internet und digitaler Wandel noch als bevorstehendes Ereignis angesehen wurden.

Über den Abschied vom Goldenen Zeitalter ist viel geschrieben worden. Menand setzt als Wendepunkt das Jahr 1975 und führt eine Reihe von Gründen an, zum Beispiel die Verschiebung von disziplinärer Stabilität hin zu postdisziplinärer Flexibilität, verbunden mit dem Aufkommen neuer Felder wie Gender Studies oder Cultural Studies und neuen Generationen von Studierenden, die nicht mehr männlich und weiß dominiert waren. Nur deutet Menand dies glücklicherweise nicht als Niedergangssymptome, sondern als Transformation mit Chancen und Risiken. Die Krise des Buches ist damit nicht zu erklären, und selbst wenn die Verlage nach 1980 nicht mehr so guter Stimmung waren, haben die Wissenschaftler davon für über ein Jahrzehnt kaum etwas mitbekommen.

Erst um 2000 herum waren die Probleme für niemanden mehr zu übersehen, wie Robert Darnton in einem Beitrag für die *New York Review of Books* unmißverständlich hervorhob.[22] Der Würgegriff, in dem sich die Universitätsbibliotheken durch die STM-Zeitschriften befanden, zwang sie dazu, den Anteil ihres Budgets für Bücheranschaffungen von 50 % auf 25 % zu reduzieren. Allein schon in ökonomischer Hinsicht zog der naturwissenschaftliche Artikel dem geisteswissenschaftlichen Buch den Boden unter den Füßen weg, und Universitätsverlage reagierten auf diese veränderte Lage, indem sie mehr Bücher veröffentlichten, aber keineswegs nur wissenschaftliche Monographien, sondern einigermaßen sichere Verkaufserfolge wie Gartenbücher, praktische Anleitungen und regional ausgerichtete Bildbände. Gleichzeitig stellten sie wissenschaftliche Buchreihen ein und strichen ganze Disziplinen aus dem Programm. Solche Maßnahmen waren eine Reaktion darauf, daß das Angebot die Nachfrage bei weitem überstieg. Es bestand schlicht kein Bedarf (mehr) für so viele Bücher. Die nachrückenden, jüngeren Wissenschaftler produzierten jedoch unverdrossen weiter Dissertationen und Buchmanuskripte, die aber immer schwieriger in den Verlagen unterzubringen waren.

Über mögliche Gründe für die Deklassierung wissenschaftlicher Bücher ist in den USA viel diskutiert worden. Schon vor dem Ende des Kalten Krieges wurde eine unaufhaltsame Erosion von Bildungsidealen diagnostiziert, die zu einer Lese-

Idiosynkrasie bei den Studenten geführt hätte.[23] In schöner Regelmäßigkeit wird den Geisteswissenschaften auch seit Jahren vorgehalten, sich durch die postmoderne *Flucht aus Wissenschaft und Vernunft* einen selbstverschuldeten Autoritätsverfall eingehandelt zu haben.[24] Oder es wird Klage über das allgemein zersetzende neoliberale Klima der öffentlichen Meinung und den akademischen Kapitalismus der Universitäten geführt, die den Geisteswissenschaften die Luft zum Atmen nehmen.[25] Und so weiter. Nicht, daß die angeführten und manche weitere Gründe irrelevant wären.[26] Das Problem ist nur, daß man damit leicht zu einer Haltung verführt wird, die immer den anderen die Schuld zuweist. Dagegen ist vielleicht Folgendes zu bedenken.

Die Kultur der amerikanischen Universitätsverlage ist vielfach bewundert und zur Nachahmung empfohlen worden, und tatsächlich haben sie in der Vergangenheit (und manche bis in die Gegenwart) vieles richtig gemacht: kluge thematische Schwerpunktbildung, sorgfältige Auswahl der Manuskripte mit Peer Review und in der Regel äußerst hilfreichen Verbesserungsvorschlägen für die Autoren, gründliches sprachliches und inhaltliches Lektorat, ordentliche Buchgestaltung und ein professioneller Vertrieb. Weder in Deutschland noch in Frankreich konnten sich Autoren, von wenigen Ausnahmen abgesehen, je einer derart professionellen Betreuung erfreuen – was aber auch seine Kehrseite hat. Inhaltliche und formale Gestaltung der Bücher sind in den amerikanischen Universitätsverlagen so sehr vereinheitlicht worden und durch die Verlagsregeln vorgegeben, daß Überraschungen, Ausbrüche aus der Konvention, das Experimentieren mit neuen Formen und Formaten und Weiterentwicklungen des Genres der Monographie erheblich erschwert, wenn nicht unmöglich sind. Eine gewisse Langeweile stellt sich ein. Die Adressierung von Buchprojekten an Peers, die auch die möglichen Verlagsgutachter stellen, impliziert einen bestimmten Duktus des Denkens und Schreibens, der die Erschließung anderer Leserkreise unwahrscheinlich macht; und das ist die notwendige Konsequenz einer Praxis, die die Arbeit mit solchen Manuskripten ausschließlich an einen ausgewählten Kollegenkreis und nicht an Verlagslektoren delegiert, welche unterschiedliche Zielgruppen auf ihrem Radar haben. Die enge Verflechtung von Wissenschaftlern, Universitäten und Universitätsverlagen gibt neuen Akteuren, beispielsweise kleinen, mehr idealistisch als kommerziell orientierten Verlagen gar nicht erst die Chance, im Bereich wissenschaftlicher Sachbücher neue Wege auszuprobieren. Und sie hat den Nebeneffekt, daß Übersetzungen aus anderen Sprachen bis zur Bedeutungslosigkeit verkümmern, weil ihnen in diesem geschlossenen System kein sinnvoller Platz zugeordnet werden kann.

Die Professionalisierung frißt ihre Kinder. Der von Steven Shapin melancholisch als Hyperprofessionalismus bezeichnete Zustand entkoppelt die Geisteswissenschaften von jenem gesellschaftlichen und kulturellen Raum, der ihnen einen nicht unwesentlichen Teil ihrer Bedeutung verschaffen könnte – und das zumindest in Europa auch lange getan hat. Der Punkt ist nicht, reflexartig dieselben Fragen zu stellen, die gerade in der Gesellschaft kursieren, geschweige denn, die gleichen Antworten zu finden. Wohl aber geht es darum, plausibel zu machen, warum, und vor allem: für wen diese Fragen und Antworten relevant sind. Es hat den Anschein, daß dieses Bewußtsein bei der Professionalisierung der Geisteswissenschaften an den amerikanischen Universitäten und auch bei vielen daraus hervorgegangenen Büchern abhanden gekommen ist. Ich will nicht suggerieren, daß mit dem Publizieren akademischer Bücher alles noch in Ordnung wäre, wenn die Autoren, Universitäten und Büchermacher flexibler und offener gewesen wären, sondern nur darauf hinweisen, daß sich hier ein schwerfälliges Publikationsökosystem gegenseitiger Abhängigkeiten gebildet hat, dessen Fragilität sich unter veränderten politischen, ökonomischen und technologischen Bedingungen offenbart.

Natürlich ist zu bedenken, daß wissenschaftliche Bücher im 20. Jahrhundert – vom Goldenen Zeitalter abgesehen – nie ein besonders einträgliches Geschäft waren. Deswegen wurden die amerikanischen Universitätsverlage überhaupt gegründet: um die Publikation bedeutender Forschungen zu ermöglichen, die auf dem kommerziellen Buchmarkt zu wenig Chancen hatten. In Deutschland war es nicht anders: Eine der Tätigkeiten der nach dem Ersten Weltkrieg gegründeten Notgemeinschaft der deutschen Wissenschaft, des Vorläufers der Deutschen Forschungsgemeinschaft, bestand darin, den Druckkostenzuschuß für wissenschaftliche Publikationen einzuführen. Doch in dem Moment, da die amerikanischen Universitäten ihren nicht-kommerziellen Verlagen Profitdenken verordneten und selbst den Schwenk von einer wissenschaftlich-intellektuellen Kaderschmiede des Kalten Krieges hin zum akademischen Kapitalismus vollzogen, war es mit der Hausse des wissenschaftlichen Buches vorbei. Die Geschlossenheit des Systems zwischen Universitäten, Autoren und Verlagen wurde damit nicht aufgebrochen, doch setzten letztere vermehrt auf bereits etablierte Namen. Dadurch gerieten viele jüngere Autoren, die wegen ihrer ersten Stelle oder ihres Tenure-Verfahrens am dringendsten auf Verlagsverträge angewiesen waren, in die Bredouille.

Nach Robert Darnton machte auch Stephen Greenblatt eindringlich auf diese Gefahr aufmerksam und regte an, jungen Wissenschaftlern einen finanziellen Zuschuß für das erste Buch zu gewähren – was einem regelrechten Tabubruch gleichkam, weil solche Zuschüsse bei amerikanischen Wissenschaftlern, anders als in Deutschland, ein außerordentlich schlechtes Ansehen haben. Vor allem aber stellte er die grundsätzliche Frage, ob Bücher überhaupt einen so zentralen Stellenwert bei Berufungsverfahren haben sollten.[27] Auch das war eine Provokation, denn natürlich wußte niemand besser als Greenblatt, daß Monographien den Goldstandard für Beurteilung und Reputation von Geisteswissenschaftlern ausmachen.

Kurze Zeit darauf reagierte der American Council of Learned Societies auf die *crisis of the scholarly monograph* mit einer Denkschrift, in der Autoren aus unterschiedlichen Perspektiven eine Reihe von phantasievollen Vorschlägen zur Lösung des Problems machten: So regt Cathy Davidson an, daß die überteuerten STM-Zeitschriften von den Universitätsverlagen übernommen werden sollten. Lynne Withey, seinerzeit

Leiterin der University of California Press, will das kostenintensive Geschäft des Akquirierens, Begutachtens und Lektorierens von Buchmanuskripten vollständig den Wissenschaftlern überantworten,[28] und sie plädiert für die Einführung eines Subskriptionsmodells: Bücher werden gedruckt, wenn eine gewisse Anzahl von Bibliotheken sich verpflichtet, ein Exemplar zu kaufen; je mehr sich beteiligen, desto billiger wird das Buch. Und schließlich kommen auch digitale Publikationen ins Spiel. Schon Darnton hatte E-Books als Lösung des Problems angesehen, doch war bei ihm 1999 von Open Access noch keine Rede. Vier Jahre später sollte das ganz anders sein. Mit Nachdruck prophezeit John Unsworth, wie Stevan Harnad ein Veteran von Open Access, die Ablösung des gedruckten Buches zugunsten kollektiv entstehender, liquider, unabschließbarer, interdisziplinärer und frei verfügbarer »thematic research collections« (eine ziemlich altfränkische Umschreibung von multilinearen Hypertexten).[29]

Seitdem sind die Diskussionen um neue Geschäftsmodelle für die Universitätsverlage, gedruckte und elektronische Bücher, Open Access und experimentelle Publikationsformen, akademische Reputation und breitere Leserschichten nicht abgerissen. Es ist viel von der Zukunft die Rede, aber man wird den Eindruck nicht los, daß die Zukunft nicht recht beginnen will. Im STM-Bereich ist OA etabliert, bei geisteswissenschaftlichen Büchern nicht. Wissenschaftler schreiben weiterhin Bücher und bewerben sich damit an Universitäten, die auf dieses eingespielte Verfahren nach wie vor großen Wert legen. Die nicht-kommerziellen Universitätsverlage publizieren akademische Bücher wie eh und je und sind damit unsichtbare Mitglieder in fast jeder amerikanischen Berufungskommission. Damit erfüllen sie genau die Aufgabe, die zwar kostspielig ist, ihnen aber auch, bis jetzt zumindest, einen Teil ihrer Legitimation sichert.

Für Außenstehende mag es überraschend sein, in einem ansonsten so innovationsbestimmten Land wie den USA eine derart hartnäckige Persistenz vorzufinden. Das mag zur einen Hälfte Ausdruck einer gewissen Ratlosigkeit sein. In einem

Bericht für *The Association of American University Presses* räumten die Repräsentanten von elf Verlagen ein, daß das herkömmliche Geschäftsmodell nicht länger tragfähig sei, sie wußten aber auch nicht zu sagen, worin das neue bestehen könnte. Also flüchteten sie sich in den Plural und spekulierten über die Ablösung des bisherigen Modells durch eine Mischung aus alt und neu. Alt: Da ein Großteil ihres Umsatzes durch gedruckte Bücher zustande kommt, geht es darum, diesen Bereich weiter zu stärken. Neu: Hinter all die Experimente mit E-Books, Open Access, Subventionsmodellen oder neuen Textformaten wird ein großes Fragezeichen gesetzt, weil kein Modell sich bislang als tragfähig erwiesen hat.[30] Es verhält sich also nicht anders als in der Verlagslandschaft überhaupt: Niemand vermag so recht zu sagen, wie es mit dem Publizieren von Büchern weitergehen wird, doch das Selbstbewußtsein der Verlage ist ungebrochen, weil sie wissen, welchen Wert sie für das Wissenschaftssystem haben.

Und darin könnte die andere Hälfte der Erklärung für die gegenwärtige Situation liegen. Auch in wissenschaftlicher Hinsicht sind die neuen Modelle nicht allzu überzeugend. Wenn von der Zukunft des Buches die Rede ist, fällt auch den scharfsinnigsten Verlegern nichts anderes ein als eine Anpassung an die Generation Facebook: Die Kondensierung eines 300-Seiten-Buches auf 75 Seiten für das Tablet (und eine Aufblähung desselben Buches auf 700 Seiten mit allen möglichen Dokumenten, Quellen usw.); das Angebot an Leser, sich von den Texten eines Autors aus dem Verlagsprogramm einen eigenen Reader zusammenzustellen, analog zu den Playlists in der Musik, so daß man es am Ende mit einer Art iTunes geisteswissenschaftlicher Texte zu tun hat. Diese und ähnliche Vorschläge von Ken Wissoker, dem Direktor von Duke University Press, sind keineswegs ohne Charme, aber er weiß natürlich auch, daß die alleinige Berücksichtigung der Bedürfnisse des Publikums noch lange keine funktionierende Wissenschaft ausmacht.[31]

Wir können also zusammenfassen, daß die über Jahrzehnte gewachsene Herrschaft des gedruckten Buches und des damit verbundenen Geschäftsmodells ein höchst bemerkenswertes Paradox darstellt. Einerseits zukunftslos, andererseits so stabil, daß die Voraussetzungen für die Einführung von OA oder auch neue digitale Publikationsformate ganz andere als in den STM-Fächern und gegenwärtig eher ungünstig sind.

Soviel zur Situation in den USA. Wie sieht es in Europa aus? In Frankreich gibt es ein dem Kulturministerium unterstehendes Centre national du livre (CNL), dessen Vorläuferinstitution bis in das Jahr 1946 zurückreicht. Dessen einzige Aufgabe ist die nationale und internationale Förderung literarischer und wissenschaftlicher Autoren und Bücher, die als repräsentativ für die französische Kultur angesehen werden. Seit Jahrzehnten profitieren Verlage, Autoren und Bibliotheken vom »Staat als universellem Gnadenspender«.[32] Beispielsweise werden Bücher über Foucault finanziell ebenso unterstützt wie Übersetzungen seiner Werke in andere Sprachen, zum Beispiel die deutsche Ausgabe seiner Vorlesungen am Collège de France. Beunruhigt über Veränderungen auf dem Markt für Bücher, der auf einen erheblichen Auflagenrückgang im Bereich der *sciences humaines et sociales* hindeutete, gab das CNL ab 2003 mehrere Studien in Auftrag, auf die ich mich im Folgenden stütze.

Niemand wird sich gegen die Behauptung auflehnen, Paris sei nach 1945 für mehrere Jahrzehnte die Welthauptstadt der Geisteswissenschaften gewesen. Existentialismus, Phänomenologie, (historische) Epistemologie, Mentalitätengeschichte, Strukturalismus, Anthropologie, Psychoanalyse, Diskursanalyse, Semiotik, Soziologie, Poststrukturalismus, Dekonstruktivismus, Wissenschaftsforschung – all diese Disziplinen oder Bewegungen wurden von Paris aus neu gefärbt oder hatten dort ihren Entstehungsherd. Auch das ist als Goldenes Zeitalter bezeichnet worden, aber anders als in den USA, wo die Wissenschaften des Kalten Krieges eine Trennlinie zwischen Wissen und Macht zogen und den Idealen von Wertneutralität, Objektivität und Interesselosigkeit anhingen, galt in Paris – nicht bei allen, aber doch bei den prominentesten Repräsentanten – eine politische Agenda, welche auf öffentliche Einmischung setzte und eine Veränderung der Welt durch wissenschaftliche Ideen für möglich hielt.[33]

Diese Differenz des wissenschaftlichen Ethos spiegelt sich auch im Buchmarkt. Amerikanische Universitätsverlage produzierten bis weit in die siebziger Jahre hinein Bücher für die akademische Welt, und als sie angehalten waren, wirtschaftlicher zu arbeiten, nahmen sie auch Coffetable books in ihr Programm auf. Spezialisierte französische Verlage bedienten die universitäre Klientel ebenfalls, aber darüber hinaus nahmen Verlage wie Flammarion, Gallimard, Grasset, Le Seuil, Maspero (später La Découverte) oder Minuit Bücher in ihre Programme auf, die sich als wissenschaftliche Untersuchungen an ein akademisches Publikum richteten und zugleich als Teil einer politisch-emanzipatorischen Praxis verstanden wurden. Damit veränderten sich auch die Bücher selbst: Ihr Habitus entsprach mehr dem beweglichen Geist des Intellektuellen als der *krummgezogenen Seele* des Gelehrten, ihr Stil war mehr literarisch vibrierend als akademisch trocken, ihre Rezeptionskanäle waren mindestens so sehr die Massenmedien wie die Fachzeitschriften.

Nach Sophie Barluet, die den ersten Bericht für den CNL erstellte, beschränkt sich in Frankreich die Bezeichnung *L'âge d'or* auf die beiden Jahrzehnte zwischen 1960 bis 1980.[34] Als Gründe für diese Blüte lassen sich über die eben genannten hinaus dieselben wie in anderen Ländern anführen: Anstieg der Studierendenzahlen, Ausbau und Politisierung der Universitäten, der Glaube an den Erklärungswert und den gesellschaftlichen Nutzen großflächiger Theorien wie Marxismus und Strukturalismus, und natürlich kam in Paris die einzigartige Ansammlung charismatischer Meisterdenker hinzu. 1980 als Zäsur ergibt durchaus Sinn, wenn man die Todesdaten von Jean-Paul Sartre, Roland Barthes (beide 1980), Jacques Lacan (1981), Philippe Ariès und Michel Foucault (beide 1984) zum Maßstab nimmt.

Der Aufstieg der französischen Human- und Sozialwissenschaften war noch enger mit der Buchkultur verwoben als in den USA. Der große Erfolg der Annales-Schule bzw. der *nouvelle histoire* war zu einem nicht unerheblichen Teil einer strategisch geschickten Zusammenarbeit der Historiker mit verschiedenen Verlagen geschuldet, deren Produkte wiederum, die Bücher, in neu gegründeten Zeitschriften wie *L'Esprit*, *Le Nouvel Observateur* oder *Le Monde des Livres*, im Radio und Fernsehen diskutiert und verbreitet wurden.[35] Ein weiteres Markenzeichen war die Einbindung von intellektuellen Wissenschaftlern als Lektoren oder Verlagsberatern, was zur Konturierung und Verdichtung der Programme führte: Pierre Nora bei Gallimard, François Wahl bei Seuil, Fernand Braudel bei Flammarion oder Pierre Bourdieu bei Minuit. Diese Konstellation trug dazu bei, daß Bücher von Lévi-Strauss, Foucault, Barthes oder Bourdieu, denen man nicht vorwerfen kann, Inhalt und Stil leichtfertig einer breiten Leserschicht angepaßt zu haben, Verkaufszahlen erreichten, die den Verlagen satte Gewinne bescherten. Was zur Folge hatte, daß die Publikumsverlage auch sperrigere, spezialisiertere Bücher ins Programm aufnahmen und damit nicht einmal Verluste machten. Die Bücher, die sich nicht rechneten, wurden mittels Querfinanzierung durch die anderen mitgetragen.

Eine besondere Rolle spielte die *paperback revolution*, jener Siegeszug der Taschenbücher, der zur Demokratisierung des Wissens und Entsakralisierung des gelehrten Buches als Leinenschmöker führte. Ben Mercer hat die Konjunktur des geisteswissenschaftlichen Taschenbuchs in Italien, Frankreich und Westdeutschland miteinander verglichen und gezeigt, daß politisches Bewußtsein und Habitus der achtundsechziger Studenten ihre Fundierung, ihren Legitimationsausweis und ihr Lifestyle-Objekt in diesen Büchern fanden. In kommerzieller und medialer Hinsicht bedeutete das eine öffentliche Präsenz der *sciences humaines et sociales* wie nie zuvor und nie nachher in der jüngeren Geschichte.[36] Aber was kam nachher? Verschwanden die Bücher so schnell, wie sie aufgetaucht waren? Mit Rekurs auf Albert O. Hirschmans verführerische Theorie von *Engagement und Enttäuschung*[37] und auch mit den melancholischen Rückschauen einiger Achtundsechziger im Hinterkopf könnte man annehmen, daß sich das Publikum um 1980 desillusioniert von den Geisteswissenschaften und ihren Büchern abwendete, nachdem klar geworden war, daß deren Theorien nicht zum erhofften gesellschaftlichen Wandel geführt hatten. Dem war nicht so. Die goldenen Zeiten des Buchmarkts waren in Frankreich noch längst nicht vorbei. Mitte der achtziger Jahre wies der Verkauf human- und sozialwissenschaftlicher Bücher sogar deutlich nach oben, und erst 1994 erfolgte der Einbruch. Zu dem Zeitpunkt hatten die Geisteswissenschaften mindestens zwei weitere Diskursuniversen durchquert, und auch wenn das Internet für viele noch mehr Versprechen als Realität war, schien bei der nächsten Generation die Mission des Buches als materieller Garant von Intellektualität nicht mehr anzukommen. Nicht, daß nicht mehr gelesen wurde, aber Lesen als Ausweis einer bestimmten Lebenshaltung mit dem Buch als Leitobjekt war im alltäglichen Posthistoire nach 1989 von den Charmeoffensiven der visuellen Kultur verdrängt worden.

Solche Veränderungen, die ich hier nur knapp andeuten kann, führten in Kombination mit den finanziellen Engpässen der Bibliotheken dazu, daß die Auflagenzahlen mit gleicher Unerbittlichkeit schmolzen wie in den USA: bei Publikumsverlagen wie Fayard oder Gallimard waren sie um 2000 im Vergleich zu den besten Zeiten halbiert, bei La Découverte sank der Verkauf zwischen 1980 und 2003 von durchschnittlich 2.200 auf 600 Exemplare pro Titel. Man reagierte mit einer Erhöhung der jährlichen Titelzahlen (von 4.441 auf 6.324 zwischen 1995 und 2002), was unterm Strich sogar eine Umsatzsteigerung von 5 % ergab.[38] Für den Buchmarkt war das nicht wirklich alarmierend, weil in anderen Bereichen wie Jura, Ökonomie, Sozialwissenschaften und Sachbüchern zum Zeitgeschehen die Zuwächse erheblich höher ausfielen. Doch die Humanwissenschaften, insbesondere die bis dahin so erfolgreichen Geschichtswissenschaften verloren an Terrain. Erst an diesem Punkt kam es zu einer Dissoziation zwischen erfolgreichem Buchmarkt und geisteswissenschaftlicher Buchkultur. Die Publikumsverlage wendeten sich anderen Bereichen zu, um ihre Umsätze zu gewährleisten, und vor allem jüngere

Wissenschaftler waren angehalten, ihre Bücher in spezialisierten Verlagen unterzubringen, was Subventionen voraussetzte und ein Verschwinden aus den Schaufenstern der Buchhandlungen zur Folge hatte.

Ähnlich wie in den USA wurden diese Entwicklungen auch in Frankreich mit einer Mischung aus Selbst- und Kulturkritik kommentiert, allem voran von der notorischen Sorge getrieben, daß die französische Kultur weltweit immer weiter an Einfluß verliert. Barluet bringt dazu eine hübsche Anekdote. Als Roger Chartier, unbestritten einer der großen Buchhistoriker der Gegenwart, seinen amerikanischen Lektor von Princeton University Press traf, berichtete dieser, wie gut sich die Übersetzung eines Buches von Chartier verkauft habe. *Wie gut?*, hakte der Historiker nach und erhielt zur Antwort: 300 Exemplare in zwei Jahren.[39] Dazu wäre viel zu sagen. Zum Beispiel, daß das mehr über lokale Entwicklungen des akademischen Binnenmarkts in den USA aussagt als über die wissenschaftliche Qualität eines Autors wie Chartier. Es handelt sich hier um keinen Einzelfall, und es betrifft keineswegs nur französische Autoren. Umgekehrt gilt aber auch, daß es Übersetzungen ausländischer Autoren in Frankreich mindestens ebenso schwer haben, womit man wiederum bei den französischen Zuständen wäre, die in diesem Punkt von rigoroser Selbstgenügsamkeit bestimmt sind.[40]

Als die Krise des geisteswissenschaftlichen Buchmarkts, fast zur gleichen Zeit wie in den USA, kurz nach der Jahrtausendwende ausgerufen wurde, erklärten prominente Intellektuelle sie in erster Linie mit einem Strukturwandel der akademischen Gewohnheiten und dann erst mit dem sich beschleunigenden digitalen Medienwandel. Tugenden wie Neugierde, ungerichtete Lese- und Entdeckungslust, so die Klage, würden durch Nützlichkeitserwägungen und Fokussierung auf eiligen Informationsgewinn ausgehöhlt. Marcel Gauchet spricht von einer »incuriosité collectif«, die das Resultat einer immer weiter voranschreitenden Spezialisierung der Forschung darstelle und sich von den Professoren auf die Studenten übertragen habe. Pierre Nora glaubt an einen Bumerangeffekt der Bildungsexpansion und argwöhnt, daß die Studentenschwemme zum Rückgang der Lesezeit geführt habe und die individuelle Bibliothek durch das Internet abgelöst worden sei.[41] Und beide kritisieren, daß das universitäre System junge Wissenschaftler dazu zwinge, ihre Untersuchungen zwar auf hohem Forschungsniveau, aber in einem stilistisch haarsträubenden Zustand zu publizieren.

Dazu zieht Nora nach 40 Jahren Tätigkeit für Gallimard seine ganz eigene Bilanz. Früher sei ein großer Autor mit einem 300seitigen, gründlich durchgearbeiteten und glänzend geschriebenen Manuskript zu ihm gekommen und habe sich sogar noch für dessen Unvollkommenheit entschuldigt. Wenn von dem Buch dann 30.000 Exemplare verkauft worden seien, habe der Autor ihn zum Abendessen eingeladen und sich für den überraschenden Erfolg bedankt. Heutzutage erwarte ein Autor einen Verlagsvertrag, ohne eine einzige Zeile abgeliefert zu haben. Das Manuskript werde mit Verspätung abgeliefert und umfasse 600 Seiten, die so schlecht geschrieben seien, daß man jeden Satz umformulieren müsse. Dann erwarte er eine zügige Publikation, und wenn das Buch 800 Exemplare verkaufe, mache der Autor die mangelnde Öffentlichkeitsarbeit des Verlags dafür verantwortlich.[42]

Tristesse oblige. Wer in den siebziger Jahren Bücher von Michel Foucault, Georges Duby oder Michel de Certeau betreuen konnte, hat guten Grund, ein elegisches Stimmungsbild zu zeichnen. Doch ist das auch jenseits des persönlichen Verlustgefühls Grund, von einem Niedergang zu reden? Oder handelt es sich eher um das zwangsläufig eintretende Ende einer historisch außergewöhnlichen, wenn nicht einzigartigen Konstellation? Dazu nur eine kurze Überlegung: In Frankreich machte man, wie in anderen westlichen Ländern auch, die Erfahrung, daß die große Bildungsoffensive nach dem Zweiten Weltkrieg, welche eine beispiellose Expansion der Geisteswissenschaften bedeutete, kurz- und mittelfristig wohl mehr Autoren und Leser ergab, keineswegs aber mit einer Vermehrung der hommes des lettres und der großen Bücher einherging. Historische Konstellationen wie diejenigen im Paris der sechziger bis achtziger Jahre, denen Nora nachtrauert, sind nicht auf Dauer zu stellen. Das waren sie nie. Die wenigen Jahrzehnte des gleichzeitigen Wirkens von Kant, Goethe, Lichtenberg, Blumenbach, Fichte, Hegel, Schelling, den Schlegels und den Humboldts brachten eine Explosion von Produktivität mit sich, die aber so gut wie vorbei war, als die deutschen Universitäten seit der Gründung der Berliner Universität 1810 einen fabelhaften Aufschwung nahmen.

Es sei dahingestellt, ob die Einschätzungen so einflußreicher Persönlichkeiten wie Gauchet oder Nora repräsentativ für die französische Intellektuellen-Landschaft waren, immerhin bildeten sie die Grundlage für das, was im Bericht an das CNL als Erklärung angeboten wurde.[43] Darüber hinaus waren diese Deutungen nicht so weit von denen entfernt, die zur gleichen Zeit auch in den USA kursierten. Unterschiede zeigen sich eher in den therapeutischen Vorschlägen zur Verbesserung der Situation. So tauchen in Barluets Bericht digitale Publikationen als Herausforderung, Gefahr, Chance und vor allem als uneingelöstes Versprechen auf. Folgerichtig ist Open Access auch, anders als in den USA, kein vordringliches Thema. In den Empfehlungen an das CNL steht 2004 das gedruckte geisteswissenschaftliche Buch noch ganz im Vordergrund, und das bedeutet Intensivierung und Spezifizierung der finanziellen Förderung und eine genauere Qualitätskontrolle der vorgeschlagenen Buchprojekte. Mit dieser auf Bestandswahrung zielenden Einstellung war dem grundlegenden Wandel akademischer Publikationen auch in Frankreich nicht beizukommen. Die Verkaufszahlen für Bücher sind weiter gesunken,[44] die vom Centre pour l'édition électronique ouverte betriebenen Plattformen *openedition* und *revues.org* gehören zu den überzeugendsten geisteswissenschaftlichen Plattformen für digitale Publikationen, und auch die CNL fördert inzwischen E-Books genauso wie gedruckte Bücher.

Der Begriff des Goldenen Zeitalters bezeichnet in Frankreich und in den USA also zwei unterschiedliche Phänomene: einmal die außerordentliche Wirkung der Bücher von einigen geisteswissenschaftlichen Mandarinen in Paris, in deren Gefolge auch die Werke nicht ganz so fulminanter Intellektueller und Akademiker ein breiteres Publikum erreichten; und einmal die Etablierung der Geisteswissenschaften als intellektuelle Grundlage für alle Studierenden an den amerikanischen Hochschulen, verbunden mit einem wachsenden Markt für geisteswissenschaftliche Bücher, wobei diese hauptsächlich in universitären Kreisen verblieben. Die französischen Autoren hatten eine starke, die amerikanischen eine schwächere Tendenz zur politischen Intervention. Die französischen Bücher erschienen in kommerziellen Verlagen, die amerikanischen überwiegend in nicht-kommerziellen Universitätsverlagen. Eine Institution wie das CNL, mit dem sich der Staat aktiv in die Belange des akademischen Buchgeschäftes einmischt, wäre in den USA bis heute undenkbar. Doch so wenig Verständnis man dort für subventionierte Bücher aufbringen konnte und kann – sie werden gern als »vanity publishing«[45] bezeichnet –, eine indirekte Subventionierung war auch in den USA dadurch gegeben, daß die Universitäten jahrzehntelang die Verluste ihrer Verlage auffingen. Als das aufhörte und Verlagsprogramme zusammengestrichen wurden, bekamen nicht nur junge Autoren Mühe, für ihre Bücher einen Verlag zu finden. Dieses Problem wurde in Frankreich mit vermehrten Subventionen gemildert.

Angesichts dieser Differenzen erscheint der Begriff des Goldenen Zeitalters für eine allgemeine Beschreibung der Situation des geisteswissenschaftlichen Buches nach dem Zweiten Weltkrieg wenig tauglich zu sein. Akteure haben ihn hier wie dort benutzt, um am gefühlten Ende einer imposanten Phase von Produktivität, Wachstum, öffentlicher Präsenz und Ansehen der Geisteswissenschaften Rückschau zu halten. Und was kam danach? Bevor ich mich dieser Frage zuwende, möchte ich einen Blick auf die Situation in Deutschland werfen, wo in diesem Zusammenhang nie vom Goldenen Zeitalter die Rede war und analog dazu die Krisenprosa auch eher verhalten blieb. Natürlich, die Krise der Geisteswissenschaften, der Universitäten, der Forschung, der Lehre, der Nachwuchsförderung sind ein Dauerbrenner, aber lange Zeit schien sich das Buch trotz aller Anfechtungen tapfer behaupten zu können. Bedauerlicherweise liegen über Auflagen- und Preisentwicklungen im Bereich der Geisteswissenschaften meines Wissens keine Untersuchungen vor, was in einem Land mit einer so reichhaltigen Buch- und Buchhandelsgeschichte überrascht. Was Barluet, Thompson oder Greco für Frankreich und die USA rekonstruiert haben, läßt sich für Deutschland bislang erst in Ansätzen identifizieren. Eine Untersuchung wie die von Olaf Blaschke, die sich auf die Geschichtswissenschaft im deutsch-englischen Vergleich konzentriert und zu dem überzeugenden Ergebnis kommt, daß in den letzten Jahrzehnten bei den geschichtswissenschaftlichen Buchpublikationen zwar erhebliche Strukturveränderungen zu verzeichnen sind, von einer Krise jedoch keine Rede sein kann, ist eine Ausnahme.[46] Insofern geht es nicht ohne Spekulation und Anekdote.

Auch wenn es in Deutschland[47] nie diese Pariser Konzentration intellektueller Leitfiguren und kein Centre national du livre gegeben hat, sind die strukturellen Ähnlichkeiten mit Frankreich größer als mit den USA: starke, wenn auch dezentral organisierte staatliche Subvention von Büchern und Bibliotheken; keine Universitätsverlage, sondern kommerzielle und vielfach Publikumsverlage, die für die öffentliche Wahrnehmung und Diskussion geisteswissenschaftlicher Bücher jenseits einiger Bestseller sorgen; die zentrale Rolle des Taschenbuchs in diesem Zirkulationsprozeß; Publikationszwang für Qualifikationsarbeiten, die in den USA bereits vor dem Peer-Review-Prozeß aussortiert worden wären; eine Spannbreite an Verlagen, die in einer klaren Reputationshierarchie angeordnet ist; dennoch haben auch die renommiertesten Verlage nicht so viel Macht, daß sie einen unsichtbaren Sitz in universitären Berufungskommissionen einnehmen könnten. Was an Besonderheiten des geisteswissenschaftlichen Buchmarkts in Deutschland bleibt: eine Vielfalt an Übersetzungen aus anderen Sprachen, die in Frankreich und der angloamerikanischen Welt unbekannt ist.

Der Aufstieg der Geisteswissenschaften nahm seinen Anfang in Deutschland, so meine These, mit ihrer Einwanderung ins Taschenbuch, und zwar – anders als es Ben Mercers Analyse der *Paperback Revolution* nahelegt – lange vor den sechziger Jahren. Entscheidend dafür waren die im S. Fischer Verlag erscheinende Reihe *Bücher des Wissens* (seit 1952) und mehr noch die von dem Philosophen Ernesto Grassi begründete Reihe *rowohlts deutsche enzyklopädie* (seit 1955). Beide Verlage waren dem breiten Publikum aus der Zeit vor 1933 als führende Literaturverlage bekannt, die vereinzelt Sachbücher publizierten; beide machten das Taschenbuch in der neu gegründeten Bundesrepublik rasch zu einem großen verlegerischen Erfolg.[48] Der wichtigste Unterschied zwischen den beiden Reihen bestand darin, daß bei Fischer viel mehr Bände als Einführungen für ein nicht-akademisches Publikum konzipiert waren und nur die Minderheit auch an ein Fachpublikum adressiert war. Bei *rde* war es umgekehrt.

Es ist heutzutage nicht einmal mehr vorstellbar, daß Bücher von Autoren wie Margret Boveri, Hugo Friedrich, Arnold Gehlen, Johan Huizinga, Margaret Mead oder David Riesman – die Liste ließe sich leicht verlängern – in wenigen Jahren über 50.000 Exemplare, von José Ortega y Gasset, Helmut Schelsky und Hans Sedlmayr sogar über 100.000 Exemplare absetzten. Möglich war das natürlich nur, weil sich seit den fünfziger Jahren eine üppige Landschaft von großen und kleinen Buchhandlungen und sogar Bahnhofsbuchhandlungen bildete, die ein breites Repertoire auch an geisteswissenschaftlichen Taschenbüchern vorrätig hatte. Auch wenn eine fundiertere Einbeziehung der Geschichte des Buchhandels über den hier gesteckten Rahmen hinausgehen würde, sei wenigstens angemerkt, daß es Jahrzehnte vor den Buchhandelsketten und Internetanbietern ein dichtes Netz von Buchhandlungen gab, das es Lesern ermöglichte, die gewünschten Bücher in ihrer örtlichen Buchhandlung sofort zu kaufen oder wenigstens am nächsten Tag abholen zu können. Dieses System hatte entscheidenden Anteil an der Verbreitung der Geisteswissenschaften. Die Bände von *rde* waren alles andere als Popularisierungen oder Einführungen (die gab es bei *rde* natürlich auch), es handelte sich um thesenstarke, glänzend geschriebene, zwischen Essay und gelehrtem Text changierende Forschungsarbeiten, die auch in akademischen Kreisen diskutiert wurden. Öffentliche Adressaten dieser Bücher waren nicht in erster Linie Studenten, sondern starke, lesebereite Minderheiten einer in Bildung begriffenen Gesellschaft, die sich nach dem geistigen Vakuum des Nationalsozialismus auf der Suche nach einem Platz in der neuen politisch-kulturellen Ordnung befand.

Dazu hatten beide Buchreihen etwas anzubieten: Die *Bücher des Wissens* mit einem breiten Spektrum, das von Hippokrates und Plotin über Knigge und Freud bis hin zu Joachim-Ernst Berendts *Jazzbuch* und Walther Hofers Dokumentensammlung *Der Nationalsozialismus* quasi alle Bereiche des alten und neuen Wissens berücksichtigte und die Klassiker des Abendlandes neben die neuesten Entwicklungen und Tendenzen stellte. Die philosophischen Klassiker wurden in leserfreundlichen Auswahlausgaben vorgestellt, und die zeithistorische Erschließung der nationalsozialistischen Barbarei bildete über Hofers Anthologie hinaus einen Schwerpunkt dieser Reihe.[49] In *rowohlts deutscher enzyklopädie* bildete Deutschlands zivilisatorisches Fiasko, das dieser Reihe zumindest implizit seinen Stempel aufgedrückt hatte, eine eklatante Leerstelle. Statt dessen bestand Grassis Strategie darin, den in Deutschland so hartnäckigen Gegensatz zwischen Kultur und Zivilisation aufzuweichen und die humanistische europäische – und insbesondere die deutsche – Tradition mit der neueren technologisch-pragmatischen Tradition der USA, die bis dahin als unversöhnliche Gegensätze aufgefaßt worden waren, zu einem auskömmlichen Miteinander zu bringen. In den Hochzeiten des Kalten Krieges, als es darum ging, die nachwachsenden Bildungsschichten der Deutschen zu *verwestlichen*, ohne gleich mit den traditionellen Orientierungsangeboten zu brechen, ging diese Rechnung auf.[50]

Man kann diese beiden Buchreihen als unterschiedlich konzipierte Bestandteile eines intellektuellen Rezivilisierungsprogramms mit eingebautem Geldautomaten für die Verlage verstehen, was den Geisteswissenschaften einen erheblichen Verbreitungs- und Ansehensschub verschaffte. Diese erfolgreiche Verbindung von Geld und Geist war in den späten fünfziger Jahren einigen Kommentatoren durchaus suspekt. In Adornos Kritik des Taschenbuchs als Massenprodukt im Schnittfeld von technischer Entwicklung und ökonomischem Interesse schwingt die Sorge mit, daß es kein richtiges Denken in der falschen Ware geben kann: Der geistige Gehalt des Buches verändert sich durch massenhafte Verbreitung zu seinen Ungunsten. Endstation Halbbildung.[51] Enzensberger benannte das Kind dann gleich beim Namen. Am Beispiel eines Bandes aus *rowohlts deutscher enzyklopädie* ätzte er, ein Taschenbuch werde »in riesiger Auflage gedruckt und verkauft […], ohne im Bewußtsein des Publikums eine Spur zu hinterlassen«.[52] Und mehr noch, er warf Grassi vor, ein Sammelsurium an Themen und Genres wie Essay und Handbuch, Einführung und Liebhaberei nebeneinanderzustellen, das weder dem Begriff der Enzyklopädie noch einer kohärenten Buchreihe gerecht werde. Das war nicht ungerechtfertigt, hätte allerdings mit noch größerer Berechtigung gegen Fischers *Bücher des Wissens* gewendet werden können. Enzensbergers Selektivität in diesem Punkt mag dadurch begründet sein, daß Fischer wichtige Bücher zum Nationalsozialismus herausbrachte und die Rückkehr Freuds und Kafkas in die deutsche Sprache orchestrierte, während *rde* mit einer erstaunlichen Mischung von Emigranten und ehemaligen Faschisten (Grassi selbst vor allen anderen), von linken und rechten Autoren eine neue Gelehrtenrepublik bildete, die den Eindruck erweckte, als wäre nur ein paar Jahre zuvor nichts gewesen.[53]

Die Kritik an der kapitalistischen Massenproduktion des geisteswissenschaftlichen Taschenbuchs wurde nicht zuletzt wegen der Prominenz der Autoren durchaus zur Kenntnis genommen und wurde auch in Frankreich und Italien mit ähnlicher Schärfe artikuliert.[54] An der weiteren Verbreitung dieser Bücher änderte das jedoch gar nichts, zumal sich in diesen Jahren das geistige Klima zu wandeln begann. 1962 verteidigte Habermas, der ansonsten dem Kulturkonsum ebensowenig abgewinnen konnte wie Adorno, das Taschenbuch mit der Bemerkung, daß »der Markt die emanzipatorische Funktion«

dieser Bücher fördere, weil er es einem immer größeren Publikum ermögliche, sie für wenig Geld zu erwerben. Wissen soll möglichst vielen Menschen zur Verfügung stehen, ohne dabei zu verflachen: »Der Inhalt der Taschenbücher bleibt von Gesetzen des Massenumsatzes, dem sie ihre Verbreitung verdanken, im allgemeinen unberührt.«[55]

Indem Habermas die emanzipatorische Kraft des Taschenbuchs für eine kritische Öffentlichkeit und für eine Demokratisierung des Wissens reklamierte, läßt sich seine Position ziemlich genau auf der Achse der aufklärerischen Ideale zwischen Condorcet und Open Access eintragen. Taschenbücher wurden nicht umsonst verteilt, aber sie waren auf dem kapitalistischen Markt so günstig, daß auch Schüler und Studenten sie sich leisten konnten. Und sie leisteten sich die Bücher. Als der Suhrkamp-Verleger Siegfried Unseld im Frühjahr 1962 die Universitätsbuchhandlungen in Tübingen besuchte, war er entzückt über die »geistige Aufgeschlossenheit« und den »Hunger« der Studenten, die er dort beobachtete: »Die billigen wissenschaftlichen Reihen, die Taschenbücher und Sonderausgaben wurden fleißig examiniert und durchstöbert. Auch von diesem Besuch her weiß ich, wie richtig es ist, grundlegende philosophische Texte zu Preisen vorzulegen, die eben für den kleinen Geldbeutel erschwinglich sind.«[56] Das schrieb er ausgerechnet an Adorno, der kurz zuvor noch moniert hatte, daß klassische Texte in preiswerten Taschenbuchausgaben die Halbbildung beförderten. Unseld plante zu dieser Zeit die *edition suhrkamp*, in der Literatur und Kritische Theorie, Philosophie und Ästhetik, Sozialwissenschaften und Politik eine ganz neue Verbindung eingingen. Der Verleger versprach sich von der Buchreihe in den legendären Regenbogenfarben gewiß, daß sie bei den Studenten ankommt. Doch er konnte kaum voraussehen, daß sie geradezu emblematisch für den Aufbruch einer neuen Generation stand, für Selbstbewußtsein und Intervention, um die Koordinaten für das gesellschaftliche Miteinander neu zu ziehen. Und sie war unvergleichlich erfolgreich, nicht zuletzt mit Autoren wie Adorno, Habermas und Enzensberger.

Das Suhrkamp-Märchen ist von Zeitzeugen wie Historikern häufig erzählt worden.[57] Deswegen nur einige Bemerkungen. Von den ersten 1.642 Bänden wurden bis 1993 34 Millionen Exemplare verkauft. Zwar waren Brecht und Frisch die Auflagengiganten, aber die theoretische Orientierung der Reihe zeigt sich allein schon darin, daß 1.020 Titel, also mehr als 60 %, aus den Geistes- und Sozialwissenschaften kamen, und zwar überwiegend Originalausgaben bzw. Erstübersetzungen fremdsprachiger Titel.[58] Die Auflagenhöhen dieser Bände müßten genauer analysiert werden, aber viele von ihnen dürften im hohen vierstelligen oder fünfstelligen Bereich kalkuliert worden sein. Nach wenigen Jahren war klar, daß die *edition suhrkamp* den Bedarf an Theorie und Ästhetik, ökonomischer Analyse, Politik- und Sozialwissenschaft gar nicht allein bewältigen konnte. Also gründete der Verlag weitere Buchreihen, erst *Theorie*, später *suhrkamp taschenbuch wissenschaft*, und andere Verlage wie Hanser, Luchterhand, Wagenbach oder Ullstein legten sich ebenfalls ambitionierte, marxistisch geprägte Taschenbuchreihen zu.

Nie waren die Geisteswissenschaften sichtbarer als in jenen Jahren. Ihre Bücher zirkulierten zwischen Forschung, Seminar und öffentlicher Diskussion, und sie waren Instrumente zur Kartierung politisch-kultureller Felder. Noch im Abstand von einigen Jahrzehnten notierte der Hanser-Verleger Michael Krüger, daß »in den sechziger und siebziger Jahren die intellektuelle Stunde des Buches [schlug]. Das Buch war – zum ersten und zum letzten Mal – zu dem Kommunikationsmittel geworden, das alle anderen, und vor allem Radio und Fernsehen, in den Schatten stellte. [...] Man las nicht nur Bücher, sondern die ganze Welt.«[59] So spricht ein Zeitzeuge, für den seinerzeit *edition suhrkamp*, *Edition Voltaire* oder *Sammlung Luchterhand* einen ähnlichen Kultstatus einnahmen wie für die heutige junge Generation Smartphone oder Tablet. Anscheinend braucht es generationenweise nur das richtige Medium, um sich – wenigstens für einige Zeit – in dem Glauben zu wiegen, man könne die ganze Welt lesen (und verändern). Dabei ist Krügers Hinweis auf die audiovisuellen Medien völlig einsichtig, denn im Vergleich zu Gestaltung und Inhalt der Bücher, zu Diskussionen und anderen Aktivitäten, die sie auslösten, war das Fernsehen in den sechziger Jahren so schmackhaft wie grüner Salat, der mit Livio, Billigessig und Zucker angemacht wurde. Abgesehen davon waren Fernsehgeräte zu der Zeit für Studenten eher unerschwinglich.

Die umfassende Bildungsoffensive, die in den siebziger Jahren zu einer Explosion der Studierendenzahlen und einer beispiellosen Expansion der Geisteswissenschaften führte, hat von diesem Bücherkult einiges mitgenommen, doch sie war nachgeordnet, keineswegs der Verursacher. Die Taschenbuchreihen, Paperbacks und Broschüren waren früher da, und das war eine genuine Leistung von Verlagen und Autoren, nicht von Universitäten, Akademien oder subkulturellen Bewegungen (auch wenn etliche Verlage und einige Raubdrucker aus diesen hervorgingen). Damit verdienten die Verlage – weniger die Autoren – zweifellos viel Geld, aber die Unterscheidung zwischen Massenprodukt und elitärem Kulturgut, die sich seit Nietzsche am Buch festgemacht hatte, war damit – vorerst zumindest – hinfällig. Dabei ging der Erfolg der Taschenbücher nicht auf Kosten der teureren gebundenen Bücher. Die ambitionierten Publikumsverlage verkauften wissenschaftliche Bücher auch im Hardcover und im Paperback, konzipierten thematische Schwerpunkte, engagierten – wie in Frankreich – akademisch beschlagene Lektoren für ihre Wissenschaftsprogramme bzw. holten sich ausgewiesene Wissenschaftler als Berater ins Haus. Der keineswegs immer konfliktfreie Zusammenschluß aus Geschäftsleuten, intellektuellen Lektoren und Wissenschaftlern bildete das Getriebe dieser Verlage und führte in sehr anderer Weise als bei den STM-Zeitschriften zu einer Verschränkung von symbolischem und ökonomischem Kapital.

Nicht alle, aber etliche Disziplinen, Wissensbereiche und Schulrichtungen fanden in verschiedenen Verlagen ihre physiognomische Statur: Psychoanalyse (Fischer, Suhrkamp, Kindler), Kritische Theorie (Suhrkamp), Kunsttheorie und -geschichte (DuMont), Literaturwissenschaft (Suhrkamp, Rowohlt, Ullstein, Hanser), Anthropologie als Sammelbegriff für Bereiche von der Ethnologie bis zur Kultur- und Wissenschaftsgeschichte (Hanser), Wissenssoziologie und Systemtheorie (Suhrkamp), Geschichte des Nationalsozialismus (Fischer), Sozial- und Gesellschaftsgeschichte (Vandenhoeck & Ruprecht, Beck), Filmwissenschaft (Hanser). Diese Aufzählung erhebt keinen Anspruch auf Vollständigkeit, aber sie zeigt die Spannbreite dessen, was in den letzten Jahrzehnten des 20. Jahrhunderts unter dem Dach der Geisteswissenschaften Platz fand. Die Psychoanalyse beispielsweise wäre vor 1933 und noch in den fünfziger Jahren kaum zu den Geisteswissenschaften gezählt worden, und seit vielleicht zwanzig Jahren tut das auch kaum noch jemand. Doch in den Jahrzehnten dazwischen stellte sie gerade in Verbindung mit dem Marxismus einen ganzen Werkzeugkasten für individuelle und gesellschaftliche Emanzipation dar.

Ähnlich wie in Frankreich hatte auch in Deutschland die Theorie, welche zum Motor der gesellschaftlichen Veränderung avanciert war, ein Ablaufdatum. Nehmen wir wiederum die Zeit um 1980 als Referenzpunkt für das Ende der goldenen Hoffnungen, dann wurde zur gleichen Zeit in Deutschland das Ende der linken Hoffnungen und Ambitionen, des Marxismus und einer optimistischen Fortschrittsgeschichte ausgerufen, und zwar zum Teil von denselben Kommentatoren, die ihr Radar bereits 1960 eingerichtet hatten. Nicht ohne eine gehörige Portion Ironie konstatierte Enzensberger 1978 einen dramatischen Kurssturz der Utopien und warf der Linken vor, ihrem Verlust an Bedeutung und Autorität mit hilfloser Larmoyanz gegenüberzustehen.[60]

Anläßlich des Jubiläums von 1.000 Bänden *edition suhrkamp* beklagte Habermas 1979 den Abschied von der kulturellen Dominanz der intellektuellen Linken, die »an Aufklärung, Humanismus, bürgerlich-radikales Denken, an die Avantgarden des 19. Jahrhunderts, die ästhetischen wie politischen«, anschloß.[61] Statt dessen Postmoderne und geistig-moralische Wende, Restauration und das Erlahmen emanzipatorischer Bemühungen, was zu einer »neuen Unübersichtlichkeit« führte, wie er es ein paar Jahre später formulierte. Was bedeutete das im Hinblick auf die geisteswissenschaftlichen Bücher? Keineswegs einen kommerziellen Einbruch, sondern Diversifizierung und Neuorientierung. Die Startauflagen für Bücher mögen geringer kalkuliert worden sein, aber dafür wurde die Verlagslandschaft bunter, das Angebot an geisteswissenschaftlicher Literatur vielfältiger. Ein paar Beispiele: Führende Verlage wie Suhrkamp oder Hanser änderten ihre Programmschwerpunkte, etwa mit der Neuausrichtung der *edition suhrkamp* oder der Substituierung der politischen *Reihe Hanser* durch die poetische *Edition Akzente*. Neue Verlage setzten neue programmatische Schwerpunkte: Matthes & Seitz oder der Passagen Verlag fokussierten sich auf französische Theorie, der Verlag Syndikat / Europäische Verlagsanstalt endete zwar nach wenigen Jahren im Konkurs, doch die dort veröffentlichten Bücher zur Kulturgeschichte und Anthropologie wirkten weit darüber hinaus. Auch bis dahin fest in der Linken verankerte kleinere Verlage erfanden sich neu: Wagenbach mit der Hinwendung zu Kultur- und Mentalitätengeschichte, der Gründung der Zeitschrift *Freibeuter* und mit der Buchreihe *Kleine Kulturwissenschaftliche Bibliothek*, Stroemfeld / Roter Stern mit einer Hölderlin-Ausgabe, die vom Verlag raffiniert als Ausdruck eines linken Bewußtseins angepriesen wurde, in Wirklichkeit aber ein Projekt für eine kleine Gruppe von Spezialisten und Liebhabern war; wobei die Revolution – und das ist gewiß nicht wenig – nicht mehr in der Gesellschaft, sondern in den Editionen klassischer Texte stattfand.

Das vielleicht eindrücklichste Beispiel für diese Verschiebungen bot der bis dahin ebenfalls marxistisch orientierte Merve Verlag mit seiner – ebenso wie die *edition suhrkamp* – typographisch genial gestalteten Theorie-Reihe, die gleich mehrere neue Ausrufezeichen setzte: Poststrukturalismus statt Kritischer Theorie; dünne Essaybände, in denen das Provisorische, Flüchtige, Minoritäre des Denkens sichtbar wurde, statt umfangreiche Abhandlungen und Traktate; ein Selbstverständnis, das dem Prekären, Abenteuerlichen und Dilettantischen treu blieb, anstatt die Kurve von der Hinterhofgarage zur Nobeladresse zu nehmen; die adressierten Leser gehörten zur para-akademischen Subkultur ebenso wie zur stetig wachsenden Studentenschaft.[62] Merve war Kult und blieb es, und das hing, von den Inhalten abgesehen, auch damit zusammen, daß der Verlag sich – aus der Not geboren und wohl auch programmatisch gewollt – klug an das Prinzip der Knappheit hielt. Nicht mehr als 350 Bändchen in fast 40 Jahren, seitdem Deleuze und Foucault 1976 erstmals im Programm auftauchten und den Abschied vom Marxismus markierten. Diese Knappheit steht quer zu der wuchernden Üppigkeit, die andere Verlage sich bezüglich Titelzahlen und Auflagenhöhe gönnten.

Die achtziger Jahre brachten weiterhin alte und neue Bestseller geisteswissenschaftlicher Taschenbücher hervor, doch es war nicht mehr üblich, mit einer Auflage von 10.000 Exemplaren zu beginnen, weil das Buchangebot zu vielfältig war.[63] Angesichts der Menge kehrte sich der jahrelange Vorteil des Taschenbuchs – sein demokratischer Habitus – ins Gegenteil um. Es verlor an Reputation und Sichtbarkeit, zumal Taschenbücher in den populären Medien ungern rezensiert wurden. Auf die Gesamtbilanz des Buchmarkts hatten diese Schwierigkeiten mit Taschenbüchern jedoch keinen negativen Einfluß. Die vielzitierte Suhrkamp-Kultur mochte zu jener Zeit ihren Zenit vielleicht überschritten haben, doch die Geschäfte mit anspruchsvollen Büchern liefen weiterhin glänzend: Zwischen 1971 und 1990 konnte der Verlag seinen Jahresumsatz mehr als vervierfachen.[64] Wenn eine Bilanz sich schleichend eintrübte, so war es die symbolische, nicht die ökonomische, und die betraf eher die Geisteswissenschaften als ihre Verlage.

Für mehr als zwei Jahrzehnte waren die Geisteswissenschaften in der florierenden Bücherwelt »mit einer gewissen Überprägnanz«[65] repräsentiert, wie man, Habermas' Charakterisierung der *edition suhrkamp* verallgemeinernd, sagen könnte. Überprägnanz bedeutet, daß die Bücher gerade in ihrer demokratisch gesinnten Erschwinglichkeit viel versprachen, vielleicht zu viel im Verhältnis zu dem, was die Geisteswissenschaften an reflektierenden, kritischen, aufklärenden und sinngebenden Angeboten im Repertoire haben konnten. Ein Merkmal dieser Diskrepanz war Überproduktion. Die Auflagenhöhe vieler Bücher war – nach Günter Boses trefflicher Formulierung – erst »ein Versprechen und dann ein Problem der Entsorgung«.[66] Wer in den achtziger Jahren nach dem Mittagessen regelmäßig bei den Bouquinisten vor der Silberlaube der FU Berlin in Dahlem vorbeiging und die unzähligen Bände mit dem Stempel »Mängelexemplar« sah, bekam unweigerlich eine Vorstellung davon, wieviel Papier durch die Druckerpressen geschickt worden war – um dann seine Suhrkamp-Ausgaben nach Belieben und Geldbörse zu vervollständigen.

Mein Argument besagt also, daß das geisteswissenschaftliche Buch nach dem Verlust der Utopien und nachdem der Bildungsenthusiasmus seine Entzauberung in der Massenuniversität gefunden hatte, nach dem Ende der großen Meistererzählungen und dem immer vernehmlicheren Murmeln der vielen kleinen Geschichten weiterhin ziemlich erfolgreich blieb. Was in der Masse, Vielfalt und anscheinend grenzenlosen Verfügbarkeit auch für die kleinsten Budgets schwierig wurde, waren Präsenz, Prägnanz und Programmatik. Nicht, daß nun das eingetreten wäre, was Adorno eine Generation zuvor beklagt hatte, eine Entwertung des Inhalts durch massenhafte Verbreitung. Es ist eher so, daß die Inhalte durch den Überfluß unsichtbarer zu werden drohten. In den neunziger Jahren wurden keine schlechteren Bücher geschrieben als in den Jahrzehnten zuvor, aber es gelang den Publikumsverlagen immer seltener, mit geisteswissenschaftlichen Büchern ein größeres Publikum zu erreichen. Dementsprechend wurden diese für renommierte Publikumsverlage unattraktiver, und vor allem die überbordende Taschenbuchproduktion geisteswissenschaftlicher Arbeiten kam an ein Ende.

Ein Niedergangsphänomen? Im Gegenteil: Ich meine, daß das eine vernünftige Entwicklung war. Für mehrere Jahrzehnte war das Taschenbuch Kult und Kultur, demokratisch und ein Distinktionsmerkmal – im Grunde genommen die Quadratur des Kreises. Doch mit der Zeit waren die Filter allzu durchlässig geworden, sah alles gleich aus, und gerade die unüberschaubaren Büchermassen machten es schwierig, innerhalb des Genres neue Akzente zu setzen. Es ging um neue Filter, neue Präsenzen und Prägnanzen. Und so kam es auch: durch die Gründung neuer, programmatisch innovativer Verlage und durch die vielzitierte Akademisierung des Feuilletons, in der geisteswissenschaftliche Themen und Bücher eine Aufmerksamkeit erhielten wie nie zuvor.

Diese Situation am Vorabend des Durchbruchs von digitalen Publikationen, Google Books oder Open Access würde noch viel mehr Aufmerksamkeit verdienen, als ich es im Rahmen dieser Untersuchung leisten kann. Beispielsweise führten die Einführung des Computers in den Buchhandel und die partielle Verdrängung kleiner Läden durch große Buchhandelsketten dazu, daß der Ersteinkauf von Büchern zunehmend selektiv und an Bestsellern orientiert war. Buchhandlungen hatten kein Interesse mehr daran, Ladenhüter auf ihren Regalen stehen zu haben, und schickten erfolglose Titel schneller und unbarmherziger an Zwischenhändler und Verlage zurück. Einigermaßen frustriert nahm Unseld 1995 den Umsatzrückgang des Taschenbuchprogramms um 4 Millionen DM in einem Jahr zur Kenntnis und machte dafür den verlorenen Kontakt zum Buchhandel verantwortlich.[67] Zu diesem Zeitpunkt führten die meisten anderen Verlage die Geisteswissenschaften kaum noch im Taschenbuch.

Hier ist zwar nicht der Ort, die Geschäftsgrundlagen der Verlage im Detail auseinanderzufädeln, aber zwei Aspekte, die nichts mit inhaltlichen Erwägungen, Akquisitions-, Autoren- und Lektoratskosten zu tun haben, müssen herausgehoben werden. Es leuchtet ein, daß es für Verlage – ebenso wie für Buchhandlungen – ökonomisch keinen Sinn ergibt, große Mengen von Büchern über einen längeren Zeitraum zu lagern, auch wenn man mit Bewunderung zur Kenntnis nimmt, daß einige Verlage Bücher aus kultureller Verpflichtung oder Treue gegenüber ihren Autoren für zwanzig oder gar fünfzig Jahre lieferbar halten. Doch wenn sich gerade bei den preiswerten Taschenbüchern die Überproduktion so unangenehm bemerkbar machte, warum senkte man nicht einfach die Auflage auf 2.000 Exemplare? Aus dem einfachen Grund, weil die damals bei Verlagen wie Rowohlt oder S. Fischer für die Taschenbuch-

produktion verwendete Drucktechnik ungeeignet für schma-
lere Auflagen war. Allein für die technische Einrichtung des
Druckes eines kleinauflagigen Taschenbuches waren Papier-
mengen nötig, die in etwa einer Auflage von 3.000 Exemplaren
entsprachen. Bevor der erste Bogen eines Taschenbuches ein-
wandfrei durch die Druckmaschinen laufen konnte, wanderte
mithin eine erhebliche Papiermasse in den Abfall. Das war
zwar immer noch billiger als Überproduktion, auf Dauer allerdings weder kalkulatorisch noch aus ökologischen Gründen
tragbar.[68] Erst Jahre später sollte mit dem Print-on-Demand-
Verfahren eine Druck- und Bindetechnik zur Verfügung stehen, die die Herstellungskosten kleinauflagiger Buchprojekte
drastisch senken würde.

Ein anderer Punkt betrifft die Frage, ab wann sich ein Buch
für einen Verlag in der Gewinnzone befindet. Nehmen wir an,
es handle sich um ein Buch, dem eine bescheidene Auflage von
etwa 1.000 bis 3.000 Exemplaren zugetraut wird. Das ist zuviel,
um einen öffentlichen Zuschuß zu beantragen, weil die von
der Deutschen Forschungsgemeinschaft festgelegte Grenze für
Subventionen maximal 1.000 Exemplare beträgt, und bei weitem zuwenig für einen Bestseller. Ob ein Verlag mit solchen
Büchern leben kann und will, hängt von seiner Größe und den
allgemeinen Fixkosten ab. Konkret: Für Verlage wie S. Fischer
oder C.H. Beck bewegt sich ein Buch mit einer Auflage von
2.000 Exemplaren in aller Regel nicht in der Gewinnzone, für
Verlage wie Matthes & Seitz oder Wagenbach aber sehr wohl.
In diesem Zusammenhang ist auch das Ende der Mischkalkula-
tion in vielen (nicht allen) Publikumsverlagen zu sehen. Wenn
bis dahin erfolgreiche Bücher die verlustreichen mitfinanzier-
ten, sollte sich nun im Prinzip jedes einzelne Buch rechnen –
mit der Konsequenz, daß bestimmte Buchprojekte und ganze
Buchreihen nicht mehr in Angriff genommen wurden.[69]

In dieser Situation fanden geisteswissenschaftliche Bücher
neue verlegerische Heimaten in kleineren, vor allem auch
neugegründeten Verlagen. Soll man das als Krise des Buches
bezeichnen? Zu der Zeit, als in Frankreich und den USA Alarm
geschlagen wurde, waren in Deutschland vergleichbare Lamen-

ti weder von Verlegern noch von Wissenschaftlern zu vernehmen. Und das ist auch verständlich, denn die Veränderungen,
insbesondere der Rückgang der Auflagenhöhe, wurden nicht
automatisch als Verschlechterung wahrgenommen. Ein Grund
dafür dürfte die Akademisierung des Feuilletons deutschspra-
chiger Zeitungen gewesen sein, die zu einer Aufweichung der
Grenzen zwischen wissenschaftlichem und journalistischem
Essay führte und die Geisteswissenschaften (zum Teil auch die
Naturwissenschaften) mitsamt ihren Büchern in die Sphäre
des Tagesgesprächs holte. Zwar wurden die Auflagen der Bücher dadurch nicht wieder in diejenigen Höhen katapultiert, die
sie einige Jahre zuvor verloren hatten. Doch der symbolische
Reputationsgewinn war erheblich, zumal hier auch ein neuer
Filtermechanismus installiert wurde, der das Relevante aus der
immer unübersichtlicher werdenden Masse an neuen Büchern
herausdestillierte. Die Rezension in einer führenden Tages-
oder Wochenzeitung, geschrieben von akademisch versierten
Redakteuren oder Wissenschaftlern, galt auf einmal mindestens ebenso viel oder gar mehr als die Besprechung in einem
Fachjournal. Das betraf nicht alle Disziplinen in gleichem Umfang, und angesichts der Zeitungskrise hat inzwischen auch
wieder ein Verknappungsprozeß eingesetzt, der aber den Wert
der Präsenz im Feuilleton eher noch gesteigert hat. Jedenfalls
gilt: Wenn man sich vor Augen führt, wie wortreich seit Jahren die Klagen über einen gesellschaftlichen Ansehensverlust
der Geisteswissenschaften geführt werden – weil sie sich mit
profanen Gegenständen beschäftigen, weil sie in postmoderner
Beliebigkeit versunken sind, weil sie die Wahrheit nicht mehr
ernst nehmen, weil für sie Kafka und Kalauer gleichermaßen
Kultur sind, weil sie zu schnell zu viel Belangloses produzieren –, dann ist die empirische Beweislast erst einmal bei den
Klageführern.

Auch die Situation der an Spezialisten adressierten Monographien, Sammelbände und Editionen, seit jeher ohnehin
nur in spezialisierten Buchhandlungen zu finden, wendete sich
nicht unbedingt zum Schlechteren. Diese Bücher wurden seit
langem schon in weniger als 1.000 Exemplaren gedruckt und

waren somit auf externe Subventionen angewiesen. Die Zahlen gingen aus den bekannten bibliothekspezifischen Gründen noch weiter nach unten. Für die Autoren war das jedoch kein Problem, weil die Subventionen von öffentlichen oder privaten Förderinstitutionen so oder so bezahlt werden mußten, und für die Verlage nur bedingt, weil sie den sinkenden Umsatz pro Buch zunächst mit steigenden Titelzahlen auffingen. Der etwas vergiftete, aber nicht unzutreffende Begriff der *Subventionsverlage* kursiert seit Jahren in der Szene und benennt genau diejenigen Verlage, die ohne öffentliche Zuschüsse ihr Geschäft längst hätten aufgeben müssen. Dazu eine grundsätzliche Bemerkung: Akademisches Publizieren ist von jeher ein Subventionsgeschäft, denn ein bei den Verlagen eingehendes Manuskript ist in aller Regel indirekt dadurch subventioniert, daß sein Autor nicht freischaffend ist. Wie lang die Nächte und Wochenenden des Schreibens auch sein mögen, die Anstellung an Universität, Bibliothek oder Forschungseinrichtung garantiert Autoren die Sicherheit, an einem Buch arbeiten zu können. Nur haben Verlage davon noch gar nichts, denn das Buch, das sie herausbringen, könnte sich als Minusgeschäft erweisen, was in der Mehrzahl der Fälle auch zutrifft. Insofern wären subventionierte Verlage diejenigen, die bei Erscheinen eines Buches mit diesem bereits Gewinn gemacht haben, nicht-subventionierte Verlage diejenigen, die bei Erscheinen eines Buches nicht wissen können, ob sie damit Gewinn oder Verlust machen.

Da die geisteswissenschaftliche Wachstumsbranche im allgemeinen und neue Felder wie Bildwissenschaften, Gender Studies, Medienwissenschaften oder Wissenschaftsgeschichte im Speziellen einen erheblichen Bedarf an Publikationsorten hatten, entstanden noch um die Jahrtausendwende herum neue Verlage sehr unterschiedlicher Couleur: Die einen verstanden sich ausschließlich als Herren von Druckmaschinen, die sie in Bewegung setzten, sobald der Druckkostenzuschuß stimmte; die anderen entwickelten ambitionierte Programme, so daß es auch innerhalb der Subventionskultur zu Kompetenz- und Reputationshierarchien kam, die es ermöglichten,

den Überblick über die Dignität der geisteswissenschaftlichen
Buchproduktion trotz Überfülle einigermaßen zu bewahren.
So unterschiedlich Konzepte, Geschäftsmodelle und Programme von Diaphanes, Hamburger Edition, Kadmos, Konstanz
University Press,[70] Matthes & Seitz (seit dem Berliner Relaunch), Transcript oder Wallstein auch sein mögen, ihre anhaltende Präsenz spricht dafür, daß eine Krise des geisteswissenschaftlichen Buchmarkts zu der Zeit, als diese in den USA
und in Frankreich ausgerufen wurde, in Deutschland nicht
so leicht auszumachen ist – zumal es auch noch die seit Jahrzehnten dominierenden Publikumsverlage wie Beck, Fischer,
Hanser, Klett-Cotta, Suhrkamp oder Wagenbach gibt, die für
ihre Buchprojekte nur in seltenen Fällen externe Subventionen in Anspruch nehmen. Daß diese Verlage seit Jahren an
der Spitze der geisteswissenschaftlichen Reputationshierarchie
stehen, zeigt nur, daß es auch für die Wissenschaftler selbst ein
begehrtes Land jenseits von subventionierten Büchern und
Akzeptanz im kleinen Kreis der Spezialisten gibt.[71]

Die vergleichende Betrachtung dieses Kapitels verfolgt
nicht die Absicht, zu argumentieren, daß in der deutschsprachigen Welt mit dem geisteswissenschaftlichen Buch alles zum
Besten stünde, während es in den beiden anderen Ländern
seit Jahren düster aussieht. Vielmehr geht es darum, daß die
Jahrzehnte nach 1945 an allen Orten eine besondere Situation
für das geisteswissenschaftliche Buch darstellten, wenn auch
mit sehr unterschiedlichen Akzentuierungen. Das als Goldenes
Zeitalter zu betrachten würde implizieren, angeben zu können,
wann und unter welchen Umständen dieses Zeitalter vorbei war. Diversifizierung, Ende des Wachstums, Abtritt einer
Generation, sinkende Auflagenzahlen, Ansehensverlust der
Geisteswissenschaften – das sind alles große Begriffe, die aber
nicht recht greifen, um die Veränderungen seit dem späten
20. Jahrhundert auf den Punkt zu bringen. Tatsächlich erhielten
die Geisteswissenschaften und ihre Bücher nach dem Zweiten
Weltkrieg ein besonderes Gewicht: in den USA als Werkzeug
eines Bildungsschubs und als intellektuelle Munition im Wettkampf gegen den Feind im Osten; in Frankreich als Produkt

eines Pariser Starsystems, das die Geisteswissenschaften zum theoretischen Fluchtpunkt gesellschaftlicher Emanzipation machte; in Deutschland zunächst als Rezivilisierungsinstrument und später ebenfalls als politisches Emanzipationsprojekt. Man sieht: der Borgessche Fuchs der Veränderlichkeit und Plastizität ist viel dominanter als der McLuhansche Igel der Invarianz und Monotonie.

Im Strudel der Sogkräfte des akademischen Kapitalismus – sagen wir: nach 1989 – verliefen die Entwicklungen ziemlich unterschiedlich. In den USA mit seinem starren und geschlossenen System der Universitätsverlage kam es zu einer Verknappung an prestigiösen Publikationsmöglichkeiten, was wiederum direkte Rückwirkungen auf das universitäre System sowie auf die inhaltliche und konzeptuelle Ausrichtung geisteswissenschaftlicher Bücher hatte. In Deutschland sorgten die flexibleren, weil nicht von Universitäten abhängigen Verlagsstrukturen, Verlagsneugründungen und das unverzichtbare Subventionssystem eher für eine Vermehrung, zugleich auch für eine Pluralisierung geisteswissenschaftlicher Bücher. Vermutlich ist diese Vielfalt ein Hauptgrund dafür, daß es in Deutschland vor den Anfechtungen durch Open Access bei den geisteswissenschaftlichen Verlagen kaum Krisenmeldungen gab. Dafür blieben verlegerische Auswahl und Betreuung geisteswissenschaftlicher Bücher in den USA zumindest bei den führenden Verlagen auf hohem Niveau, während die Situation in Deutschland in diesem Punkt schwankender ist. Das hat zu einem Überfluß an Publikationen beigetragen, dessen Konsequenzen ich mich nun zuwenden möchte, bevor ich abschließend auf die in der Einleitung gestellte Frage nach der Rolle des Buches unter den Bedingungen des Digitalen zurückkomme.

Überforschung

Seit der Erfindung des Buchdrucks fühlten sich gelehrte Leser durch die schiere Masse an Veröffentlichungen überfordert, und dafür wurde gern das Buch verantwortlich gemacht. Wie Ann Blair in einer mit Beispielen gesättigten Studie gezeigt hat, existierte bereits lange vor Schopenhauer und Nietzsche das Genre der Bücherbeschimpfung.[72] Bücher sind unnütz, ignorant, infam, zu lang, zu schlecht, zu kompliziert, zu trivial, zu gefährlich, zu dominierend, zu verwirrend, und vor allem gibt es zu viele davon. Klagen dieser Art finden sich bei Erasmus von Rotterdam, Francis Bacon, René Descartes, Gottfried Wilhelm Leibniz, John Locke und vielen anderen Gelehrten der frühen Neuzeit. Kritik und Distanznahme bis hin zur Verachtung waren von Anfang an unverzichtbarer Bestandteil der Geschichte des Buches, denn sie bahnten den Weg für neue Arbeitstechniken und Instrumente wie Exzerpieren, Notizbücher, Zettelkästen oder Bibliothekskataloge. Neue Textgenres wie Zeitschriften, Rezensionsorgane oder Enzyklopädien hatten keinen anderen Zweck, als Wissen zu bündeln, zu sortieren und schneller bzw. kompakter verfügbar zu machen. Namentlich Zeitschriften befriedigten seit dem späten 17. Jahrhundert ganz andere Bedürfnisse als das Buch: »Die Vermittlung sollte schnell erfolgen. Was zu vermitteln war, hatte häufig nur ein zeitlich begrenztes Interesse. Das Buch dagegen war seit seiner Erfindung als ein auf Dauer angelegter Informationsträger konzipiert.«[73] Daran hat sich im Prinzip wenig geändert.

Information overload ist also ein Dauerbrenner in der Geschichte des Umgangs mit Wissen, und es hat keineswegs an Mitteln und Wegen gefehlt, diesen Überfluß zu kanalisieren. Das heißt nicht, daß das immer gutgegangen ist. Wir haben gesehen, daß die Expansion der STM-Fächer in den letzten Jahrzehnten des 20. Jahrhunderts zu einer drastischen Vermehrung der Publikationen und einer noch drastischeren Verteuerung der Zeitschriften geführt hat, so daß das traditionelle Publikationssystem an sein Ende gelangt ist. Nur aufgrund dieser Entwicklung konnte Open Access sich so schnell verbreiten. Und die Geisteswissenschaften? Sie haben auch immer mehr Publikationen hervorgebracht, und wie in den Naturwissenschaften hat das auch hier mit Expansionswellen und bestimmten Förderstrukturen der Forschung zu tun. Die jährliche Fördersumme durch die Deutsche Forschungsgemeinschaft stieg zwischen 1972 und 2006 von 39 auf 200 Millionen €. Damit wurde zwar die abnehmende Grundfinanzierung der Universitäten aufgefangen, es setzte sich aber auch eine Form von Projektforschung durch, die den Naturwissenschaften entlehnt und den Geisteswissenschaften bis dahin fremd war. Graduiertenkollegs, Sonderforschungsbereiche, Kolleg-Forschergruppen, Exzellenzinitiativen, Internationale Kollegs, ausgelobte Schwerpunktthemen – all diese Initiativen bedeuteten eine Verschiebung hin zur Verbundforschung, mit erheblichen Konsequenzen für die thematische Strukturierung, Gestaltung und Veröffentlichung von Büchern.

Diese Veränderungen sind nicht selten als Ursache für die notorische Krise der Geisteswissenschaften angeprangert worden, beispielsweise als Modus »industrieller Großproduktion«, die laut Richard Münch zur Überforschung geführt hat. Fragestellungen werden so breitgewalzt, »dass die Stagnation der Erkenntnis schon in das Format eingebaut ist«.[74] Steht es so schlimm um die interdisziplinäre Projektforschung, die ja immerhin auch aufgegleist wurde, um die Geisteswissenschaften aus einer disziplinären Verengung zu locken? Ganz überzeugend ist dieses Argument nicht, denn auch in den USA reden so unterschiedliche Kommentatoren wie Mark Bauerlein oder Lindsay Waters von Überforschung, nur ist dort die projektgeförderte Verbundforschung in den Geisteswissenschaften weitgehend unüblich – noch. Dennoch trifft der Begriff Überforschung die Sache ziemlich genau: Auch die interessantesten Forschungsthemen werden so lange von verschiedenen Seiten bearbeitet und filetiert, bis der Erkenntniswert gegen null geht. Oder eine theoretische Zugangsweise wird so häufig ohne eigene Zutaten aufgetischt, bis sie nur noch stereotyp ist.

Auch in den Naturwissenschaften gibt es das Phänomen der Überforschung. Zum Beispiel wird eine Untersuchungsmethode wie das Neuroimaging von so vielen Forschungsgruppen angewendet, daß der Erkenntnisgewinn in keinem vernünftigen Verhältnis mehr zum (finanziellen) Aufwand steht. Jeder dürfte in seiner eigenen Disziplin Beispiele für Überforschung finden. Es gibt auch nicht die eine Ursache, selbst wenn der Druck auf Doktoranden, vor ihrer Dissertation bereits Artikel vorzulegen, oder der Publikationsdruck bei Wissenschaftlern mit Zwei-Jahres-Verträgen, die von einem Drittmittelprojekt zum nächsten springen, nicht wenig dazu beitragen. Neben den oftmals in Drittmittelprojekten entstandenen Dissertationen und Habilitationen, die alle auf der Suche nach einem Verlag sind, sticht unter den anderen Textsorten eine Spezies hervor, die sich mit der Projektforschung geradezu kaninchenhaft vermehrt hat: der Sammelband.

Die Geschichte des wissenschaftlichen Sammelbands ist meines Wissens noch nicht geschrieben worden. Vermutlich würden in ihr die Festschrift, diese sonderbare Ehrenmedaille in Buchform, und auch die Proceedings, jene schriftlichen Wiedergänger von Konferenzvorträgen, als frühe, wenn auch nicht allzu häufige Beispiele dieses Buchformats Erwähnung finden. Erst die seit den sechziger Jahren vermehrt in Arbeitskreisen, Workshops oder Autorentreffen stattfindende interdisziplinäre Zusammenarbeit brachte Veränderungen mit sich. Ein Gegenstand wie *Das wissenschaftliche Buch* wurde auf einer Tagung vom »Wissenschaftlichen Arbeitskreis Buch« aus verschiedenen Perspektiven beleuchtet, die Beiträge in einem Sammelband publiziert.[75] Solche Bücher waren in der Regel für einen kleinen Kreis von Spezialisten gedacht, mitunter entstanden aber auch wegweisende geisteswissenschaftliche Bücher wie diejenigen der Arbeitsgruppe *Poetik und Hermeneutik*.

Regelmäßig zusammentreffende Arbeitsgruppen gibt es noch, sie sind inzwischen allerdings eher durch an einem Ort versammelte Projektgruppen abgelöst worden, doch zweifellos hat sich die Anregung, Präsentation und Diskussion von Forschung in thematisch zugeschnittenen Kolloquien, Workshops oder Symposien weitgehend durchgesetzt, insbesondere auch weil die Förderinstitutionen immer mehr Wert auf interdisziplinäre Forschung legten. Kurz: Das Modell Tagung plus Sammelband ist zu einem beliebten und auch nachgefragten Bestandteil der geisteswissenschaftlichen Forschungspraxis geworden, katalysiert auch durch Institutionen wie das Bielefelder Zentrum für Interdisziplinäre Forschung, dessen Zuschnitt geradezu danach verlangte, die Ergebnisse der dortigen Arbeit weniger in Monographien als in Preprints – die vornehmste Form der grauen Literatur – und eben Sammelbänden zu präsentieren.

Seit den neunziger Jahren, als das Drittmittelgebot auch die entlegendsten Universitäten erreichte, setzte eine regelrechte Überschwemmung des Feldes – es fällt schwer, in diesem Zusammenhang von Markt zu reden – mit Sammelbänden ein, die bis auf den heutigen Tag anhält.[76] Diese Bände sind weitgehend auf Subventionen angewiesen. Verglichen mit den Summen, die bei den Naturwissenschaften im Spiel sind, fallen die Druckkosten – etwa zwischen 3.000 und 10.000 € pro Band, sofern nicht viele Farbbilder oder aufwendige Satzverfahren bei Editionen hinzukommen – nicht allzu sehr ins Gewicht, zumal auch die Preise für Bücher in den letzten 20 Jahren im deutschsprachigen Raum nicht nennenswert gestiegen sind. Dennoch zeigt sich hier eine Achillesverse des Publizierens wissenschaftlicher Bücher, die eindeutig Folge der Projektforschung ist. Zum einen erlaubt es der Sammelband etablierten Wissenschaftlern angesichts gestiegener Lehr-, Administrations- und Managementaufgaben, ihre Namen weiterhin auf gedruckten Büchern zu sehen, ohne daß sie sich den langwierigen Mühen des Bücherschreibens unterziehen müssen. Zum anderen sind Konferenzen und daraus folgende Publikationen für jüngere Wissenschaftler und sogar für Doktoranden, die vielfach in Graduiertenkollegs oder anderen projektförmigen Gemeinschaften zusammengeschlossen sind, ein probater Weg, schnell persönliche Netzwerke aufzubauen und dem wachsenden Publikationsdruck zu begegnen.[77] Beides ist in dieser starken Ausprägung nur auf den ersten Blick vorteilhaft.

Sammelbände legitimieren sich dadurch, daß sie für die aus den Fabriken der Projektforschung in großer Zahl hervorgehenden Texte ein Auffangbecken darstellen. Ihre Reputation mag in den letzten Jahren kontinuierlich gesunken sein, dennoch werden sie nicht verschwinden, solange die Textproduktion unter den Bedingungen eines beschleunigten Fließbandes stattfindet. Und Sammelbände sind schnell. Es gibt kaum ein Thema, das sich nicht kurze Zeit nach seiner ersten Erwähnung in einem, meistens mehreren solcher Bände wiederfindet. Es wäre schön, wenn man Sammelbände als Trendsetter bezeichnen könnte, aber in der Realität trifft das kaum je zu, weil sie zu schnell aufeinanderfolgen und sich damit bis zur Ununterscheidbarkeit gleichen und in qualitativer Hinsicht viel zu heterogen sind. Gegen beides könnten Verlage als Hüter der Qualität Maßnahmen ergreifen, aber das tun sie nicht. Im Gegenteil kommen alte und neue geisteswissenschaftliche Verlage dem Bedarf nach der Veröffentlichung solcher Bücher gern nach, weil es sich wegen der obligatorischen Subventionen um eine sichere Einnahmequelle handelt. Im Buchhandel haben sie die gleiche Abwärtsspirale durchlaufen wie spezialisierte Monographien auch: Vor zwanzig Jahren wurden noch 600 bis 700 Exemplare eines Buches gedruckt, heute ist man in der Regel bei maximal 300 bis 400 angekommen.

Es ist bemerkenswert, daß zur gleichen Zeit die Naturwissenschaftler ihren Zuwachs an Forschungsartikeln mit der Ausweitung bestehender bzw. der Gründung neuer Zeitschriften beantworteten. Im Prinzip hätten die Geisteswissenschaftler das auch tun können, aber faktisch wurden nur wenige neue Periodica gegründet, und die bestehenden erlitten zumindest im deutschsprachigen Raum einen satten Reputationsverlust, nicht zuletzt aus dem Grunde, weil sie kaum noch vorzügliche Artikel einwerben konnten. Potentielle Artikel wurden zuerst als Vorträge auf Tagungen ausprobiert und wanderten dann in den Sammelband. Dazu zwei Anmerkungen. Erstens: Ein Periodicum setzt eine gewisse Selbstverpflichtung, Infrastruktur und einen langen Atem voraus, die den geregelten Ablauf eines solchen Unternehmens über zumindest einige Jahre hinweg garantieren. Über diese Möglichkeiten verfügen die Geisteswissenschaften oftmals nicht, weil die Umstellung der Forschung auf Projekte die Gelder viel zu kurzfristig bindet. Um in diesem Modus zu funktionieren, sind Zeitschriften nicht flexibel genug, weil Aufbau und Aufrechterhaltung eines hohen Qualitätsniveaus Kräfte binden, die andernorts benötigt werden. Also bietet sich der wendigere Sammelband an, weil er eben keinen kontinuierlichen Aufwand erfordert: Nach Abschluß des einen Projekts kann man sich dem nächsten zuwenden. Aus demselben Grund funktioniert auch Peer Review in den deutschsprachigen Geisteswissenschaften nicht. Das würde viel zu lange dauern und die selbstverständlich gewordene Menge an Sammelbänden empfindlich reduzieren – ein Dämpfungsvorgang, der nicht in die gegenwärtige Wissenschaftslandschaft paßt.

Zweitens: Sammelbände sind Kollektivunternehmungen und stellen in vielen Fällen den Abschluß einer persönlichen Kommunikationskaskade dar. Das beginnt mit der Einladung zu einer Tagung, setzt sich mit der gastfreundlichen Bewirtung der Teilnehmer fort und spitzt sich dann, sofern nicht von vornherein eine Publikation angekündigt wurde, in der Bitte zu, den Vortrag zu einem Text für den geplanten Sammelband auszuarbeiten. Die Folge ist oftmals ein Verzicht auf anonymisiertes Peer Review oder andere Kontrollinstanzen – etwa kundige Verlagslektoren, die bestimmte Texte nicht zur Veröffentlichung akzeptieren –, denn in einer gleichermaßen von Konkurrenz und Affirmation getriebenen sozialen Netzwerkpraxis, die auf dem Prinzip des *do ut des* basiert, ist es für Herausgeber riskant, jenen Autoren, die sie sich selbst ausgesucht haben, zu sagen, daß ihre Texte nicht den qualitativen Ansprüchen genügen – und das gilt in verstärktem Maße, wenn es sich bei den Herausgebern um Doktoranden oder Postdocs handelt.

Es ist verständlich, daß nur wenige der unter solchen Umständen entstehenden Bände ein kohärentes Ganzes ergeben, und das ist im Grunde auch nicht deren Ziel, hat aber die unangenehme Konsequenz, daß solche Bände kaum noch wahrgenommen werden. Mit ihrer Publikation wandern sie sogleich ins Archiv. Wenn die bei Zeitschriften und Monographien in renommierten Verlagen üblichen Selektionsmechanismen weitgehend stillgestellt sind, wird zwangsläufig alles gedruckt, was die formalen und methodischen Minimalanforderungen an eine wissenschaftliche Arbeit erfüllt. In den Geisteswissenschaften ist das aber nicht ganz so klar definiert wie in den Naturwissenschaften, weswegen man in Sammelbänden ein größeres Spektrum an Texttypen findet als etwa in dem Megajournal PLOS ONE, das Originalität, Brillanz oder Relevanz ebenfalls nicht zum Kriterium für die Annahme eines Artikels macht. Man könnte die jährlich erscheinenden Sammelbände vielleicht als geisteswissenschaftliches Äquivalent zum Megajournal betrachten, wenn die Artikel nicht nur im Buch gedruckt, sondern – sofort oder mit einer gewissen Latenz – auch Open Access im Netz zur Verfügung stehen würden. Einzelne Forschungsinitiativen sind allerdings schon dazu übergegangen, genau das zu tun.[78]

Dieser Trend wird sich fortsetzen, denn die Funktion des Sammelbandes ist so lange nicht obsolet, wie die projektorientierte Gruppenforschung einen so erheblichen Ausstoß an Publikationen mit sich bringt, für den es keine Zeitschriften gibt. Die Förderorganisationen werden noch entschiedener darauf drängen, daß diese Bände frei verfügbar gemacht werden, und das stößt auch auf keinen Widerstand. Bereits jetzt gehen immer mehr Autoren dazu über, ihren Text für einen Sammelband zur Verfügung zu stellen und ihn gleichzeitig auf ihrer eigenen Webseite hochzuladen. Es hat den Anschein, als ob OA beim Sammelband am wenigsten Probleme mit sich bringt, eben weil diese Bände mangels verlegerischer Betreuung für die Herausgeber, Forschergruppen oder Universitäten auch mit einem gewissen Aufpreis immer noch recht preisgünstig sind.

So gesehen könnten sich all diese Texte zu einem virtuellen Megajournal zusammenfügen, in dem alles netz-publik wird, was keine weiteren Hürden nehmen muß: kein Peer Review, das auf Originalität achtet; keine Herausgeber, die es auf wohlkomponierte und selektierte Bücher absehen; keine Verlage, die Sammelbände ohne Zuschüsse annehmen, lektorieren und dabei den Mut haben, Texte abzulehnen, die gegenüber den anderen stark abfallen. Stattdessen Universitäten und Förderungsorganisatoren, die stolz vermelden, wie häufig bestimmte Titel angeklickt und heruntergeladen worden sind. Sofern sich das Procedere der Wissenschaften, der Förderung und Durchführung von Projekten nicht ändert, werden Sammelbände weiterhin noch im Druck und zunehmend digital zugänglich sein; daß es zu viele von ihnen gibt, spielt in dieser Logik keine besondere Rolle.

Zusammengefaßt: Der Sammelband ist der Packesel der Überforschung und besonders in den deutschsprachigen Geisteswissenschaften heimisch geworden. Natürlich gibt es in der globalisierten Wissenschaftswelt auch zahlreiche englischsprachige Sammelbände, doch generell läßt sich sagen: Je mehr Sammelbände ein Verlag in seinem Programm hat, desto schlechter ist seine Reputation. In den USA und in Großbritannien, wo Projektforschung bzw. Druckkostenzuschüsse in den Geisteswissenschaften bislang kaum eine Rolle spielen, waren sie nie so verbreitet. Zwar gibt es von Disziplin zu Disziplin Unterschiede, doch die renommierteren amerikanischen Universitätsverlage haben dieses Genre weitgehend aussortiert, es sei denn, die Herausgeber sind Koryphäen ihres Faches.

Aber auch ohne Sammelbände geht in den USA das Gespenst der Überforschung um. In der *Eclipse of Scholarship*, die Lindsay Waters, der für Geisteswissenschaften zuständige Lektor bei Harvard University Press, als Schreckensbild zeichnet, gehen die guten Bücher in der Masse der schlechten unter, weil das Verhältnis zwischen Schreiben und Lesen aus dem Gleichgewicht geraten ist. Das ist nicht zu bestreiten, und gegen die Forderung, mehr wissenschaftliche Texte gründlicher zu lesen, wird niemand Einwände erheben. Waters argumentiert, daß ein Buch oder ein Artikel erst dann als Beiträge zur Wissenschaft angesehen werden können, wenn sie von anderen rezipiert werden.[79] Hier klingt unüberhörbar Wolfgang Isers Rezeptionsästhetik durch, wonach »ein Text überhaupt erst zum Leben erwacht, wenn er gelesen wird«.[80] Aber was passiert mit all den Texten, die kaum oder gar nicht gelesen, zitiert, rezipiert werden?

Alle, die in den Geisteswissenschaften tätig sind, wissen, daß längst nicht die gesamte zu einem noch so umschriebenen Thema relevante Literatur zitiert, geschweige denn gelesen werden kann. Während Gelehrte in früheren Zeiten vermutlich mehr gelesen als zitiert haben, weil die Fußnote nicht in allen Disziplinen als Ausweis eines unbedingten Forschungsethos galt, wird heutzutage entschieden mehr zitiert als gelesen.[81] Bei einem kleinen Gang durch die Fußnotenpraxis der letzten zwanzig Jahre wird man feststellen, daß immer häufiger nur noch Buch oder Aufsatz ohne Seitenzahlen zitiert werden. Hat der zitierende Autor nun zwei Minuten oder zwei Stunden oder nicht einmal zwei Sekunden mit dem zitierten Text verbracht? Es könnte auch sein, daß er ihn nach einer anderen Quelle zitiert, ohne das eigens zu vermerken – was alles andere als eine empfehlenswerte Praxis ist. Kürzlich ist argumentiert worden, daß elektronisches Publizieren hier zur Disziplinierung von Autoren und Lesern beitragen könne: »Wo man früher vielleicht leichthin eine Kursivierung gesetzt hat, ohne sich Rechenschaft über Ihre [!] Bedeutung abzugeben (handelt es sich um ein Zitat, ein [!] terminus technicus, eine ironische Bemerkung oder eine sonst irgendwie geartete, nicht näher benennbare Hervorhebung), muss man jetzt genau sein und festlegen, wo es sich um ein Zitat, einen terminus technicus oder eine allgemeine Hervorhebung handelt. Auch die hypertextuellen Elemente führen theoretisch zu einer strengeren wissenschaftlichen Methodik. Wenn man einen Link auf eine digitale Quelle setzt, legt man sich als Autor fest und gestattet dem Leser die unmittelbare Überprüfung des Gesagten.«[82]

Das klingt überzeugend, doch der fahrlässige Umgang mit Fußnoten ist keine Erfindung des Buchdrucks, sondern ein Phänomen der letzten Jahrzehnte, in denen die Fußnote zum Platzhalter für ein Fischen im Ungefähren wurde. Auch die Manierismen mit Kursivierungen, einfachen und doppelten Anführungszeichen, die so manchen Text inhaltlich und schriftbildlich zerstört haben – und davon gibt die gedruckte Seite erbarmungslos Zeugnis –, sind das Resultat gedanklicher Hilflosigkeit, nicht eines bestimmten Medienformats. Gegen die vermeintliche Eindeutigkeit eines digitalen Textes wäre anzuführen, daß auch das Oszillieren zwischen terminus technicus und Zitat, Hervorhebung und Ironie zur Pointierung eines Textes beitragen können. Ansonsten dürfte für analoge wie für digitale Texte gelten, was Anthony Grafton vor einiger Zeit so treffend hervorgehoben hat: Fußnoten haben noch nie alle Tatsachenaussagen eines Textes stützen und all seine Irrtümer vermeiden können, und doch geben nur sie Lesern die Möglichkeit an die Hand, bestimmte Aussagen auf eine identifizierbare Quelle zurückzuführen.[83]

Inzwischen werden Fußnoten aber auch gern benutzt, um im Gewimmel der Titel, Turns und Theorien die Zugehörigkeit des Autors zu einem bestimmten Denkstil oder einer Schule zu beglaubigen. Das dient der Reduktion von Komplexität und Masse, verschafft aber auch den Anschein von Heimat. Andrew Abbott identifiziert zwei Zitationsstrategien, die weiterhelfen: zum einen die Pflege eines Starsystems, die darin besteht, bestimmte als kanonisch angesehene und das Deutungszepter hochhaltende Autoren immer wieder zu zitieren.[84] Das generiert Verbindungen, Identitäten und einen Wiedererkennungseffekt, der bei der eigenen Positionierung im Wissenschaftssystem als nützlich angesehen wird. Zum anderen haben sich sogenannte Generationsparadigmen herausgebildet, die es erlauben, die Masse des älteren Wissens zu ignorieren und sich der Meinung hinzugeben, man tue etwas völlig Neues. Der alte und im Prinzip wahre Satz *Belesenheit schützt vor Neuentdeckung* wird dabei außer Kraft gesetzt, denn auch bei einem respektablen Lesepensum bilden sich fast automatisch Generationsparadigmen aus, weil man dem Überfluß nichts entgegensetzen kann. Ich würde noch einen Schritt weiter gehen als Abbott und sagen, in jeder Generation gibt es kleinere Denkkollektive und Forschungskulturen, die ihr jeweils eigenes Zitationsrepertoire haben, das einigermaßen stabil bleibt – und einen Star, um den herum sich die andere Literatur gruppiert. Und vieles andere bleibt unbeachtet, ungelesen, unzitiert.

Uncitedness oder *Unzitiert bleiben* – dieses Thema ist nicht neu. Schon in den sechziger Jahren wurde in einem OECD-Report Klage geführt, die Qualität vieler naturwissenschaftlicher Artikel sei so schlecht, daß sie nach ihrer Publikation nie mehr zitiert werden. Diese Situation dürfte sich in den letzten fünfzig Jahren kaum verändert haben, aber was folgt daraus? Das ist ein Zeichen von Überforschung, sicher, aber zunächst einmal ist es außerordentlich schwierig, überhaupt die Größenordnungen zu ermitteln.[85] Und was ist mit den Arbeiten, an deren wissenschaftlicher Qualität nichts auszusetzen ist und die trotzdem unzitiert bleiben? Nehmen wir an, 30 % aller Forschungen blieben unzitiert, sollten dann die Forschungsbudgets um diesen Betrag gekürzt oder anders verteilt werden? Die Wissenschaftspolitik würde das freuen, aber niemand könnte garantieren, ob nicht genau diejenigen abgewickelt werden, die gerade davor stehen, eine bahnbrechende Entdeckung zu machen oder ein ganz neues Forschungsgebiet zu erschließen.

Es gibt unterschiedliche Gründe, warum eine wissenschaftliche Arbeit unzitiert bleibt: Beispielsweise kann sie entweder als irrelevant gelten, oder sie ist schlicht nicht entdeckt worden.[86] Im einen Fall wird die Arbeit gelesen und aus welchen Gründen auch immer für nicht zitationswürdig befunden – ein alltäglicher Vorgang in allen Wissenschaften, was durch Starsystem und Generationsparadigmen noch verstärkt wird. Im anderen Fall hätte die Arbeit zitiert werden können, wenn sie denn zur Kenntnis genommen worden wäre. Hier beginnt das Problem der Überforschung: Niemand kann alle Arbeiten zu Kafka, Proust oder Beckett zur Kenntnis nehmen, und weil es schon so viel Literatur dazu gibt, macht man sich auch nicht mehr die Mühe, genauer hinzusehen. Soll man deswegen jemandem davon abraten, noch über Kafka oder Beckett zu schreiben?

An diesem Punkt setzt der Literaturwissenschaftler Mark Bauerlein mit einer kleinen empirischen Untersuchung an. Er zählte die zwischen 2004 und 2009 veröffentlichten Aufsätze und Bücher von Professoren aus vier amerikanischen Departmenten für Anglistik und überprüfte bei Google Scholar die Häufigkeit ihrer Zitationen. Das Ergebnis war ernüchternd. Die meisten Artikel wurden 0 bis 2mal zitiert, bei den Büchern sah es etwas besser aus, aber dennoch: Bauerlein kommt zu dem Schluß, daß diese Arbeiten, obwohl es sich um solide, zum Teil exzellente Forschung handelt, nicht den Aufwand wert sind, der in sie gesteckt wurde. Für die Universitäten rechnet sich diese Forschung nicht. Deswegen wären sie besser beraten, ihre Professoren nicht so sehr zum Publizieren anzutreiben, sondern ihnen beispielsweise nahezulegen, sich mehr für die Lehre zu engagieren.[87] Bauerleins Vorschlag läuft letztlich darauf hinaus, den Typus des forschenden Professors, der sich nach dem Zweiten Weltkrieg als Standardmodell eingebürgert hatte, wieder abzuwickeln.

Engagement für die Lehre ist eine gute Sache, ebenso wie eine Entlastung vom Publikationstremolo, das allen Beteiligten die Sinneskanäle verstopft. Doch was um alles in der Welt bringt einen Literaturwissenschaftler dazu, die Frage des Forschens und Publizierens ausschließlich aus der ökonomischen Perspektive des Arbeitgebers zu sehen? Es ist nicht falsch, noch einmal daran zu erinnern, daß *jede* Publikation eines Universitätsforschers subventioniert ist, sowohl die kaum zitierten als auch die seltenen Fälle geisteswissenschaftlicher Bestseller. In den günstigen Fällen werden die Universitäten mit Reputationsgewinn belohnt, aber dafür gibt es keine Garantie. Das Problem mit Bauerleins Argumentation besteht darin, daß er so tut, als ob die von ihm ausgewerteten Bücher ausschließlich auf Druck der Universitäten zustande gekommen seien, weil Publikationen die Voraussetzung für Beförderung sind. Das stimmt zwar, läßt aber außer acht, daß es auch so etwas wie einen Begriff von der Freiheit der Forschung gibt. Ist es keine lohnenswerte Frage, ob es nicht auch den wenig oder gar nicht zitierten Autoren Befriedigung verschafft haben könnte, dieses oder jenes Buch zu schreiben? Ist es nicht mehr legitim, zu sagen: Man schreibt, um sich über ein bestimmtes Problem Klarheit zu verschaffen? Oder: Man schreibt, weil das für einen die adäquate Weise darstellt, sich zur Welt zu verhalten?

Und soll das nur noch für unabhängige Autoren, nicht mehr für angestellte Wissenschaftler gelten? Dem wäre entgegenzuhalten, was Max Weber einst im Zusammenhang mit dem »Erlebnis der Wissenschaft« anmerkte: »Ohne diesen seltsamen, von jedem Draußenstehenden belächelten Rausch, diese Leidenschaft, dieses: ›Jahrtausende mußten vergehen, ehe du ins Leben tratest, und andere Jahrtausende warten schweigend‹«[88] – ohne dieses Erlebnis entstehen keine ernst zu nehmenden Bücher. Nur in Büchern lassen sich verschiedene thematische und theoretische Stränge, die ansonsten nichts miteinander zu tun bekämen, zusammenflechten. Natürlich ist die Geistesgeschichte voll von bitteren Enttäuschungen über ausbleibende Rezeption und Erfolglosigkeit, aber vielleicht sollte es besser den Autoren überlassen bleiben, ob sie sich diesem Risiko aussetzen wollen oder nicht. Auf die konkrete Frage: *Wer wird das alles lesen?*, müssen sie auch im Hinblick auf die eigene Arbeit zu der Antwort bereit sein: *Niemand!* Oder wenigstens: *The happy few.*

Bauerlein hingegen geht es um die ökonomische Seite. Er rechnet vor, wieviel eine Universität aufwenden muß, wenn eines ihrer Mitglieder vier oder fünf Jahre benötigt, um ein Buch zu schreiben. Damit folgt er derselben ökonomischen Logik wie John Houghton mit seinen Berechnungen zu Open Access. Eine Studie zu Shakespeare oder Pina Bausch muß sich rechnen, nicht nur für den Verlag, sondern für die Forschungseinrichtung, an der sie entsteht. Wenn schon keine Patente oder Start-Ups dabei herausspringen, dann wenigstens kulturelles Kapital mit vielen Zitationen.

Die Promotion von Google Scholar zum entscheidenden Meßinstrument für Erfolg fetischisiert wissenschaftliche Erkenntnis und unterschlägt die bisweilen erheblichen Latenzzeiten, bevor diese wirksam wird. Vom sprichwörtlichen Gregor Mendel, der nicht in die *Wahrheit* der Vererbungslehre seiner Zeit hineinpaßte, einmal ganz abgesehen: Autoren wie Ludwik Fleck oder Norbert Elias haben ihre Hauptwerke *Entstehung und Entwicklung einer wissenschaftlichen Tatsache* und *Über den Prozeß der Zivilisation* 1934 und 1939 in tapferen Schweizer Verlagen veröffentlicht, vermochten jedoch aufgrund der historischen Situation keine nennenswerte Resonanz auszulösen.[89] Im Grunde wurden sie erst einmal vergessen, waren in den sechziger Jahren allenfalls einem kleinen Kreis von Spezialisten geläufig und erst, nachdem die Kulturgeschichte und die Wissenschaftsphilosophie sich zu verändern begannen, neue Fragen und Themen auftauchten, waren diese beiden Bücher wie gerufen zur Stelle und entwickelten sich im Rahmen der *suhrkamp culture* zu diskursbildenden Hauptwerken der Geisteswissenschaften und darüber hinaus zu Bestsellern: Elias' zweibändiges Werk wurde als Taschenbuch über 100.000 mal verkauft. Diese Bücher haben also eine Geschichtlichkeit, die ihnen im Moment ihrer Entstehung, beim Erscheinen und auch nachher noch nicht abzulesen war. Das mögen Ausnahmen sein, aber die Wissenschaften leben von Ausnahmen, und sie haben immer davon gelebt. Waters und Bauerlein haben recht, wenn sie sagen, daß die Wissenschaften darauf angewiesen sind, rezipiert zu werden, doch durch bürokratische Ge- und Verbote läßt sich das Problem der Überforschung nicht lösen. Und außerdem benötigen wir einen längeren Atem als die Zyklen der gängigen Aufmerksamkeitsökonomie, um die Bedeutung bestimmter Forschungen einigermaßen einschätzen zu können. Auch diese Langsamkeit gehört zur Plastizität und Variabilität des Buches.

Der Verweis auf strahlende Beispiele von Büchern, die lange nach ihrer Veröffentlichung wirksam wurden, darf nicht zu der Aussage verführen, die Republik der gedruckten Bücher sei ein ideales Gebilde. Das ist sie nicht und war sie nie. Die zahlreichen Bücher des 17. und 18. Jahrhunderts, die immer noch ungelesen in den Bibliotheken der Welt schlummern und darauf warten, von einem gnädigen Leser aus ihrem Schlaf geweckt zu werden, zeigen nur, daß wir es hier mit viel vergebener Liebesmüh', viel Leerlauf, viel Überschuß zu tun haben. Diese einsamen Helden des Wissens in den Bücherregalen vieler Bibliotheken werden durch die ungezählten Produkte der Überforschung vermehrt und vermehrt. Erfreulich ist das nicht, ebensowenig wie der Umstand, daß Steuerzahler im

Grunde dreimal bezahlen müssen, bevor sie ein akademisches Buch ihr eigen nennen dürfen. Sie zahlen für die Gehälter der Wissenschaftler, die die Bücher schreiben; für die Druckkostenzuschüsse, die häufig aus öffentlichen Förderungsorganisationen stammen, und für das Buch selbst, das sie kaufen wollen. Ein solches System läßt sich durchaus rechtfertigen, aber keinesfalls dadurch, daß Verlage nichts anderes tun, als vorab Geld einzusammeln, einen druckfertig gesetzten File entgegenzunehmen, die Druckmaschinen anzuwerfen und das publizierte Buch zu vertreiben. Jeder, der mit Büchern zu tun hat, weiß, daß es solche Verlage – alte und neue, namhafte und weniger namhafte – gibt und daß sie den Markt mit einer Vielzahl von Büchern fluten, bei denen einigermaßen unklar ist, nach welchen Kriterien – außer finanziellen – sie ins Verlagsprogramm aufgenommen wurden bzw. wieso sie überhaupt publiziert werden mußten.

Darauf sollten nicht bloß die Wissenschaften selbst eine Antwort geben, sondern auch die Verlage, sofern sie mehr sein wollen als bloße Produktvertreiber. Der positive Aspekt an dieser Malaise ist, daß die Selektionsmechanismen im akademischen Verlagswesen durchaus funktionieren. Von Ausnahmen in die eine und in die andere Richtung abgesehen, befindet sich eigentlich jedes Buch dort, wo es hingehört – in einem Verlag mit breiteren Publikumsintentionen, in einem kleineren gediegenen geisteswissenschaftlichen Fachverlag, der jedes seiner Produkte sorgfältig vorbereitet, oder in einem der Verlage, die quasi alles annehmen, wenn der Zuschuß stimmt. Anders gesagt: Das akademische Publikationswesen in bezug auf geisteswissenschaftliche Bücher ist eindeutig verbesserungsbedürftig, aber es ist keineswegs aus dem Ruder gelaufen. Trotz Überproduktion läßt sich die Spreu vom Weizen bei den gedruckten Büchern mit ein wenig Übung und Erfahrung nach wie vor gut trennen – Irrtümer selbstverständlich eingeschlossen.

Man kann sich schnell darauf einigen, daß zahlreiche Qualifikationsschriften, Sammelbände und Editionen besser auf universitären Servern aufgehoben wären. Es wird zuviel gedruckt, aber das ist nicht bloß den Verlagen anzulasten, sondern mindestens ebenso sehr einer von Projekt zu Projekt eilenden, ihre Akteure zu überhasteten Publikationen treibenden Wissenschaftskultur, die tatsächlich glaubt, gute Bücher wären im Eilschritt und mit Abkürzungen zu haben. Dieser Irrglaube wird nicht nur durch Projektforschung, sondern auch durch die Evaluationsexzesse befördert, wie sich am Beispiel des Research Excellence Framework in Großbritannien ziemlich eindrücklich zeigt. Dazu schreibt Keith Thomas, der als einer der angesehensten Historiker Großbritanniens gilt: »In my experience, this operation, though initially a stimulus, has in the longer run had appalling effects. It has generated a vast amount of premature publication and an even larger amount of unnecessary publication by those who have nothing new to say at that particular moment, but are forced to lay eggs, however addled. In the social sciences, it has discouraged the writing of books, as opposed to specialist articles, and by making peer review the ultimate arbiter it has very probably enshrined orthodoxies and acted as a curb on intellectual risk-taking and innovation.«[90] Voreilig, unnötig, spezialisiert, orthodox, faule Eier – so viel scheint sich seit Nietzsches Zeiten nicht geändert zu haben.

Der Alternative: *sorgfältiger auswählen, gründlicher beurteilen, weniger publizieren* dürfte kaum jemand widersprechen, aber damit ist man immer noch weit davon entfernt, das auch durchsetzen zu können. Vielleicht wird das hier und da beherzigt werden, aber insgesamt ist nicht zu erwarten, daß sich an der Überforschung in absehbarer Zeit etwas ändert. Dazu bedürfte es entweder eines ökonomischen Zusammenbruchs, der die Universitäten leerfegt, oder eines Philanthropen wie jenes wunderbaren, von Wolfgang Hildesheimer aufgespürten Gottlieb Theodor Pilz. »Sein Beitrag«, schreibt Hildesheimer, »zur Geschichte der abendländischen Kultur kommt in der Nichtexistenz von Werken zum Ausdruck, Werken, die durch sein mutiges, opferbereites Dazwischentreten niemals entstanden sind.«[91] Zwar konnte er Germaine de Staël nicht davon abhalten, ihr Werk *De l'Allemagne* zu schreiben, aber immerhin überredete er Rossini bei einem üppigen Abendessen, das Komponieren aufzugeben und sich fortan nur noch der Kochkunst zu widmen. Aber: Was immer uns erspart geblieben oder vorenthalten worden ist – diese Frage sollte nicht an irgendwelche Obrigkeiten delegiert, sondern von denjenigen entschieden werden, die die Forschung leisten und sie ans Licht der Welt bringen.

Insofern – ich wiederhole es – sind auch Verlage in der Verantwortung, neue intellektuelle Felder zu strukturieren, anstatt sich darauf zu beschränken, die Exzesse der Überforschung umsatzsteigernd in die eigenen Taschen umzuleiten. Für die Geisteswissenschaftler wiederum ginge es darum, ihr akademisches Publikationssystem zu überdenken. Anders als bei den Universalgelehrten des 17. Jahrhunderts, in deren Protest gegen die Bücherflut stets auch die Sorge mitschwang, etwas Entscheidendes zu verpassen – die Neugierde war damals eine zentrale epistemische Tugend –, kommt in den heutigen Reaktionen auf die Überforschung eher ein gelangweiltes Abwinken zum Ausdruck, das von Zynismus und Gleichgültigkeit nicht weit entfernt ist. Diese beiden Eigenschaften sind für jede Art von Wissenschaft das Todesurteil. Zu viel Information war immer schon, aber die Weisen, darauf zu reagieren, haben sich gewandelt. Wie sollen wir mit der anhaltenden Bücherflut umgehen? Der Sammelbandüberforschung wird Open Access eine neue Heimat geben, aber das ist nur eine Verlagerung, keine Lösung des Problems. Und bevor man sich damit abfindet, daß die monographischen Bücher, insbesondere die Qualifikationsschriften, die irgendwo auf dem Weg zum Buch steckengeblieben sind, im Getriebe von Open Access mit dem Stempel der Ununterscheidbarkeit versehen werden, gilt es zumindest, sich die Lage der Dinge genauer vor Augen zu führen.

Das offene Buch

Von der Krise des geisteswissenschaftlichen Buches war nun schon mehrfach die Rede. Im englischen Sprachraum ist sie viel verbreiteter als im deutschen, aber natürlich stellt sich überall die Frage, ob Open Access das richtige Rezept zur Überwindung der Krise darstellt, eher irrelevant ist oder möglicherweise sogar Schaden hervorruft. Schon an diesem Punkt mag der Einwand erhoben werden, wieso überhaupt Unterschiede zwischen Zeitschriftenartikeln und Büchern bestehen sollen, da es doch im Wesentlichen auf die Inhalte ankommt: »Whether a given line of research serves wellness or wisdom, energy or enlightenment, protein synthesis or public safety, OA helps it serve those purposes faster, better, and more universally.«[92] Das klingt vernünftig, und einmal mehr sind die grundsätzlichen Ziele von OA – Demokratisierung des Wissens zum Zwecke politisch-kultureller Emanzipationsbemühungen – verteidigenswert. Dennoch scheint es mir ein Gebot der Vernunft zu sein, ein wenig Luft aus dem prall mit Erwartungen gefüllten Ballon abzulassen, den die Advokaten von Open Access haben steigen lassen.

Der Unterschied zwischen einem naturwissenschaftlichen Artikel und einer geisteswissenschaftlichen Monographie besteht darin, daß es sich um zwei andersartige Weisen wissenschaftlicher Artikulation handelt. Zur Erinnerung: Ein naturwissenschaftlicher Artikel ist in aller Regel am interessantesten im Moment seiner Publikation – nicht selten sogar vorher, wenn er bereits in der scientific community zirkuliert. Dafür ist es entscheidend, daß er frei verfügbar ist, auch für Wissenschaftler in jenen Teilen der Welt, die die Preise für Zeitschriften nicht bezahlen können. Nach dieser heißen Phase hat der Artikel eine kurze Halbwertszeit. Gewiß variiert das von Disziplin zu Disziplin, aber spätestens nach zehn Jahren sind die meisten Artikel aus dem Zitationskarussell rausgeflogen. Ein weiterer Punkt ist, daß die inhaltliche Arbeit an Artikeln ausschließlich von Wissenschaftlern geleistet wird, und zwar unentgeltlich. Die Zeitschriftenverlage kümmern sich nur um formale Gestaltung, digitale Aufbereitung und Distribution.

Mit einem Buch verhält es sich anders, denn sein Wirkungszyklus ist wesentlich länger. Anstelle von schnellstmöglicher Zirkulation geht es um langsame Verbreitung. Naturwissenschaftler befassen sich im Schnitt ungefähr 30 Minuten mit einem Artikel. Bei Büchern kommt man damit in der Regel nicht allzu weit. Genaue Lektüren, Anstreichungen, Randkommentare, Exzerpte, Rezensionen, kontextualisierende Diskussionen, pointierte Ausschnitte durch Zitate und Paraphrasen, aufmüpfiges Lesen gegen den Strich – das sind die Rezeptionsformen, auf die Bücher angewiesen sind. Und das kostet Zeit; in manchen Fällen kann es sich sogar um Jahre oder Jahrzehnte handeln. Das Gebot der Schnelligkeit, das für Open Access spricht, ist hier also kaum relevant. Und was die bessere und universellere Verbreitung betrifft, so ist es unbestreitbar, daß ein hochgeladenes Digitalisat seinen Dienst perfekt erfüllt – theoretisch, denn damit das passiert, müssen eine Reihe von Bedingungen erfüllt sein, die über das, was für OA in den STM-Fächern gilt, weit hinausgehen.

Breiter Zugang zum Wissen ist unabdingbar für Zivilgesellschaften, aber ist der Zugang zu den Schriften Montaignes oder Kants besser geworden, seit sie frei im Netz verfügbar und nicht mehr nur für ein paar Euro als Taschenbücher zu kaufen sind? Auf der technischen Ebene lautet die Antwort *ja*, sofern man über ein entsprechendes Gerät verfügt – aber was folgt daraus? Für Spezialisten ist es nun bequemer, das Auftauchen bestimmter Begriffe, Redewendungen oder Namen nachzuverfolgen. Es versteht sich von selbst, daß der Forschung damit neue Impulse verliehen werden, sofern deren Neugierde und Phantasie über bloßes Abzählen und Abmessen hinausgeht. Und es versteht sich auch, daß es ein nicht zu unterschätzendes symbolisches Signal ist, wenn diese Zugangsmöglichkeit im Prinzip allen Menschen zur Verfügung steht, die über Computer und Internetanschluß verfügen. Doch wer so treuherzig ist und glaubt, der kostenlose Zugang zu Montaigne oder Kant intensiviere das lokale oder globale Gespräch über diese Philosophen oder verbessere gar Bildung und zivilisatorisches Niveau der Menschheit, der sei an die Geschichte des wissenschaftlichen Taschenbuchs erinnert. Ein großer Fortschritt zweifellos, als Kant und Platon vor einem halben Jahrhundert für Kleingeld erworben werden konnten. Aber irgendwann war es mit der großen Leselust, wie wir gesehen haben, auch wieder vorbei. Damit möchte ich den Nutzen der Taschenbücher damals und heute und der OA-Editionen heute und in Zukunft gar nicht in Abrede stellen. Zu Recht feiert die akademische Welt gerade in diesen Tagen, da ich das Kapitel noch einmal überarbeite, den unbeschränkten digitalen Zugang zu den Schriften Albert Einsteins.[93] Ich möchte meine Skepsis keineswegs als grundsätzliches Argument gegen OA verstanden wissen, sondern nur die oft damit assoziierten überzogenen Heilserwartungen in Frage stellen und vor allem der Ansicht entgegentreten, wonach OA gedruckte Bücher und deren Verkauf überflüssig macht.

Rufen wir uns die weiteren Argumente für Open Access noch einmal kurz in Erinnerung: Wissenschaftliche Zeitschriften sind unverhältnismäßig teuer und behindern die rasche globale Zirkulation von Forschungsergebnissen, was für Innovation und Wachstum schädlich ist. An den Preisen für geisteswissenschaftliche Zeitschriften ist das akademische Publikationswesen nicht gescheitert, und niemand hätte je behauptet, daß deren Bücher oder Aufsätze maßgebliche Motoren für wirtschaftliche Prosperität wären.

Weiterhin wird oft gesagt, daß wissenschaftliche Forschung durch OA breiter, und das heißt: außerhalb der entsprechenden Fachdisziplin, rezipiert werde, was insbesondere für kleinere, marginalisierte Fächer ein Vorteil sein könnte. Ob das wirklich zutrifft, muß sich erweisen, denn in den OA-Diskussionen um Verbreitung und Rezeption wird schnell übersehen, daß gesellschaftliche Relevanz und Aktualität für die Rezeption viel entscheidender sind als bestimmte Formate. Es ist wohl zu beobachten, daß Journalisten Forschungsartikel aus *PLOS ONE* und anderen OA-Journalen immer häufiger referieren, und das dürfte nicht bloß an der Originalität der dort publizierten Arbeiten liegen. Doch ob das auf geisteswissenschaftliche Bücher übertragbar ist, ob Bücher häufiger in Zeitungen und Zeitschriften rezensiert werden, nur weil sie kostenlos zur Verfügung stehen, oder ob die Rezeption eines Buches – ich meine nicht quantifizierbares Anklicken von Seiten oder Downloads – durch OA intensiviert wird, scheint mir sehr zweifelhaft zu sein. Vor fünfzig Jahren haben die Geisteswissenschaften vom preiswerten Taschenbuch außerordentlich profitiert. Wird sich eine ähnlich günstige Geschichte über Open Access erzählen lassen? Im Moment deutet nichts darauf hin.

Eine Variante des Verbreitungs-Arguments besagt, daß die freie Verfügbarkeit eines buchlangen Textes im Netz dem Verkauf eines Buches in einem Verlag nützlich ist, »weil es überhaupt erst einmal von der Existenz des Produktes zeugt, das in dem immer unübersichtlicher werdenden Buchmarkt ansonsten häufig untergeht«.[94] Gute Bücher gehen nur unter, wenn es keine verläßlichen Orientierungspunkte, keine vorzüglichen Verlage und keine entsprechenden Foren mehr gibt, auf denen diese Bücher diskutiert werden. Wird der Buchmarkt immer unübersichtlicher? Es ist doch eher so, daß auf Servern geparkte Texte ebenso marginal bleiben wie gedruckte akademische Massenware, die in einem drittklassigen Verlag erscheint – und das ist für die Forschung nicht einmal schlecht, weil es bei diesen Publikationen nicht um Bücher geht, die man liest, sondern nur um Informationen, die man ihnen entnimmt. Und diese speziellen Informationen findet man im Netz leichter als auf Papier. Das aber kann den Verlagen gleichgültig sein. Wenn der Buchverkauf durch OA angekurbelt würde, hätten sich zahlreiche Verlage für diesen Weg entschieden. Haben sie aber nicht, und daraus ist zu schließen, daß Open Access sich beim wissenschaftlichen Sachbuch nur rechnet, wenn es von der öffentlichen Hand großzügig subventioniert wird. Einige Verlage haben sich genau darauf bereits eingestellt, womit sie Gefahr laufen, das weiterzuentwickeln, was aus der Papierwelt der Bücher schon bekannt ist: reine Dienstleister zu sein, die keinerlei programmatischen Anspruch mehr erheben, dafür jedoch wie eine Billigfluggesellschaft einen Grundservice anbieten und jede weitere

Leistung extra berechnen. Dafür sind manche Verlage, die diesen Namen kaum mehr verdienen, sogar bereit, ganz auf Papier zu verzichten und ihren Server als digitalen Leviathan zu errichten.

Ein besonders pikantes Argument, das immer wieder angeführt wird, besagt, daß OA-Formate die Aufdeckung von Plagiaten erleichtern. Das stimmt – und wir haben es hier mit einer beängstigend symmetrischen Verteilung zu tun: Plagiate gab es lange vor dem Internet, aber mit der Simplizität von Copy & Paste, wie sie das Netz ermöglicht, ist die Verführung erheblich größer geworden. Umgekehrt sind auch vor den Zeiten des Computers bereits Plagiate aufgedeckt worden, aber nun geht es viel leichter – inklusive der Falschbeschuldigungen durch unsachgemäßen oder böswilligen Gebrauch der notwendigerweise unvollkommenen Plagiatssoftware. Das ist alles richtig, aber als Maxime im Hinblick auf unsere zivilisatorische Verfaßtheit ist die Verknüpfung von Open Access und Plagiat nicht erfreulicher als der Satz, daß die flächendeckende Anbringung von Überwachungskameras die Aufklärung von Verbrechen erleichtert.

Noch ein Punkt: Durch OA wird die weitere Verwendung von Publikationen durch andere ermöglicht. Auch das stimmt, aber hier sind die beiden einander widersprechenden Bedeutungen von *Open* für Bücher besonders prekär. Alle Textarbeiter profitieren von der Bequemlichkeit, einen digitalen Text auf bestimmte Begriffe, Namen usw. hin abzusuchen. Ich räume sofort und ohne Umschweife ein, daß in dieses Buch viele Texte – auch Bücher – eingegangen sind, die ich zuerst digital und zum Teil auch nur digital konsultiert habe. Das schließt fragmentarische Textausschnitte etwa bei Google Books ein, die es mir ermöglichen, mir das betreffende Buch zu besorgen. Die digitale Auffindbarkeit und Verfügbarkeit von wissenschaftlicher Literatur ist also selbstverständlicher Bestandteil einer Forschungspraxis, die ein Buch wie dieses ermöglicht. Der hiermit verbundene Begriff von *Open* bezieht sich auf Lektüre, Rezeption, Kommunikation und Forschung, also das, was zum Leben der Bücher gehört.

Nun verwenden nicht nur menschliche Leser einen Text, sondern auch Computer, und deswegen wird der Maschinenlesbarkeit von Texten im XML-Format so große Bedeutung beigemessen. Data Mining kann ausschließlich wissenschaftlichen Zwecken dienen, muß es aber nicht, und hier wird der zweite Begriff von *Open* auf unangenehme Weise wirksam. Die Offenheit von Daten soll laut weitgehender Übereinkunft der politischen Kaste für Innovation und wirtschaftliche Prosperität sorgen. In den STM-Fächern kann die unbegrenzte Offenheit durch Patentanmeldungen eingehegt werden, aber was passiert mit geisteswissenschaftlichen Büchern, wenn diese nach den von Stevan Harnad aufgestellten Postulate durch beliebige Akteure öffentlich verbreitet, bearbeitet, umgepflügt und sogar kommerziell genutzt werden können? Sofern der Name des ursprünglichen Autors korrekt genannt wird, werden diese Texte zu einer bedingungslosen Open Source, die der Kontrolle ihrer Urheber entzogen ist. Im Fachjargon der freien Nutzungsmöglichkeiten von Computer-Software heißt das CC-BY-Lizenz, was der liberalsten Form im Rahmen des Lizenzierungssystems *Creative Commons* entspricht.

Man muß sich klarmachen, daß diese Form von Offenheit die Einverleibung der Remix-Kultur in kapitalistische Geschäftsmodelle bedeutet. Gerade in den narrativ vorgehenden Geisteswissenschaften sind genügend Stoffe für unterhaltsame, belehrende, melodramatische, triviale oder sonstwelche Bearbeitungen in allen möglichen Genres enthalten, und nicht wenige Geisteswissenschaftler dürften sich die Augen reiben, wenn ihre Texte, Geschichten und Analysen ausgeweidet und entsprechend zugerichtet an die Unterhaltungsindustrie weitergereicht werden. Wenn viele tausend Texte nach bestimmten Kriterien durchsucht werden können, werden sich dabei zweifellos einige brauchbare Ideen, Geschichten, Figuren oder Plots herauspräparieren lassen. Autoren, die eigene Ideen haben, werden dann nicht mehr benötigt, wohl aber eine neue Berufsgruppe namens *Data Scientists*. Zur Zeit verfügt diese noch kleine, jedoch als besonders zukunftsträchtig angesehene Gruppe über Kompetenzen in Informatik und Ökonomie, was auch sinnvoll ist, weil sie sich um geschäftsträchtige Big Data kümmern soll, die in Unternehmen generiert werden, bislang jedoch brachliegen.[95] Es wird jedoch nicht lange dauern, bis sich *Data Cultural Scientists* Daten aus Kultur und Geisteswissenschaften vornehmen, um sie gewinnbringend weiterzuverwerten, ohne daß die Urheber den geringsten Einfluß darauf hätten, was mit diesen Daten geschieht.

Zwar können Texte gegen kommerzielle Verwertung (CC-BY Non-Commercial) und sogar gegen Remix (CC-BY Non-Derivative) geschützt werden, aber das entspricht nicht den Vorstellungen der Politiker und der öffentlichen Förderorganisationen, die OA als Zwangsmaßnahme eingeführt haben. Der österreichische Wissenschaftsfonds FWF beispielsweise schreibt zwingend vor, daß von ihm geförderte Publikationen bei golden OA ohne Einschränkung (CC-BY) und bei green OA mit Ausnahme kommerzieller Nutzung (CC-BY-NC) verwertbar sein müssen.[96] Wenn ein Autor oder Urheber nicht mehr darüber mitbestimmen kann, in welcher Form und in welchem Format sein Text publik gemacht wird, so fällt mir dafür kein anderer Begriff ein als staatlich verordnete Entmündigung. Als Legitimation für so weitgehende Maßnahmen wird nicht selten das letzte und quasi ultimative Argument für Open Access aufgerufen, wonach öffentlich finanzierte Forschung denjenigen, die sie bezahlt haben, also den Steuerzahlern, kostenlos zur Verfügung stehen soll. Das ist trotz seiner populistischen Anmutung ein gewichtiges Argument und trifft für alle Wissenschaften zu, weswegen ich noch ausführlicher darauf zurückkommen werde.

Skepsis gilt einmal mehr nicht den technologischen Potentialen oder der Idee der Offenheit als solcher, sondern den destruktiven Attitüden des bürokratischen Machtapparats und den sozioökonomischen Rahmenbedingungen, unter denen diese Veränderungen durchgesetzt werden. Auch in der Welt des geisteswissenschaftlichen Buches kann es, wie bei den naturwissenschaftlichen Zeitschriften, dahin kommen, daß eine Umleitung der Geldflüsse stattfindet, bei der die smarten Dienstleister, die auf Masse und Macht setzen, gewinnen, während die eigensinnigen, nicht ausschließlich auf Profit schielenden Akteure mit Anspruch auf Prägnanz, Profil und Papier verlieren. Und auch die Autoren scheinen zu verlieren, nämlich die Freiheit, ihr Buch in dem Format und an dem Ort zu veröffentlichen, wo sie es wollen. Das klingt zugegebenermaßen alarmistisch, also schauen wir uns die Situation etwas genauer an.

Eine Zeitlang sah es so aus, als würde OA nur für Publikationen in periodisch erscheinenden Organen gelten. Das schien auch nicht unplausibel zu sein, da die Formeln von Bibliothekenkrise, schneller Zirkulation, Innovation und Nützlichkeit auf die STM-Fächer gemünzt waren. Doch wenn es je einen Schutzschirm um Bücher gegeben haben sollte, dann hat er nicht lange gehalten, und das ist nicht zuletzt auf papiermüde Bibliothekare sowie auf die Aktivitäten der Funktionäre, Manager und Bürokraten zurückzuführen, die für die finanzielle Steuerung des wissenschaftlichen Apparats zuständig sind. Bei den Zeitschriftenartikeln dient die Drittmittelbewilligung der Förderorganisationen als Hebel, um Open Access für Forschungsartikel verpflichtend durchzusetzen, bei den geisteswissenschaftlichen Büchern sind es zum gegenwärtigen Zeitpunkt die Druckkostenzuschüsse, mit denen das gleiche Ziel erreicht werden soll.

Österreich und die Schweiz, wo die nationalen wissenschaftlichen Förderorganisationen Open Access zur notwendigen Voraussetzung für die Subvention von Buchpublikationen gemacht haben, können hier als Beispiele herangezogen werden. In anderen Ländern wartet man erst einmal ab, aber immerhin gibt es europäische Initiativen wie Open Access Publishing in European Networks (OAPEN), die sich mit akademischen Büchern befassen. Konkreter: In Großbritannien und in den Niederlanden wurden öffentlich geförderte Projekte ins Leben gerufen, die die Umsetzung von OA bei wissenschaftlichen Büchern mittels empirischer Studien, Umfragen und Konferenzen ausloten und vorbereiten sollen. Besonders aufschlußreich sind Untersuchungen, die sich den Effekten von OA auf die Verbreitung von kostenlosen Downloads sowie den Verkauf von Büchern widmen.[97]

»Open Access publishing has no negative effect on book sales, and increases online usage and discovery considerably.«[98] Das klingt sowohl für Wissenschaftsverlage als auch für Autoren und OA-Befürworter recht verlockend. Läßt sich aus der niederländischen Studie, der dieses Zitat entstammt, womöglich das Zukunftsmodell für akademische Bücher ableiten? Schauen wir uns das Studiendesign genauer an: An der Untersuchung beteiligten sich acht niederländische Wissenschaftsverlage. Sie druckten und publizierten insgesamt 50 Bücher nach dem gewohnten Prinzip, stellten aber auch ein Digitalisat des gesetzten Textes zur Verfügung, das gleichzeitig mit dem gedruckten Buch auf dem öffentlich zugänglichen Server des OAPEN-Netzwerks hochgeladen wurde. Dafür erhielten sie einen Zuschuß von durchschnittlich 12.000 € pro Titel. Zum Vergleich diente eine Kontrollgruppe von 36 Büchern, welche die beteiligten Verlage etwa im gleichen Zeitraum nach dem traditionellen Modell, also ohne OA-File, herausbrachten. Was bedeutet es, wenn der Verkauf der Bücher beider Gruppen sich nicht unterscheidet?

Zunächst: Man wird dieser Studie kaum unrecht tun mit der Feststellung, daß sie von vornherein als Open-Access-Vehikel dienen sollte, zumal deren Autoren sich bereits vorher als explizite Verfechter von OA geäußert hatten. Das entwertet die Ergebnisse der Studie nicht, führt allerdings zu einigen sonderbaren Einschätzungen und Schlußfolgerungen. Analog zur »serials crisis« spricht der Bericht von einer »monograph crisis« in den Geisteswissenschaften und identifiziert als Ursache dafür zu Recht die ruinöse Preisgestaltung der STM-Zeitschriften. Mit viel weniger nachvollziehbaren Gründen wird die Krise aber auch auf Preissteigerungen bei den Monographien selbst zurückgeführt. Es stimmt wohl, daß »individuelle Forscher und Studenten sich keine Monographien leisten können, die mehr als £ 50 kosten«,[99] doch das konnten sie vor 30 oder 40 Jahren, als gebundene Bücher ebenfalls nicht zum Schnäppchenpreis zu haben waren und der Buchhandel in schönster Blüte stand, auch nicht.

Lassen wir die erheblichen nationalen Unterschiede für einen Moment beiseite, so mag es viele Gründe dafür geben, warum geisteswissenschaftliche Bücher sich immer schlechter verkaufen: Sie sind im Durchschnitt spezialisierter und langweiliger geworden; es gibt viel zu viele davon, so daß Übersättigung eingetreten ist; die Kenntnis solcher Bücher hat nicht mehr den gleichen sozialen Stellenwert wie vor vierzig Jahren; geisteswissenschaftliche Erkenntnis wird generell kritischer betrachtet, weil sie nicht der neoliberalen Nützlichkeits-Ideologie entspricht; Wissenschaftler kaufen und lesen weniger wissenschaftliche Bücher, weil sie sich mit anderen Dingen wie Forschungsanträgen, Evaluationen usw. befassen müssen; das Wissen, das früher aus Büchern gezogen wurde, speist sich heute in einer digestiven Version aus anderen Medienformaten wie Vortragsmitschnitten, Interviews, Wikipedia-Einträgen usw.; nicht wenige potentielle Leser erwarten, daß Bücher kostenlos sind. Es gibt viele Gründe für die Auflagenkrise der geisteswissenschaftlichen Bücher, doch der Buchpreis dürfte kaum dazugehören.

Dennoch werden die Buchpreise für die Empfehlung herangezogen, alle wissenschaftlichen Bücher, die einem Peer Review unterzogen wurden, in einer OA-Ausgabe zugänglich zu machen.[100] So unplausibel dieses Argument auch ist, es schließt sich die Frage an, ob OA dann auch für begutachtete Taschenbücher oder Broschuren gelten soll, die vielleicht 20 € kosten und gar nicht subventioniert worden sind. Und was soll mit Editionen oder Büchern geschehen, die zahlreiche Abbildungen enthalten, also solchen Publikationen, bei denen Copyright-Probleme die Regel sind? Der niederländische Bericht ist in diesem Punkt nicht eindeutig, und das ist ein Problem, denn er erfaßt nur solche Bücher, deren Verkauf auf maximal 200 Exemplare berechnet ist. Das bedeutet: Sie tauchen nie im Buchhandel, nie auf den Regalen privater Buchkäufer auf, werden nur an Bibliotheken verkauft und könnten ohne Subventionierung so oder so nicht publiziert werden. Wir reden also vom *vanity publishing*, von den zahlreichen Produkten der Überforschung und Hochspezialisierung, die sich in puncto Rezeption irgendwo zwischen *uncitedness* und verschwenderisch wenigen Lesern bewegen.

Der Befund, daß die Verkaufszahlen der untersuchten Bücher durch OA nicht beeinträchtigt werden, ist darauf zurückzuführen, daß das Geschäft am individuellen Buchmarkt vorbeiläuft und eine gewisse Anzahl an Bibliotheken weiterhin zuverlässig Bücher kauft, selbst wenn der Text digital zirkuliert. Wenn die Autoren der Studie Hybridmodelle für akademische Bücher fordern, dann mag das für eine nicht unerhebliche Gruppe von Titeln ein diskussionswürdiges Modell darstellen. Das auf alle wissenschaftlichen Sachbücher auszudehnen wäre jedoch durch die Ergebnisse dieser Studie in keiner Weise legitimiert.

Jenes von den Open-Access-Advokaten als Kompromiß vorgeschlagene Hybridmodell kann nur unter der Voraussetzung funktionieren, daß die finanziellen Budgets für solche Publikationen erheblich aufgestockt werden, denn offensichtlich ist dieses Modell teurer als das bisherige. Leider ist die weitere finanzielle Entwicklung eine unbekannte Größe. Ob diejenigen Bibliotheken, die jetzt noch gedruckte Monographien anschaffen, das in ein paar Jahren unter veränderten finanziellen Belastungen beibehalten werden, ist unklar, zumal einige Bibliothekare den Eindruck erwecken, als bestünde ihre Mission darin, auf die papierfreie Bibliothek hinzuarbeiten. Insofern stellt die Aussage »no negative effect on book sales« nicht mehr als eine Momentaufnahme dar. Was aber passiert, wenn sich die Ansicht durchsetzt, auf Papier, Druck und Leim verzichten zu können? Autoren dürften dagegen protestieren, aber die ökonomische Logik ist nicht auf ihrer Seite: Der in der niederländischen Studie errechnete Betrag von durchschnittlich 12.000 € (bei Schwankungen zwischen 6.000 und 20.000 €) pro Buch ließe sich halbieren, wenn man nur die Kosten für ein Digitalisat zugrunde legt – wobei natürlich die mittelfristig anfallenden Infrastruktur- und Stromkosten nicht mitberücksichtigt sind.

Diese Sichtweise hat sich der Schweizer Nationalfonds (SNF) mit der Verordnung zu eigen gemacht, daß Open Access zur zwingenden Voraussetzung für die Subvention von Monographien gemacht wird, gleichzeitig jedoch ausdrücklich nur die Kosten bis zur »Druckvorstufe« übernommen werden.[101] Das gedruckte Buch wird zum nebensächlichen Privatvergnügen des Autors: »Den Forschenden steht es frei, parallel zur digitalen Version ein gedrucktes Buch zu publizieren.«[102] Lakonischer könnte man es kaum ausdrücken, und auch wenn sich der SNF nach einigen Protesten genötigt sah, ein schmallippiges Bekenntnis – »Das gedruckte Buch ist wertvoll« – abzulegen, wird hier ein ganz anderes Problem deutlich, das nicht mehr nur in finanziellen Kategorien anzusiedeln ist: Der wichtigste öffentliche Geldgeber der Schweiz scheint der geisteswissenschaftlichen Buchkultur nicht mehr zuzutrauen, einen eigenständigen, markanten Beitrag zum zivilgesellschaftlichen und kulturellen Selbstverständnis dieses Landes zu leisten. Das gedruckte Buch ist ein Störfaktor bei der reibungslosen Durchsetzung des neuen digitalen Publikationsregimes.

Ein Blick nach Österreich offenbart eine im Prinzip gleiche und doch ganz andere Open-Access-Strategie. Dort nämlich schreibt der nationale Wissenschaftsfonds FWF bereits seit einigen Jahren OA für Bücher vor, ist allerdings auch bereit, pro Titel 14.000 € Zuschuß an den Verlag zu zahlen. Das ist deutlich mehr als in der niederländischen Berechnung angegeben und läßt zumindest darauf schließen, daß Buchdruck und Open Access gleichermaßen gefördert werden. Bislang befinden sich 265 Titel zum Herunterladen in der FWF-E-Book-Library und ebenso im Angebot verschiedener Verlage. Schaut man sich diese Liste etwas genauer an, macht man eine überraschende Entdeckung. 175 Titel, das sind ziemlich genau zwei Drittel aller geförderten Bücher, sind im Böhlau Verlag erschienen.[103] Das ist erklärungsbedürftig. Die naheliegendste Antwort lautet, daß Böhlau Open Access als einträgliches Geschäftsmodell zu nutzen versteht. Zwar sind Zahlen über verkaufte Exemplare ebensowenig bekannt wie die Gewinne, die mit OA gemacht werden, aber es ist schwer vorstellbar, daß der Verlag sich ohne Gewinne so nachhaltig daran beteiligen würde. Als Erklärung reicht das aber nicht aus.

Bereits vor den Zeiten von Open Access agierte Böhlau weitgehend als Subventionsverlag, der ein erhebliches Volumen an Titeln in den Geistes- und Kulturwissenschaften publizierte. Obwohl der Verlag über Standorte in Österreich und Deutschland verfügt, ist sein Zentrum eindeutig Wien. Thematischer Schwerpunkt des Verlags und auch der 175 OA-Bücher sind österreichische Kultur, Literatur, Künste und Geschichte, vornehmlich von Autoren geschrieben, die an den Universitäten des Landes arbeiten. Nun muß man wissen, daß die österreichische Kulturpolitik 1993 das Instrument der sogenannten Verlagsförderung eingeführt hat, die der Stärkung des österreichischen Verlagswesens dienen soll und es den Verlagen erlaubt, jährlich bis zu 160.000 € zu beantragen. Der Böhlau Verlag bedient sich dieser Geldquelle alljährlich, wie andere Verlage auch.[104] Gleichwohl legt die massive Zusammenarbeit zwischen FWF und Verlag die Vermutung nahe, daß es sich hier um einen verkappten Staatsverlag handelt, der mit seinem Publikationsmodell so lange weitermachen kann, wie dieser ins Profil der österreichischen Kulturpolitik paßt. Und in dieses Szenario fügt sich die Open-Access-Strategie des FWF nahtlos ein.

Der Vergleich zwischen Österreich und der Schweiz legt nahe, daß es, ähnlich wie bei den unterschiedlichen wissenschaftlichen Disziplinen auch, hinsichtlich der Bücher keine einheitliche OA-Politik gibt und geben kann, weil die gewachsenen kulturellen Eigenarten zu entsprechend unterschiedlichen Strategien führen. In der Schweiz scheint die Subventionierung der akademischen Buchkultur, anders als in Österreich, nicht so sehr zum Portfolio des kulturellen Selbstverständnisses zu gehören. Wo Bücher offiziell zur Privatangelegenheit erklärt werden, ist der bürgerliche Konsens zumindest teilweise aufgehoben, wonach Wissenschaft und Kunst auch dann mit Selbstverständlichkeit gefördert werden, wenn man selbst nicht daran partizipieren mag. Von dort ist es dann nur noch ein kleiner Schritt dahin, das Buch als Ausdruck der Arroganz einer geistigen Elite zu denunzieren. Eine solche anti-intellektuelle Haltung haben wir bereits im ersten Kapitel bei einigen fanatisierten Internet-Trollen kennengelernt. Wenn die gleiche Haltung sich – im vornehmeren Gewand – in einer machtvollen staatlichen Institution einnistet, verheißt das für die jenseits von Naturwissenschaften und Ökonomie gelegenen Gebiete der höheren Bildung wenig Gutes.

Die Vorgänge in der Schweiz und in Österreich mögen besonders frappierend wirken – und doch wird auch an anderen Orten versucht, der am wenigsten rezipierten geisteswissenschaftlichen Literatur mit Open Access unter die Arme zu greifen. In Deutschland hat sich zu diesem Zweck ein ganz anderes Phänomen entwickelt, nämlich die Neugründung von Universitätsverlagen. Soweit ich es verstehe, gibt es hier zwei Gangarten: Entweder die Verlage werden, wie in Göttingen oder Potsdam, in Eigenregie der Universität geführt und bilden eine Unterabteilung der jeweiligen Universitätsbibliothek; oder die Verlage sind wie in Mainz, Wien, Bonn oder Osnabrück virtuelle Gebilde und gehören als Imprint zu v & r unipress, die wiederum ein Tochterunternehmen des traditionsreichen Göttinger Verlags Vandenhoeck & Ruprecht darstellt.[105]

Eine detaillierte Untersuchung dieser neuen Verlage wäre lohnend, doch für den Moment muß es genügen, sie durch einen kurzen Vergleich mit den amerikanischen Universitätsverlagen zu charakterisieren. Zunächst einmal fällt auf, daß die deutschen Universitätsverlage im Gegensatz zu den amerikanischen keine autonomen Einrichtungen sind und dementsprechend auch nicht über das für einen Verlag typische Personal – Lektorat, Herstellung, Vertrieb, Presseabteilung usw. – verfügen. Also gibt es innerhalb des Verlags auch keine inhaltliche und gestalterische Arbeit am Buch. Dessen Herstellung orientiert sich nicht an qualitativen, gestalterischen oder ästhetischen Merkmalen, sondern am möglichst geringen Preis. Aktive Vermarktung und Vertrieb sind ebensowenig vorgesehen. Weiterhin verfügen diese Verlage wohl über akademische Gremien, die sich aus Professoren der jeweiligen Universitäten rekrutieren, doch inwieweit hier ein selektierendes Peer-Review-Verfahren besteht, ist nicht recht ersichtlich. Mit dem strengen, aufwendigen und mehrstufigen Peer Review der amerikanischen Universitätsverlage jedenfalls hat das nichts zu tun. Schließlich liegt der vielleicht gravierendste Unterschied darin, daß die Bücher in den deutschen Universitätsverlagen fast ausschließlich von Mitgliedern der betreffenden Universität stammen.

Worin liegt das Motiv der Universitäten, ein Modell aus der frühen Neuzeit aufzugreifen, als es keine Seltenheit war, daß die Lehranstalten über Druckereien verfügten, in denen die Werke ihrer Professoren erschienen? Warum vertrauen sie nicht auf den akademischen Wettbewerb und setzen die Forschungsergebnisse ihrer Mitglieder jener Reputationshierarchie aus, die durch das Verlagssystem gegeben ist? Warum nehmen sie in Kauf, daß Reputation und Prestige dieser Kleinwirtschaft und der darin produzierten Erkenntnisse bei null liegen? Zynisch gesagt: In den universitätseigenen Verlagen erscheinen Qualifikationsarbeiten und Sammelbände, die bei anderen Verlagen mit großer Wahrscheinlichkeit keine Chance hätten oder zumindest so verborgen wären, daß die Universitäten glauben, diesen Büchern durch Eigenvertrieb mit oder ohne Open Access größere Sichtbarkeit zu verleihen.

Hier ist eine neue Form von grauer Literatur entstanden, die zwar nicht in Preprints, Broschüren oder Privatdrucken besteht, welche sich eine bestimmte Institution leistet und die für die Allgemeinheit vielfach nur schwer zugänglich ist. Vielmehr kann man diese Bücher kaufen, und als Digitalisate sind einige von ihnen sogar allgemein zugänglich. Dennoch handelt es sich um graue Literatur, die in kleinsten Zirkeln verbleibt, weil nicht einmal die Mehrzahl der Akademiker diese Verlage dem Namen nach kennt. Ich möchte nicht insinuieren, daß es sich hier um Forschungsarbeiten handelt, die nicht einmal das Prädikat publikationswürdig verdient haben. Kein Zweifel, daß Spezialisten in diesem grauen Bereich brauchbare Spezialuntersuchungen finden. Aber es handelt sich doch um Clusterbildungen der Überforschung, die von den Universitäten selbst reguliert werden. Ein pointiertes Verlagsprogramm ist damit nicht zu erreichen und auch nicht intendiert, denn dazu müßten sich Profis ausschließlich diesem Gegenstand widmen. Statt dessen entsteht ein Potpourri aus allen möglichen Publikationen, die dem entsprechen, was an der betreffenden Universität gerade passiert. Open Access ist ein Teil, wenn nicht das Ziel dieses Szenarios. Ob in diesem Zusammenhang der stolze Name eines Universitätsverlags mehr ist als inhaltsleeres Branding, darf bezweifelt werden.

Es ist unklar, ob die Publikationen dieser Universitätsverlage noch zu denjenigen der profillosen Subventionsverlage hinzukommen oder ob hier eine Verdrängung stattfindet. Bei oberflächlicher Betrachtung mag es gleichgültig sein, wo diese neue graue Literatur erscheint, doch unter Einbeziehung der Kontexte, in denen dieses Geschäft stattfindet, sieht die Sache nicht so harmlos aus. Schon bei der Diskussion der Authors-Pay-Modelle für Zeitschriftenartikel und der Einrichtung von Universitätsfonds, aus denen die Artikelgebühren bestritten werden, war die Frage aufgetaucht, ob Universitäten überhaupt der richtige Ort sind, um die Publikationen ihrer Mitglieder zu strukturieren, zu kanalisieren und zu überwachen. Grundsätzlich ist hier das ganze Spektrum zwischen Klüngelwirtschaft und scharfen Kontrollmechanismen denkbar. Das Imprint-Modell, wie es einige Universitäten mit v & r unipress ausgehandelt haben, mag als Geschäftsmodell funktionieren. Dazu muß der Umfang der Subventionen stimmen, es muß eine gewisse Anzahl von Exemplaren an Bibliotheken verkauft werden, und es muß die Frage der Verfügbarmachung auf einer digitalen Plattform geklärt sein. Es versteht sich aber auch, daß Verlage damit zu reinen Dienstleistern werden, die ihre Angebote ganz den Bedürfnissen ihrer Kunden, und zwar zuerst der Universitäten und dann der Autoren, anpassen. Alles, was die kognitive und unternehmerische Leidenschaft eines Verlages ausmacht, verschwindet damit wie die Fußspuren im Sand am Meeressaum.

Sicherlich können Verlage, aufs Ganze gesehen, nicht besser sein als die wissenschaftlichen Erzeugnisse, die sie herausbringen, aber sie können mehr sein als nur neutrale Vermittler zwischen Autoren und Lesern, indem sie ein verlegerisches Risiko eingehen, Schwerpunkte bilden, Programme zusammenstellen, Texte lektorieren und die notwendige Arbeit an der Kultivierung der Sprache leisten, Nachbarschaften und Kontexte herstellen, in denen Bücher und die in ihnen enthaltenen Themen und Thesen überhaupt erste bestimmte Wirkungen entfalten können. Dazu gehören Widerständigkeit, Eigensinn, Fokussierung und Auswahl. Die profillosen Subventionsverlage haben das schon vor längerer Zeit vergessen, aber Open Access vermag dieses Problem nicht zu lösen, sondern scheint es eher noch zu verschärfen. Gerade weil die geisteswissenschaftliche Textproduktion im Gegensatz zum weitgehend standardisierten naturwissenschaftlichen Forschungsartikel eine ganze Reihe von Genres kennt, sind Verlage als vom wissenschaftlichen Betrieb nicht kontrollierte Akteure keine falsche Adresse, um sich an der Gestaltung von Thema und Textgenre zu beteiligen. Diese Abstimmungsarbeit ist bis in die ästhetische Gestaltung von Büchern hinein Teil jenes Erkenntnisvorgangs, der bei den Geisteswissenschaften nicht nur eine einzige Gruppe von Rezipienten anspricht. Deswegen würden sie sich mit einer Aufkündigung des Vertrags mit Verlagen eines wirkungsvollen Instruments berauben, das zu ihrer epistemischen und institutionellen, kulturellen und öffentlichen Profilierung entscheidend beigetragen hat. Kurz: Die Geisteswissenschaften stünden ohne eigenständige, profilierte Verlage so armselig da wie die Teilchenphysik ohne ihre Beschleuniger.

Die Perspektive der Verlage ist die eine Seite, die andere ist die Frage der Verbreitung der kostenfreien E-Books. Wir haben gesehen: Die *Cultural Anthropology* in den Vereinigten Staaten verspricht sich von Open Access Unterstützung bei dem Versuch, über Jahre verlorene Leser zurückzugewinnen. Wir können noch nicht wissen, ob das realistisch ist. Doch besteht die gleiche Hoffnung auch für geisteswissenschaftliche Monographien, die, egal ob sie in einem Subventions- oder einem Universitätsverlag mit oder ohne Open Access erscheinen, auf ein kleines, spezialisiertes Publikum gerichtet sind? Ist OA der Türöffner, der diesen kaum rezipierten Werken den Weg in die Freiheit der größeren Leserschaft weist? Bisweilen lassen sich Wissenschaftler mit solchen Aussagen vernehmen, beispielsweise ein Philosoph, der sich auf der Informationsplattform Open Access zum Anwalt der in die spezialisierte Defensive geratenen Philosophie macht: »Die Verbreitung und wissenschaftliche Wirkung philosophischer Bücher ist jedenfalls für die Autoren unbefriedigend gering. Open Access kann hier entgegen wirken.«[106]

Die Diagnose eines Auflagenfiaskos trifft wohl zu, aber woran liegt es? Sicherlich an der enormen Erhöhung der Titelzahl, zu der das Quantum an Aufmerksamkeit, das der philosophischen Buchproduktion zuteil wird, nicht proportional mitwächst. Die immer kleinteiliger ausgerichteten philosophischen Abhandlungen betreffen dann auch ein immer kleiner werdendes Publikum. Die Mehrzahl der Philosophen bewegt sich im engen Bezirk ihrer Zentralkompetenz. Wie sollte unter diesen Bedingungen die bescheidene Wirkung erhöht werden? Das zu hoffen, ist eine völlige Illusion, und daran wird auch Open Access nichts ändern. Woher soll die interessierte Leserschaft denn kommen? Es ist seit langem ein Luxus der Wissenschaft, Erkenntnisse für eine verschwindend kleine Gruppe von Spezialisten zu produzieren. Das trifft für die Philosophie ebenso wie für die Mathematik, für die Linguistik ebenso wie für die Chemie. Dagegen ist nichts zu sagen, doch Klagen über diesen Sachverhalt klingen zumindest für die Philosophie so, als wolle man verreisen und gleichzeitig zu Hause bleiben.

Im Herbst 2014 vermeldete der österreichische FWF: »Obwohl Downloads (genauso wie Verkaufszahlen bei Büchern) nicht als gleichwertige Messung der Wahrnehmung einer Publikation im Vergleich zu Zitationen gesehen werden dürfen, ist die jährliche Verbreitung [der OA-Ausgaben, M.H.] um nichts desto weniger beeindruckend – besonders wenn man berücksichtigt, dass durchschnittlich 200 gedruckte Bücher verkauft werden.«[107] Wohl wahr: Downloads sind nicht mit Zitationen zu vergleichen, sie können sich nicht einmal an verkauften Büchern messen, denn eine Seite anzuklicken oder einen File herunterzuladen verpflichtet zu nichts und sagt nichts aus. Der Verkauf eines Buches ist zumindest insofern aussagekräftig, als er ein gewisses, am Geldbeutel bemerkbares Engagement des Käufers voraussetzt. Immerhin beobachten wir, um Luhmann zu bemühen, unsere Präferenzen über Preise, denn: »Preise halten vom Kaufen ab.«[108] Und wenn sie es nicht tun, scheinen wir uns von dem gekauften Gegenstand etwas zu versprechen. Ob und in welcher Weise ein Buch Wissen, Nachdenken und Orientierung über einen bestimmten Gegenstand verändert, steht noch einmal auf einem ganz anderen Blatt.

Es sieht gegenwärtig nicht so aus, als hätte OA in dieser Hinsicht irgendeinen positiven Effekt. Zumindest kommt die niederländische Studie zu einem solchen Ergebnis: eine erkleckliche Anzahl an Downloads, aber keinerlei Effekt auf Zitationen im Verhältnis zu den Büchern der Kontrollgruppe.[109] Es ist selbstverständlich, aber auch trivial, daß monographische Texte durch ihre digitale Verfügbarkeit eine größere Verbreitung erfahren. Um sich zu orientieren, ist das vorteilhaft, dann jedoch erfolgt mit der Lektüre der zeitraubende, anstrengende Teil. Durch die befremdliche Nobilitierung von Anklicken und Herunterladen wird genau diese Arbeit in die Kulissen verwiesen – und das müßte den Förderorganisationen noch unangenehmer sein als die Assoziation mit Einschaltquoten. Die Anwälte von Open Access für Bücher tun ein bißchen zu häufig so, als seien Klicks die neue Währung für die Beurteilung wissenschaftlicher Forschung, aber entspricht das den Vorstellungen der Geisteswissenschaftler selbst? Intuitiv würde man diese Frage wohl schnell verneinen, aber belastbare Untersuchungen liegen zu dieser Frage erst in Ansätzen vor.

Im Sommer 2014 hat die britische Initiative OAPEN-UK eine Umfrage unter Geistes- und Sozialwissenschaftlern aller Professionsstufen vom Doktoranden bis zum Professor bezüglich der Bedeutung von Monographien in ihren Fächern durchgeführt. Die 1.257 verwertbaren Antworten sprechen eine ziemlich eindeutige Sprache. Geisteswissenschaftler halten es mit überwältigender Mehrheit (95 %) für wichtig oder sehr wichtig, Bücher zu schreiben. Zwei Drittel der Befragten haben keinerlei Probleme, an diejenigen Bücher heranzukommen, die sie für Forschung und Lehre benötigen. Sie kaufen sich Bücher oder leihen sie aus der Bibliothek. Hingegen finden es vor allem jüngere Wissenschaftler in der Mehrzahl schwierig, einen guten Verlag für ihre Manuskripte zu finden – ein Problem, das sie, wie gesehen, mit den amerikanischen Wissenschaftlern teilen. Alle Wissenschaftler lesen – mit unterschiedlichen Intentionen und Lesetechniken – weiterhin Bücher, und eine sehr große Mehrheit präferiert gedruckte Bücher, auch wenn sie mit E-Books arbeiten. Das Alter spielt eine Rolle, aber keine wesentliche: 90 % der älteren Wissenschaftler und 78 % der Doktoranden bevorzugen gedruckte Bücher. Alle Befragten halten Monographien und Zeitschriftenartikel für unverzichtbar, um ihre Forschungsergebnisse zu veröffentlichen, in gleicher Weise – und das mag überraschen – favorisieren sie aber auch Sammelbände und Buchbeiträge. Nur 48 % der Befragten beurteilen OA bei Büchern positiv, allerdings halten die jüngeren (ca. 68 %) OA für deutlich wünschenswerter als die älteren (ca. 40 %), jedoch sind über 80 % der Befragten der Ansicht, daß OA ziemlich schwierig zu implementieren ist.[110]

Man fragt sich, warum solche Umfragen nicht schon längst in verschiedenen Ländern durchgeführt worden sind.[111] Man fragt sich auch, wie die Teilnehmer der Umfrage auf die Einführung von Open-Access-Zwang bei Büchern reagieren würden. Man ahnt, daß die Ergebnisse für die bedingungslosen Verfechter von OA ziemlich ernüchternd ausfallen könnten, denn die Resultate der britischen Umfrage sind kaum anders zu deuten, als daß OA für Geisteswissenschaftler keineswegs ein besonders dringliches Anliegen darstellt. Monographien werden ebenso wie Zeitschriftenaufsätze und Sammelbände für unverzichtbar gehalten. Die Hochschätzung der letzteren könnte damit zusammenhängen, daß es in Großbritannien nicht, wie in Deutschland, diese ungehemmte Sammelbandflut gibt. E-Books sind für viele zum gewöhnlichen Arbeitsgerät geworden, aber fast niemand will auf gedruckte Bücher verzichten. Wenn die überwältigende Mehrzahl der Wissenschaftler Bücher auf Papier liest, heißt das auch, daß sie ihre eigenen Monographien gedruckt sehen wollen.

Digitalisate sind keine befriedigende Alternative, aber das war auch schon vor der britischen Umfrage klar. Gute Bücher benötigen Zeit, um sie zu schreiben, und Papier (und Zeit), um sie angemessen zu lesen. Leider wurde in der Studie nicht gefragt, ob Wissenschaftler der Ansicht sind, daß OA dabei helfen könne, einen passenden Verlag für ihre Manuskripte zu finden. Weiterhin geben immerhin ein Drittel der Befragten an, Probleme beim Zugang zu den Büchern zu haben, die sie für ihre Arbeit benötigen. Das ist zuviel, und deswegen wüßte man gern genauer, ob sie OA, eine Verbilligung der Bücher oder die Aufstockung der Bibliotheksetats für sinnvoller halten. Schließlich bleibt auch unklar, worin die Befragten die Schwierigkeiten bei der Umsetzung von OA sehen. Trotz solcher offengebliebenen Fragen macht die Umfrage deutlich, daß OA an die Bedürfnisse des Buches anzupassen ist und nicht umgekehrt das Buch an die Bedürfnisse von OA.

Allgemeiner formuliert: In dieser Umfrage werden die Bedürfnisse der Produzenten von Büchern und nicht diejenigen der Konsumenten in den Vordergrund gestellt, und das ist eine Blickrichtung, die in der bisherigen Diskussion zu Open Access kaum je gewählt worden ist. Bücher ohne Leser sind eine traurige Angelegenheit, aber damit Leser Stoff vorfinden, der Zeit und Mühen lohnt, sollten die Bedingungen dafür, daß solche Bücher überhaupt entstehen können, möglichst gut sein. Der Einzug von Projektforschung, Research Assessments und managerialen Attitüden im Forschungsbetrieb hat diese Bedingungen gewiß nicht verbessert, und es sieht so aus, als ob der Open-Access-Zwang das ohnehin prekäre ökologische Umfeld für die Entstehung geisteswissenschaftlicher Bücher noch weiter schädigt. Niemand soll daran gehindert werden, seinen 80.000 Wörter umfassenden Text ins Netz zu stellen, aber zum einen hat das nichts mit einem Buch zu tun und setzt auch keinen Verlag voraus, und zum anderen habe ich, wie bereits mehrfach angedeutet, nicht den Eindruck, daß sich Autoren, die etwas auf sich halten, als reine Netzlieferanten sehen. Vielmehr scheint mir in dieser Frage eine große Nähe zu den Künsten zu bestehen. Was für bildende Künstler die öffentliche Ausstellung und für Komponisten die Einspielung oder Aufführung ihrer Werke, ist für Skribenten – unabhängig davon, ob sie angestellt sind oder frei arbeiten – das gedruckte Buch. All das gehört in den Bereich der Werkherrschaft.

Natürlich spricht aus ökonomischen Gründen viel für die Annahme, daß nicht wenige Qualifikationsschriften, Sammelbände und Editionen viel besser auf universitären Servern aufgehoben wären. Wenn die Autoren damit einverstanden sind, ihre Forschungsergebnisse in bloße Digitalisate einmünden zu lassen, spricht noch weniger dagegen. Aber was ist, wenn sie sich das Resultat ihrer Arbeit lieber in ihr Bücherregal stellen möchten? Soll diese Entscheidung ihnen überlassen bleiben oder von irgendwelchen bürokratischen Einrichtungen vorgegeben werden? Ist das gedruckte Buch Privatsache der Autoren? Die große Mehrheit der Naturwissenschaftler scheint kein Problem damit zu haben, daß ihre wissenschaftlichen Erzeugnisse nur noch digital existieren. Niemand muß sie davon abbringen, aber wieso eigentlich sollten sich die Geisteswissenschaftler diesen Habitus zu eigen machen? Nirgendwo ist die Phrase von der Überwindung der zwei Kulturen sinnloser als in diesem Zusammenhang. Die Geisteswissenschaften würden es nicht einmal zu minoritären und defizitären Naturwissenschaften bringen, wenn sie vollständig auf die Karte OA setzten. Sie würden dadurch auch nicht aus ihrer teils realen, teils herbeigeredeten Sinn- und Bedeutungskrise herausfinden, und eine weitere Verbreitung ihres Wissens in der Weise, daß es zu neuem kulturellen Orientierungswissen aufblüht – ich rede nicht von ein paar mehr Downloads –, ist auch nicht zu erwarten. Das bedeutet nicht, die OA-Bestrebungen zu boykottieren, wohl aber, sie differenzierter zu betrachten, denn keine noch so wuchtige Rhetorik des Übergangs vom Print- in ein digitales Zeitalter kann verbergen, daß dieser Übergang in der geisteswissenschaftlichen Welt eben nicht schwungvoll oder gar tänzelnd vonstatten geht, sondern auf bürokratische Anordnungen, Druckmaßnahmen und Zwangsvorschriften angewiesen ist und – wenn man es denn in Erfahrung bringen möchte – unter den Betroffenen nicht auf allzuviel Zustimmung stößt.

Im vorangegangenen Kapitel habe ich behauptet, daß Open Access viel eher Anlaß gibt, darüber nachzudenken, wo sich die so unterschiedlichen Wissenschaften im Raum zwischen

Markt, Subventionssystem und Selbstorganisation positionieren wollen. Das gilt auch für die Geisteswissenschaften und
schließt eine wichtige Frage mit ein: Wem gehört das Wissen?
Wem gehören die fast 80.000 Wörter, die dieses Buch enthält?
Wer kann Ansprüche darauf erheben? Der Steuerzahler, der
mir mit der Finanzierung meiner Stelle an einer Hochschule
die Sicherheit (wenn auch nicht immer die Zeit) gewährt, ein
Buch wie dieses zu schreiben? *Macht unsere Bücher billiger!*
– so hatte Kurt Tucholsky 1932 an Ernst Rowohlt geschrieben,
und im Deutschland der Nachkriegszeit wurde diese Forderung sogar für die Geisteswissenschaften in die Tat umgesetzt.
Sollen sie nun ganz umsonst sein, entweder alle oder wenigstens diejenigen, die von öffentlich geförderten Autoren, zum
Beispiel von Universitätsangehörigen, geschrieben werden?
Natürlich klingt das verführerisch, und natürlich läßt sich damit die populistische Legitimationskasse füllen. Dennoch halte
ich die Forderung nach einer kostenlosen Distribution von Büchern im digitalen Format für nicht gerechtfertigt und möchte
meine Einwände in fünf Punkten zusammenfassen.

Erstens werden an Forschungseinrichtungen nicht nur wissenschaftliche Erkenntnisse produziert, sondern auch Patente,
Maschinen, Softwareprogramme usw. Daran verdienen sowohl
die Universitäten als auch diejenigen Forscher, die die Innovationen hervorbringen. Wenn meine Kollegen vom Disney
Research Zentrum der ETH Zürich, das von dem Unternehmen
gleichen Namens gesponsert wird, Computertechnologien entwickeln, die von der Unterhaltungsindustrie genutzt werden,
dann ist ziemlich viel Geld im Spiel, und niemand würde mit
der Forderung durchdringen, daß diese Produkte kostenlos
zur Verfügung gestellt werden sollten. Zugegeben, der Vergleich hinkt, weil Buchautoren in aller Regel nichts für die
Unterhaltungsindustrie produzieren. Aber: Disney und andere
Großunternehmen investieren in bestimmte Wissenschaftler,
weil sie sich davon früher oder später Gewinne versprechen.
Anspruchsvolle Verlage investieren in bestimmte Autoren und
deren Manuskripte, weil sie sich davon gute Bücher und bisweilen auch Gewinne versprechen. Wer behauptet, das Geld-

verdienen bei Disney sei in Ordnung, dasjenige mit Büchern nicht, der folgt einer ziemlich barbarischen Maxime, nämlich: *Krieg den Hütten, Friede den Palästen.*

Zweitens: Der vereinfachte Zugang zur Literatur ist eine großartige Sache. Auch diejenigen, die nicht über die entsprechenden finanziellen Mittel verfügen, müssen freien Zugang zum Wissen haben. Aber ist es so verfehlt, darauf hinzuweisen, daß genau dafür öffentliche Bibliotheken da sind? Die Vorstellung, daß sich noch vor zwanzig Jahren ein Wissensmonopol bei einigen Bibliotheken, Verlagen und anderen Institutionen befunden habe, während wir heute vor der verheißungsvollen Situation stehen, die ganze Welt des Wissens zur freien Verfügung zu haben, ist von rührender Naivität. Sicher, man muß in Bibliotheken auf benötigte Bücher bisweilen warten, doch die Open-Access-Ideologie, jeden Text überall und sofort und kostenlos zur Verfügung haben zu können, ist infantil, oder genauer: aktiviert die infantilen Gelüste, die nichts mit Erleichterungen im Bereich Bildung, Wissen und Erkenntnis zu tun haben, sondern der Ideologie der Konzerne geschuldet sind.

Amazon hat das mit dem Ein-Klick-Mechanismus, den sich das Unternehmen selbstredend hat patentieren lassen, vorgemacht. Es gibt keine Umstände, keine Verzögerungen, keine Umwege mehr, sofern das Kreditkartenkonto es zuläßt. So macht man Kunden glücklich, doch im wissenschaftlichen Feld geht damit etwas Entscheidendes verloren: Geduld, Sorgfalt, Abwägung und eine Sensibilität dafür, daß die Appropriierung von Wissen etwas mit Zeitinvestition und zu überwindenden Schwellen zu tun hat. Und noch etwas anderes scheint sich zu verflüchtigen. Nachdem Foucault vor bald einem halben Jahrhundert die Geschichte des Wissens unter das Banner von Disziplinierung, Machtstrategien, Kontrolltechniken und Individualisierungsprozeduren gestellt und gezeigt hat, daß Wissen nicht unabhängig davon zu denken ist,[112] wäre es absurd, wenn ein solcher kritischer Impetus ausgerechnet in dem Moment suspendiert wird, da die Auswahl, Bereitstellung und Diffusion des Wissens mehr und mehr von einigen wenigen global agierenden Unternehmen kontrolliert wird.

Drittens scheint mir die in der bisherigen Diskussion vorherrschende Fixierung auf subventionierte geisteswissenschaftliche Bücher verfehlt zu sein. Sicherlich bilden sie das Gros der Bücher, doch selbst ein oberflächlicher Blick in die Buchproduktion zeigt, daß nicht wenige geisteswissenschaftliche Sachbücher entstehen, die nicht mit öffentlichen Mitteln gefördert sind: von pensionierten Wissenschaftlern, freischaffenden Autoren, Journalisten, Museumsangestellten, Angestellten in anderen Branchen usw. Deren Bücher werden weiterhin in Verlagen erscheinen. Soll es in Zukunft zu einer völligen Entmischung der Bereiche kommen – hier die gedruckten Bücher der nicht-subventionierten Autoren in Buchhandlungen oder bei Netzanbietern, dort die auf Servern lagernden Digitalisate der vom Steuerzahler geförderten Autoren? Eine bizarre Vorstellung, die nur zur weiteren Selbst-Ghettoisierung der universitären Geisteswissenschaften beitragen würde.

Viertens: Steuerzahler subventionieren nicht nur die Wissenschaften, sondern auch Kultur und Wirtschaft. Die Landwirtschaft beispielsweise wird in großem Umfang subventioniert, aber das bedeutet nicht, daß Eier, Milch und Käse umsonst verteilt werden würden. Auch für Opern, Konzerthäuser, Theater, Museen und andere kulturelle Einrichtungen werden erhebliche Steuergelder aufgewendet, und dennoch – Ausnahmen bestätigen die Regel – muß man ein Ticket kaufen, um Zutritt zu diesen Institutionen zu erhalten. Wenn ein Opernhaus bei einem Komponisten ein Werk in Auftrag gibt mit Geld, das vom Steuerzahler herrührt, gehören weder diesem noch der Oper das Werk, auch wenn es dort zur Uraufführung kommt. Ich will darauf hinaus, daß Bürgerinnen und Bürger für dieses und jenes bezahlen, ohne einen direkten materiellen Gegenwert dafür zu erhalten. Sie tun es, weil ein breiter Konsens darüber besteht, daß diese Ausgaben aus unterschiedlichen Gründen zum Erhalt und zum Selbstverständnis einer Zivilgesellschaft unverzichtbar sind. Warum soll das bei Büchern anders sein? In Theatern, Museen und anderen öffentlichen Kultureinrichtungen müssen Arbeitsplätze finanziert werden, damit der Betrieb funktioniert. Verlage und Buchhandlungen müssen ökonomisch arbeiten, um sich selbst zu erhalten, und doch zählen sie in besonderer Weise zu den Kulturproduzenten, was diverse Staaten Europas auch durch eine Reduktion der Mehrwertsteuer würdigen.

Jeder Autor trägt mit einem guten, sorgfältig gearbeiteten Buchmanuskript, das in einem Verlag erscheint, zur Kultivierung der Verlagslandschaft und der Buchkultur bei, und davon profitiert die Zivilgesellschaft genauso wie von einer lebendigen Museums- oder Theaterlandschaft. Es ist nicht einzusehen, wieso dieser immer fragile, immer verbesserbare, aber doch funktionierende Kreislauf unterbrochen werden soll, wieso Steuerzahler nicht genau dafür einen gewissen Betrag bezahlen sollen, denn das Geld fließt nicht in die Taschen globaler Verlagskonzerne, sondern in kleine und mittelständische Verlage, die ihre Gewinne wiederum in den Verlag investieren.

Fünftens schließlich handelt es sich um einen schwerwiegenden Eingriff in die wissenschaftliche Freiheit. Schon jetzt ist es Realität, daß Schweizer Förderprofessoren beim SNF einen Antrag stellen müssen, wenn sie ihre Bücher bei Suhrkamp, S. Fischer oder C. H. Beck veröffentlichen wollen, weil der SNF Open Access vorschreibt. Man kann das probehalber einmal durchspielen. Ein Manuskript ist abgeschlossen, man möchte es in einem Verlag veröffentlichen, der über ein hohes wissenschaftliches und öffentliches Prestige verfügt und mehr Leser erreicht als bloß diejenigen des engeren Gelehrtenkreises. Universität oder Förderorganisation stimmen zu, bestehen aber darauf, daß die elektronische Fassung auf den universitätseigenen Server gestellt wird. Welche Fassung soll das sein? Diejenige vor oder nach der Bearbeitung durch den Verlag? Im letzteren Fall wird der Verlag nicht mitspielen, da er sich nicht als Dienstleister staatlicher Institutionen versteht, im ersteren Fall würden, sofern der Verlag überhaupt einwilligt, zwei Fassungen publiziert werden, eine vorläufige auf dem Server und eine definitive als Buch. Nach welcher Fassung soll dann zitiert werden?

Das mag zugegebenermaßen ein etwas zugespitztes Szenario sein, aber man merkt, daß hier ein verbesserbares, aber keineswegs bankrottes Funktionssystem, das aus verschiedenen Institutionen und Akteuren besteht, ausgehebelt werden soll, indem Geldgebern, Universitäten oder anderen Forschungsinstitutionen eine Machtbefugnis über die Bücher ihrer Forscher eingeräumt wird, die nicht nur erheblichen Unfrieden stiftet – dazu ist es längst schon gekommen –, sondern die zur Folge haben könnte, daß Universitätswissenschaftler sich vom Bücherschreiben verabschieden. Ich bestreite nicht, daß das manchen Bürokraten und Funktionären in der akademischen Welt durchaus recht wäre, denn unter ökonomischen Gesichtspunkten ist es nun einmal attraktiver, wenn Wissenschaftler vier oder fünf Jahre damit verbringen, Drittmittel in Millionenhöhe einzuwerben und zu verwalten, als ein Buch zu schreiben. Aber man sollte nicht vergessen, daß solche Wissensmanager im Zweifelsfall auch diejenigen sind, die die Geisteswissenschaften für verzichtbar halten, weil diese dem Nützlichkeitsparadigma zuwenig entsprechen. Auch wenn man Open Access für eine gute Sache hält, ist der Preis, der mit solchen Szenarien verbunden wäre, um ein vielfaches zu hoch.

Es wäre schon einmal viel gewonnen, wenn sich auch in den wenig buchaffinen Kreisen die Einsicht durchsetzte, daß das Papier für die Geisteswissenschaften unverzichtbar bleibt. Hybride Publikationen sind zweifellos eine glänzende Option, weil elektronische Versionen andere Weisen (und andere Probleme!) der Erschließung eines Textes mit sich bringen. Doch diese Option funktioniert nur unter zwei Voraussetzungen: erstens, daß die Entscheidung dafür oder dagegen in den Händen der Autoren liegt, und zweitens, daß die Wissensgesellschaften und ihre verantwortlichen Institutionen bereit sind, mehr Geld für geisteswissenschaftliche Bücher zu investieren, denn hybride Bücher sind teurer als entweder nur gedruckte Bücher oder nur kostenfreie Digitalisate. Einmal mehr wäre es pure Augenwischerei, nur von Kultur, allgemeiner Zugänglichkeit, Technologie und Wissenszirkulation zu reden, ohne auf die ökonomischen Konsequenzen zu achten, die das mit sich bringt.

Ich vermag nicht abzuschätzen, was für eine Bibliothek längerfristig teurer kommt: ein gedrucktes Buch ins Regal zu stellen oder den Text dieses Buches auf einem Server zu speichern. Ich habe schon darauf hingewiesen, daß Server ständige Energiezufuhr sowie technische Wartung benötigen. Außerdem sind im Zeichen der schnellebigen Hard- und Software kostspielige Umformatierungen der Hebel, mit dem die entsprechenden Unternehmen sich ihren Umsatz sichern. Noch ist die Preisfrage ein Feld für vielfältige Spekulationen, doch für die digitale Konservierung eines Laufmeters Papier liegen immerhin erste Zahlen vor. Laut Berechnungen des Schweizerischen Bundesarchivs in Bern ist die digitale Konservierung eines Meters Archivmaterial neunmal teurer als dessen analoge Konservierung.[113] Das bedeutet, daß für große Archive die Digitalisierung all ihrer Dokumente allenfalls ein schönes Phantasma ist.

Ulrich Raulff hat hochgerechnet, daß sich die Kosten allein für die Digitalisierung der im Deutschen Literaturarchiv in Marbach aufbewahrten 30 Millionen Blatt auf 300 Millionen € belaufen würde.[114] Ich will auf die weiteren Probleme der Archivdigitalisierung (Erstellung von Metadaten, Rechtefragen, Serverpflege usw.) gar nicht eingehen, sondern nur festhalten: Selbst wenn die digitale Speicherung von Büchern erheblich weniger kostspielig ist, sind diese damit keineswegs aus dem finanziellen Schneider. Man nehme den immer wieder zu hörenden bizarren Satz: »Was in Zukunft nicht im Netz steht, gibt es nicht.«[115] Also gibt es zahllose Archivmaterialien nicht, und Millionen alter Bücher und Zeitschriften, für die kein Copyright besteht, gibt es auch nicht, weil niemand den finanziellen Aufwand leisten möchte, sie einzuscannen. Und die Bücher der wichtigsten Verlage unserer Zeit gibt es auch nicht, weil diese sich nicht zu reinen Dienstleistern von Universitäten, Forschungsinstitutionen oder Förderorganisationen degradieren lassen und weiterhin Bücher drucken, die zu kaufen, aber nirgendwo umsonst herunterzuladen sind.

Es ist kein realisierbarer Traum der Aufklärung, sondern Bouletten-Propaganda, wenn behauptet wird, daß alles je gedruckte alte und aktuelle Wissen digital verfügbar gemacht werden könnte und jeder Zugriff darauf hat. Die Lebenserwartung der digitalen Speicherformen gehört zu den gravierendsten Unsicherheitsfaktoren unserer gegenwärtigen Wissensordnung. Deswegen hat Roland Reuß sehr recht mit seinem Hinweis, daß die vermutlich beste Garantie für die langwährende Überlieferung eines auf alterungsbeständigem Papier gedruckten Buches dann gegeben ist, wenn dreihundert Bibliotheken weltweit ein Exemplar dieses Buches anschaffen.[116] Für Zeitschriften im STM-Bereich ist e-only eine sinnvolle Strategie, sofern man das Risiko in Kauf nimmt, daß diese Artikel in 200 Jahren möglicherweise verschwunden sein werden wie die Papyri aus der Bibliothek von Alexandria. Im Hinblick auf Bücher hingegen ist das nach gegenwärtigem Kenntnisstand nicht mehr als eine Ideologie, die büchermüden Bibliothekaren und Wissenschaftsfunktionären, vor allem jedoch Firmen wie Amazon, Google oder Apple in die Hände spielt.

Kommen wir noch einmal auf die digitale Einstein-Edition zurück. Die Herausgabe aller Schriften und Briefe Einsteins zählt zu den Megaprojekten der Wissenschaftsgeschichte. Bislang sind 13 umfangreiche Bände veröffentlicht worden: Der erste erschien 1987, der jüngste 2012. Insgesamt sind 30 Bände geplant; sollte das bisherige Publikationstempo beibehalten werden, so kann die Ausgabe ungefähr im Jahr 2045 abgeschlossen werden. Wenn der nächste Band der Ausgabe bei Princeton University Press erscheint, so wird er zunächst für zwei Jahre nur in der gedruckten Form vorliegen und danach allgemein zugänglich sein. Eine solche Edition ist in jedem Fall ein philanthropisches Kollektivunternehmen, das nicht nur die Arbeit von Wissenschaftlern, Studenten, Archivaren, Übersetzern, Verlagsmitarbeitern und vielen anderen voraussetzt, sondern auch Geldbeträge in Millionenhöhe, die von öffentlichen Förderinstitutionen, privaten Stiftungen, Universitäten und Privatpersonen zur Verfügung gestellt werden. Man lese nur die »Acknowledgments« zu den einzelnen Bänden. Die digitale Edition dürfte das Ganze noch einmal erheblich teurer gemacht haben, denn all die Links, Querverweise und

Metadaten, die die Ausgabe sehr gut benutzbar machen, haben sich ja nicht per Mausklick eingestellt, sondern sind das Resultat sorgfältiger Arbeit. Gut investiertes Geld, und im Falle Einsteins geradezu eine zivilisatorische Verpflichtung, die beispielhaft sein könnte.

Vergleichbare Ausgaben stünden auch Alexander von Humboldt, Sigmund Freud oder Max Weber gut an. Doch dafür sind die gemeinsame Verpflichtung vieler Beteiligter, ein langer Atem und erhebliche finanzielle Aufwendungen notwendig, und wenn das in diesen oder anderen Fällen glücklich geschieht, dann gibt es 100 andere Autoren, für die die Ressourcen nicht ausreichen. Dadurch muß man sich nicht entmutigen lassen, aber wir werden noch für lange Zeit auf gedruckte Bücher angewiesen sein und auch nicht davon lassen wollen, weil wir gedruckte Bücher lieber lesen als E-Books. Die digitale Einstein-Edition läßt sich wunderbar durchstöbern und durchsuchen. Lesen kann ich sie nicht, und das wiegt schwer, denn allein die lineare Lektüre der chronologisch angeordneten Briefe offenbart den atemberaubenden Roman eines Lebens.

Lesen ist eine Kulturtechnik

Es klingt so banal, daß Lesen eine Kulturtechnik sei, doch der Begriff umfaßt exakt die beiden Aspekte, um die es geht: Lesen ist eine Technik, die man sich aneignen muß, um mit angemessenem Zeitaufwand, ohne allzu schnell zu ermüden, den Inhalt aufnehmen zu können. Hat man einmal flüssig lesen gelernt, gibt es weitere Optimierungsmöglichkeiten, die vor allem auf eine Stabilisierung der Aufmerksamkeit und eine Erhöhung des Lesetempos abzielen. Wie immer bei Techniken geht es hier nicht nur um Training und Selbstdisziplinierung, sondern auch um die Entwicklung neuer Instrumente, die diesen Vorgang erleichtern sollen. Das reicht von neuen Buchformaten und Lesemaschinen, die ich im ersten Kapitel gestreift habe, über die aktuellen digitalen Lesegeräte bis hin zu Prototypen von Lesebrillen, die die Sätze wie in einer Installation von

Jenny Holzer am Auge vorbeischweifen lassen, oder auch zu jener dadaistischen Lese-App, der die Wörter nicht mehr linear von links nach rechts anordnet, sondern an derselben Stelle seriell aufeinander folgen läßt, wodurch je nach Geschwindigkeit die Anzahl der gelesenen Wörter pro Minute signifikant ansteigen soll.[117]

Und dann ist Lesen eine Kultur: Man liest und liest wieder, versucht Wichtiges von Unwichtigem zu unterscheiden, seine Lesetechnik mit der jeweiligen Textgattung abzustimmen, variiert zwischen langsamem und schnellem Lesen, verfeinert die bloße Informationsaufnahme zugunsten einer Sortierung, Hervorhebung und Bewertung des Gelesenen. Mit einem Wort: Technik dient der Bewältigung, Kultur der Bereicherung. Natürlich lassen sich diese beiden Aspekte in der Praxis nicht trennen. Kultivierung ohne Technik ist unmöglich, Technik enthält immer auch ein Stück Kultur, und beides ist an die Physiologie gebunden. Deswegen ist der oftmals benutzte Begriff vom linearen Lesen eine contradictio in adjecto. So wie das Auge nicht völlig linear über die Zeilenlinie gleitet, sondern in Sakkaden immer wieder zurückspringt, um sich dann erneut nach vorn zu tasten, so ist das Lesen ein ständiges Hin und Her zwischen Gleiten und Springen, und das ist physiologische Arbeit und inhaltliche Strukturierung gleichermaßen. Man kann auch von einer Ökologie des Lesens reden, die zwischen wildem, explorativem Herumlesen und sparsamer, kräfteschonender Lektüre zu navigieren weiß. Unökologisches Lesen wäre das, was Schopenhauer seinen gelehrten Zeitgenossen einst ins Stammbuch schrieb: »Sie haben sich dumm gelesen«.[118] Man kann sich aber nicht nur an der schieren Textmasse dumm lesen, sondern auch dadurch, daß sich das sprachliche Niveau der ausgewählten Texte unterhalb des Meeresspiegels befindet. Dabei kommt es nur darauf an, welche Spuren das Gelesene in uns hinterläßt. Deswegen muß hier vom Gehirn die Rede sein.

Aus neurowissenschaftlicher Perspektive ist die Lesefähigkeit faszinierend, weil das Gehirn von der Evolution nicht für diese Tätigkeit *gemacht* wurde.[119] Lesen ist ungefähr 6.000 Jahre alt, bewegt sich also deutlich unterhalb der Zeitschwelle für evolutionäre Selektionsprozesse. Gleichwohl gibt es im menschlichen Gehirn Areale, die fürs Lesen unverzichtbar sind. Bei cerebralen Läsionen kommt es je nach Lokalisation zu spezifischen Einschränkungen (Dyslexie) oder zum völligen Verlust der Lesefähigkeit (Alexie). Wenn diese Areale und die damit verbundene Fähigkeit nicht durch evolutionären Druck zustande gekommen sind, müssen sie vor der Erfindung des Lesens andere Aufgaben (vielleicht Spurenlesen) erfüllt haben und dann durch die Kultur umgepolt worden sein. Anders gesagt, die Evolution hat das menschliche Gehirn so plastisch und variabel gestaltet, daß das Lesen irgendwann aus historisch kontingenten Gründen möglich wurde, und umgekehrt hat diese Kulturtechnik das menschliche Gehirn nachhaltig und in vielfältiger Hinsicht verändert, denn zwar gab es vor der Erfindung der Schriftsprache die einzelnen Areale, nicht aber die über den Cortex verteilten Funktionsnetzwerke, die beim Lesen aktiviert werden.

Da wir uns mit der Fähigkeit, zu lesen und zu schreiben, ebenso wie mit der Fähigkeit zur mathematischen Abstraktion, ziemlich weit aus dem Bezirk der evolutionären Notwendigkeiten entfernt haben, lassen sich diese Prozesse schlecht mit einem trivialen Reiz-Reaktions-Schema erklären. Wie bei allen anderen komplexen kognitiven Tätigkeiten muß im neuronalen Dschungel ein erheblicher Aufwand betrieben werden, was im subjektiven Erleben einem Gefühl von Mühe, Anstrengung und nicht selten Überforderung entspricht. Auf der physiologischen Ebene kann man ziemlich genau unterscheiden: Konzentriertes, gründliches und langsames Lesen beansprucht erheblich mehr cortikale Kapazitäten als schnelles, oberflächliches Lesen. Die Leseforscherin Maryanne Wolf sagt es mit folgenden Worten: »Lesen ist neuronal und intellektuell ein Akt der verschlungenen Wege, der durch die unvorhersagbaren Abstecher in Gestalt der Schlussfolgerungen und Gedanken der Leser genauso bereichert wird wie durch die unmittelbare Botschaft, die der Text an das Auge sendet.«[120] Die Botschaft besteht aus kulturell konstruierten und akzeptierten Schriftzeichen wie beispielsweise dem griechischen Alphabet, das eine Revolution in der Menschheitsgeschichte auslöste und verschiedene Formen von Literatur, Philosophie, Mathematik oder Naturwissenschaft überhaupt erst ermöglichte.[121] Und mehr noch: Schriftsprache, Lesen und Schreiben erleichtern »das metasprachliche Denken und die Möglichkeit, unsere eigenen sprachlichen Mitteilungen sowie die von anderen zu analysieren, zu kritisieren und zu bewerten«.[122]

Die Erkenntnisse der Kognitionsforschung bestätigen und vertiefen, was durch Lebenserfahrung, historische Übersicht und sozialpsychologische Einsichten bekannt ist: Literalität – einmal erworbene und dann lebenslang weiter gepflegte – stellt keinen Luxus dar, der etwa durch Umpolung unserer Fähigkeiten auf Oralität, auf ikonische Repräsentationen oder auf Computersprachen zu kompensieren wäre (wir wollen auf keine dieser drei Kulturtechniken verzichten!), sondern bildet ein Fundament unserer zivilisatorischen und kulturellen conditio humana. Wenn Borges das Buch als Organ des Geistes bezeichnete, dann ist Lesen, das zugleich Zeit, Konzentration, freiwillige Abschottung von anderen Umweltreizen und die Mobilisierung erheblicher neuronaler Ressourcen voraussetzt, diejenige Tätigkeit, die dieses Organ für Bildungs- und Erkenntnis-, Demokratisierungs- und Emanzipationsprozesse nutzbar macht – auch wenn McLuhan darin im wesentlichen eine Machttechnik gesehen hat. Wegen jenes hohen Einsatzes unterliegen alle historischen Veränderungen des Lesens und Schreibens genauer und argwöhnischer Beobachtung. Das war bei Nietzsche so, das war bei den amerikanischen und französischen Intellektuellen gegen Ende des letzten Jahrhunderts so, als sie das Ende des Goldenen Zeitalters beklagten, das ist jetzt bei den durch die digitalen Medien bedingten veränderten Lesegewohnheiten auch so.

Medien bleiben nicht ohne Auswirkungen auf Lesen und Schreiben – das war bereits vor McLuhan bekannt, ist aber auch immer wieder einmal vergessen worden, vielleicht aus dem Grund, weil eine narzißtische Kränkung darin liegt, daß unsere rezeptiven und produktiven Fähigkeiten auch von den Medien abhängen. Spätestens mit unserem Eintritt in das Gelände des Internet ist eine solche Verdrängungsleistung kaum mehr möglich. Allerdings hat auch die Gegenseite keinen geringen Zulauf erhalten und sich einem technologischen Fatalismus ergeben, dessen vielleicht unbeabsichtigte Konsequenz darin besteht, einen neuen Fetisch installiert zu haben. Dabei hatte Nietzsche, dessen passagere Versuche mit der Schreibmaschine von Medienhistorikern nach allen Seiten hin ausgeleuchtet worden sind, doch nur an Heinrich Köselitz geschrieben: »Unser Schreibzeug arbeitet mit an unseren Gedanken«,[123] und nicht: *Unser Schreibzeug determiniert unsere Gedanken*. In dieser Differenz liegt die Aufforderung, die holzschnittartige Opposition zwischen einem medialen Apriori und einem Instrumentalismus, der uns eine souveräne Herrschaft über die Medien attestiert, zu vermeiden und die Historizität von Lesen und Schreiben unter den jeweiligen medialen Bedingungen, sozialen Anforderungen und Möglichkeiten zu untersuchen.

In seinem melancholischen Essay »Codex in Crisis« zitiert Anthony Grafton eine Untersuchung der British Library über das Leseverhalten von Studenten. Die meisten beginnen ihre Informationssuche bei Google und nicht bei den ausgefeilteren Suchmaschinen, die die Bibliotheks-Webpage ebenfalls zur Verfügung stellt. Wenn sie ein E-Book anklicken, so verweilen sie im Schnitt vier Minuten, bei einem E-Journal bleiben sie immerhin acht Minuten. 60 % der studentischen Benutzer schauen sich nicht mehr als drei Seiten des angeklickten Artikels an, und die Mehrheit ruft diesen auch nicht wieder auf.[124] Das Lesen ist also mehr ein Reinschnuppern, Abtasten und Überfliegen geworden: *More scanning, less reading*; und die Tatsache, daß dem Artikel doppelt soviel Zeit gewidmet wird wie dem Buch, deutet darauf hin, daß Benutzer glauben, im kürzeren Text schneller das zu finden, was sie suchen. Oder anders gesagt: Wer nur etwas Bestimmtes sucht, wird sich einen möglichst kleinen Heuhaufen vornehmen.

Die in der britischen Lesestudie getroffene Unterscheidung zwischen zwei Formen des Lesens zieht sich durch die gesamte Fachliteratur, seien es neurowissenschaftliche, pädagogische oder literaturwissenschaftliche Untersuchungen: konzentriertes, aufmerksames Lesen (*Close Reading* oder *Deep Reading*) versus schnelles Abtasten und Überfliegen (*Scanning* und *Skimming*). Vom *Hyper Reading*, jener durch das Internet induzierten neuen Leseform, die den Lesefluß durch Anklicken von Verweisen auf andere Texte, Bilder, Filme, akustische Dokumente usw. immer wieder unterbricht, sowie vom *Distant Reading* wird noch die Rede sein. Die Aufteilung in zwei maßgebliche Lesetypen ist keineswegs neu, sondern orientiert sich an dem seit der Spätaufklärung geführten Diskurs über die Bedeutung der fokussierten und der zerstreuten Aufmerksamkeit für Bildung und Wissenschaft.[125] Seitdem ist kaum je bestritten worden, daß beide Formen der Aufmerksamkeit (und des Lesens) unverzichtbar sind, die eine mehr für das Erlernen komplexer Zusammenhänge, die andere mehr für effiziente und schnelle Orientierung.

Ich wüßte nicht, daß sich im Bildungsdiskurs der jüngeren Zeit irgend jemand über eine Überbeanspruchung der fokussierten Aufmerksamkeit beklagt hätte, wohl aber sind die Zerstreuungen des spätmodernen Lebens und seiner Signaturen wie Werbung, Massenkultur und die visuellen Medien im allgemeinen als Feinde des ausdauernden, konzentrierten Lesens attackiert worden. Besondere Schärfe hat diese Debatte – es handelt sich natürlich um eine Bildungsdebatte – in den USA erhalten. Der schon erwähnte Mark Bauerlein hat die Digital Natives als *The Dumbest Generation* bezeichnet, und Nicholas Carr hat in einem auch in Deutschland vielbeachteten Buch mit zahlreichen neurowissenschaftlichen Verweisen argumentiert, daß das Internet uns zwar den Zugang zu mehr Wissen als jemals zuvor eröffnet, gleichzeitig jedoch als Zerstreuungsmaschine funktioniert, die uns von der Konzentration auf eine einzige Sache abhält, weil wir ständig neue Reize benötigen. Schlimmer noch, wenn dieser Wissenserwerb auf kurzen Wegen von Kindesbeinen an eingeübt wird, verfestigen sich im Gehirn bestimmte neuronale Schaltkreise, die Dauerlektüre und konzentriertes Studium unmöglich machen.[126]

Das Problem mit Carr ist weniger, daß er die Geschichte des Lesens als teleologische Fortschrittsgeschichte schreibt, die unbeirrt auf ihren Höhepunkt, das gründliche Lesen, zugesteuert ist und nun in Gefahr gerät, widerrufen zu werden. Gravierender ist, wenn er – in offensichtlich kulturkritischer Auseinandersetzung mit dem amerikanischen *juste milieu* – die Verdummung durch das Internet für eine ausgemachte Sache hält. »Digitale Demenz« ist ein Kampfbegriff ohne analytischen Mehrwert. Da hilft es auch nichts, sich auf die Autorität der Neurowissenschaften zu verlassen. Gewiß liegt das im Trend, um seiner eigenen Sache Nachdruck zu verleihen, aber dabei wird allzu schnell vergessen, daß auch empirische und experimentelle Untersuchungen in aller Regel nur vorläufige Schlußfolgerungen zulassen, und das gilt um so mehr, wenn digitale Lesegeräte, wie es gegenwärtig der Fall ist, in wenigen Jahren erheblichen Veränderungen unterliegen. Eine vor zehn Jahren durchgeführte Lesestudie zum Aufmerksamkeitsniveau bei der Lektüre eines E-Book ist heute kaum noch brauchbar, weil es neue Generationen von Lesegeräten gibt, wobei wiederum die E-Ink-Technologie lesefreundlicher erscheint als die auf LCD-Technologie (liquid crystal display) basierenden E-Reader.

Die Lesestudien der letzten Jahre lassen keineswegs ein zuverlässiges Urteil über digitales Lesen zu. Bei den Versuchspersonen handelt es sich zumeist um Schüler oder Studenten (die für die Teilnahme Geld oder Kreditpunkte erhalten), es fehlen kulturvergleichende und längerfristige Beobachtungen, die vorgegebenen Texte variieren erheblich in Länge und Schwierigkeitsgrad, und mal finden die Experimente im Labor, mal in schulischen Klassenräumen statt.[127] Wenig erstaunlich, daß die Untersuchungen nur schwer miteinander vergleichbar sind und einander widersprechende Ergebnisse hervorbringen. Die einen Studien finden heraus, daß Papierlektüre ein besseres Textverständnis garantiert als Bildschirmlektüre, andere finden keine signifikanten Unterschiede zwischen den unterschiedlichen medialen Formaten.[128] Die einen finden heraus, daß Leser gedruckte Bücher deutlich vor E-Books präferieren, andere Studien sagen das Gegenteil.[129]

Dementsprechend zurückhaltend sind die Schlußfolgerungen, die gezogen werden: Je geübter die Leser, desto unwichtiger ist das Medium, doch bei Anfängern könnte sich das gedruckte Buch als überlegen erweisen. Allerdings ziehen leseunwillige (vor allem männliche) Jugendliche E-Books vor, vielleicht weil sie durch exzessives Computerspielen, soziale Medien usw. mit elektronischen Geräten vertrauter sind als mit Büchern, die ihnen wegen ihrer mangelnden Belesenheit ohnehin ein schlechtes Gewissen bereiten. Studenten wiederum lesen längere Texte mit großer Mehrheit in gedruckter Form, während sie gleichzeitig in E-Books herumsuchen. Weiterhin spricht einiges dafür, daß bei einfachen oder vertrauten Texten das Medium keine Rolle spielt, wohl aber bei schwierigen, anspruchsvollen und unvertrauten Texten. Vielleicht kann man zusammenfassend soviel festhalten: Für regelmäßige bis passionierte Leser dürfte es weniger relevant sein, zwischen gedrucktem Buch und elektronischem Lesegerät zu wählen, als zu wissen, in welcher Situation welches Medium angemessen ist.

Und noch etwas: Das Digitale hat niemanden zu einem genaueren, gründlicheren Leser gemacht. Das ist vielleicht das einzige Ergebnis, in dem alle konsultierten Lesestudien übereinstimmen. Werden wir deswegen zu schlechteren Lesern, ähnlich wie es Adorno im Hinblick auf das Taschenbuch befürchtet hatte? Begünstigt das digitale Lesegerät die Halbbildung? Wer das so pauschal behauptet, dürfte ähnlich falschliegen wie Adorno vor einem halben Jahrhundert. Zunächst einmal: Es wäre absurd, den vielen zufriedenen Lesern von E-Books abzuraten, wenn sie die Bequemlichkeit, Leichtigkeit und Eleganz dieser Geräte schätzen. Weiterhin ist es gut möglich, daß uns konzentriertes Lesen am Bildschirm deswegen schwerer fällt, weil wir unbewußt davon ausgehen, daß das Internet die kurzfristige und situationsbezogene Wissensaneignung bedient. Die meisten lesen vermutlich schneller und oberflächlicher, sobald sie ein Gerät und kein Papier in der Hand halten. Doch eine solche Differenz ist vor Jahrzehnten auch schon für das Verhältnis von Zeitung und Buch geltend gemacht worden. Selbst wenn es den Anschein hat, daß ein Computer mit Internetzugang mehr Selbstdisziplin als ein

Buch erfordert, um sich auf einen Text zu konzentrieren, ohne nach kurzer Zeit in die weite Welt des Netzes abzuschweifen, fehlt uns vielleicht nur die angemessene Einübung ins digitale Lesen.

Lesepraktiken, das zeigt die Geschichte des Lesens zur Genüge, unterliegen erheblichen historischen Wandlungen. Wir befinden uns keineswegs in direkter Nachfolge einer seit Plato oder den Kirchenvätern geprägten Lesekultur. Es mußte, worauf Michael Giesecke zu Recht hinweist, seit Gutenberg an etlichen technischen, ökonomischen, psychologischen, pädagogischen, politischen und kulturellen Schrauben gedreht werden, damit das Lesen zu dem werden konnte, was wir darunter verstehen.[130] Man kann nicht erwarten, daß die in der Neuzeit entwickelten Kulturtechniken das letzte Wort in der Geschichte des Lesens sind – was aber auch keineswegs impliziert, sich vom Papier zu verabschieden. Beim Leseerwerb im Kindesalter beispielsweise spricht sehr viel dafür, daß *Print first, Online second* die unbedingt richtige Reihenfolge ist, um sich in der Welt des Lesens überhaupt zurechtzufinden, aber das dispensiert nicht davon, sich eine flexible Ökologie des Lesens anzueignen, die unterschiedliche Medien einschließt.

Schauen wir nun auf die Lektüreformen in wissenschaftlichen Zusammenhängen. Wie die britische Umfrage gezeigt hat, halten sich Akademiker aller Altersstufen an gedruckte Bücher, um gründlich zu lesen, auch wenn sie Netztexte regelmäßig nutzen. Wieso sollten wir dann Zeit, Geld und Energie in die bislang schlecht funktionierende Kulturtechnik des digitalen Lesens investieren, wenn wir doch über eine längst bewährte Kulturtechnik des Lesens auf Papier verfügen? Das ist zwar nicht falsch, würde aber aus mehreren Gründen zu kurz greifen. Zunächst einmal stimmt es nicht, daß das gedruckte Buch in allen Bereichen grundsätzlich überlegen ist. Hybride Text- und Lehrbücher in Physik oder Chemie beispielsweise dürften, wenn sie gut gemacht sind, herkömmliche Bücher darin übertrumpfen, daß sie etwa chemische Gleichungen oder physikalische Formeln durch Links auf erläuternde Experimente faßbarer machen. Vieles ist in dieser Richtung denkbar, machbar und für die Pädagogik nutzbar, wobei einschränkend hinzuzufügen ist, daß das wenig mit geisteswissenschaftlichen Büchern zu tun hat. Insofern scheint mir ein viel relevanterer Punkt darin zu liegen, daß wir ohnehin alle, von sehr wenigen Puristen abgesehen, Nutzer gedruckter *und* digitaler Medien sind. Wir sind mit den digitalen Möglichkeiten keine genaueren, aber doch variablere Leser geworden, und das deutet darauf hin, daß sich die Lesetechniken nicht in der simplen Gegenüberstellung von *Deep Reading* versus *Scanning* erschöpfen, für die jeweils Papier und Digitalisat die geeigneten Formate sind.

Andrew Abbott hat in einer kürzlich erschienenen Anleitung zum Verfassen geisteswissenschaftlicher Arbeiten für Studenten und angehende Wissenschaftler fünf verschiedene Arten des Lesens unterschieden, die für unseren Zusammenhang nützlich sind, auch wenn ich Abbott nicht in jedem Punkt genau folge, da es mir hier nicht um Lektüre im Hinblick auf das Schreiben eines eigenen Textes geht.[131] Die erste und wohl verbreitetste Art der Lektüre von Büchern ist das narrative Lesen. So liest man Romane, Biographien und andere Sachbücher, mit etwas Übung auch einfachere wissenschaftliche Werke. Man liest ohne spezifische Fragestellung, sondern aus Lust, Interesse, Neugierde oder um sich in einem neuen Themenfeld zu orientieren. Zweitens gibt es die analytische Weise des Lesens, die anspruchsvollste und schwierigste Lesetechnik, für die ich keine bessere Umschreibung als diejenige Nietzsches kenne: »Gut lesen, das heisst langsam, tief, rück- und vorsichtig, mit Hintergedanken, mit offen gelassenen Thüren, mit zarten Fingern und Augen lesen.«[132] Man läßt sich auf einen Text ein, buchstabiert ihn, liest und liest noch einmal, und die *zarten Finger, mit denen man liest,* haben einen Stift in der Hand, der unterstreicht, anmerkt, Randbemerkungen macht oder Notizen, Kommentare und Exzerpte auf einen Zettel schreibt.

Die dritte Form ist das selektiv-gründliche Lesen, bei dem es darum geht, das Hauptargument, die wichtigsten Themen bzw. bestimmte Aspekte eines Textes zu erfassen, ohne ihn ganz durchzuarbeiten. Das impliziert ebenfalls Vor- und Zurückblättern, das Anlesen einzelner Kapitel, den Einsatz des Bleistiftes und einige Erfahrung. Dies ist – Stichwort Überforschung – die Form, die in den Geisteswissenschaften am meisten angewendet wird. Viertens Scannen, also das schnelle Überfliegen eines Textes, den man nicht für interessant genug hält, ihn ganz oder auch nur teilweise zu lesen. Man sucht solche Texte nach bestimmten Begriffen, Namen, Theorien oder Themen ab, und mitunter schaut man auch nur hinein, um sein Gewissen zu beruhigen. Und dann gibt es, fünftens, die vielleicht schönste, erotischste und überraschendste Art des Lesens, das wilde Lesen, dem Ulrich Raulff in seinem autobiographischen Rückblick auf die siebziger Jahre eine Liebeserklärung gemacht hat.[133] Dieses Lesen verfolgt keine strategischen Absichten, das Buch fällt einem eher in die Hand, als daß man es sich aussucht, nicht selten handelt es sich – nach dem Prinzip Aby Warburgs – um das Buch im Regal neben dem, das man eigentlich gesucht hat. Zufall und Intuition dirigieren, man liest sich fest, läßt wieder los, liest diagonal und assoziativ, findet nichts oder das, was man nicht gesucht hat, langweilt sich und legt das Buch weg, oder man ist magisch angezogen, und dann kann es zur entscheidenden Lektüreerfahrung werden.

Diese fünf Leseformen haben ihre eigene Geschichte, die weit hinter das Internet zurückreicht, ihre jeweiligen Anwendungsbereiche und Präferenzen und sind auch keineswegs in sich homogen: Narratives Lesen reicht von Fantasy bis Dostojewski, Scannen von Gratiszeitungen über Blogs bis zu wissenschaftlichen Artikeln. Welche Arten und Grade von Aufmerksamkeit dabei beansprucht werden, ist alles andere als einfach zu sagen. Auch können alle Leseformen nahtlos aneinander anschließen, selbst wenn sich beispielsweise narratives und selektiv-gründliches Lesen gegenseitig ausschließen. Wir haben es hier also nicht mit Entitäten zu tun, die so offensichtlich sind wie die abprüfbare Lesefähigkeit eines Kindes, sondern mit Präferenzen, Tendenzen und Anhaltspunkten für Unterscheidungen. Es gilt, unter Einschließung der individuellen Erfahrung und der Einsichten der Neurowissenschaften zu verstehen, warum der eine Lesetyp anstrengender ist als der andere, warum unterschiedliche Aspekte des Verstehens und Urteilens auf zeitintensive ebenso wie auf kurze Lesespannen angewiesen sind, warum geisteswissenschaftliche Betätigung die Beherrschung aller Formen des Lesens voraussetzt, warum schließlich das Lesen alle Etappen zwischen Selbstdisziplinierung und Lustprinzip kennt. Vor allem aber gestatten die verschiedenen Leseformen noch einmal einen anderen Blick auf die Frage nach gedruckten oder digitalen Büchern.

Narratives Lesen wird millionenfach am Bildschirm gepflegt, und auch wenn dabei die schnell konsumierbaren Brotaufstriche unter den Büchern vorne liegen, also diejenigen, die einmal und nie wieder gelesen werden, hat das leichte Lesegerät manche ergonomischen und physiologischen Vorteile. Und gewiß gibt es Zeitgenossen, die Robert Musil oder James Joyce mit Gewinn auf dem Tablet lesen. Schnelles Scannen von Texten hat es lange vor dem Digitalen gegeben, scheint aber dadurch erheblich befördert zu werden. Wie verhält es sich mit den anderen Leseformen? Sie setzen komplexe sensomotorische Aktivitäten voraus, vor- und zurückblättern, anstreichen und annotieren, das Lesen mit drei, vier, fünf Fingern, den Einsatz von Lesezeichen, Papierstreifen und Bleistiften, die das Buch zu einem Raum der Kontinuität und Korrespondenz von Sätzen über viele Seiten hinweg machen, und das alles geschieht fast gleichzeitig.

Ich sehe nicht, daß solche Praktiken ähnlich gut mit einem flächigen Lesegerät funktionieren, und insofern scheint es mir treffend zu sein, in diesem Zusammenhang von »haptischer Dissonanz« zu reden.[134] Auch wenn man Begriffe in einem digitalen Text ungleich schneller findet, scheint das Verbinden von Gedankengängen und Argumenten über viele Seiten hinweg mit der materiellen Räumlichkeit des Buches besser bedient zu sein. Ich würde also nicht behaupten, daß digitale Lesegeräte irgendeine Leseform völlig ausschließen, aber bei einigen dürften die Tendenzen und Präferenzen klar für das gedruckte Buch sprechen, und das hat nichts mit Technophobie oder Fortschrittsverweigerung zu tun, sondern mit Angemessenheit. Mit diesem schönen Begriff wird eher eine durch Erfahrung und Ergebnisse bewährte Praxis benannt als ein verabsolutierendes Entweder-oder postuliert. Es ist angemessen, mit einem Fußball Fußball zu spielen, obwohl man das auch mit einem Handball oder Tennisball tun kann. Ebenso ist es angemessen, bestimmte Formen des Lesens mit einem Buch zu pflegen, obwohl es auch mit einem Lesegerät möglich ist.

Dennoch ist es nicht von der Hand zu weisen, daß die schiere Existenz von ein und demselben Text in unterschiedlichen Formen, Formaten und Medien unser Leseverhalten beeinflußt – die Frage ist nur, in welche Richtung. Kürzlich hat Christopher Kelty in einer launigen Rezension des über 600 Seiten starken Buches *Piracy: The Intellectual Property Wars from Gutenberg to Gates* von Adrian Johns genau diese Problematik der verschiedenen materiellen Formen thematisiert. Kelty arbeitete mit dem gedruckten Buch; mit einer vom Verlag zur Verfügung gestellten »Adobe Digital Edition«; mit der Version von Google Books, die allerdings nur einige Kapitel bereithielt; mit einer illegal heruntergeladenen Raubfassung; mit gedruckten Fotokopien zweier Kapitel (die er auf Reisen prompt verlor); mit dem Vorabdruck eines Kapitels in einer Zeitschrift; und schließlich mit einem Kapitel als einem unautorisierten Manuskript. Kelty schreibt zu Recht: »Es geht um die Form dieser Texte im Sinne ihrer technischen Behälter, ihrer rechtlichen Stellung sowie ihrer erlaubten und unerlaubten Zirkulationsweisen. [...] die Vielfältigkeit der Versionen ist ein Zeichen der gegenwärtigen Destabilisierung jener Form.«[135]

Daß die mediale Klonierung des Textes den Leser keinen Cent gekostet hat, wirft erst einmal die Frage auf, wie solche umfangreichen Texte überhaupt noch entstehen und veröffentlichungsreif gemacht werden sollen, wenn sie nichts mehr kosten, oder präziser: wenn niemand mehr der Ansicht wäre, daß ein solches Werk Aufwand und Kosten wert ist; die andere, in diesem Zusammenhang interessantere Frage lautet, wie sehr die Multiplizierung der Formate des Buches – und darüber sagt Kelty merkwürdigerweise kaum etwas – sein eigenes Lektüre-

und Rezeptionsverhalten beeinflußt hat. Dieses ist nämlich so instabil und fragmentiert wie die Textformen, die er sich zu Gemüte geführt hat. Der Leser der Rezension erfährt zwar etwas über die Themen der meisten – längst nicht aller – Kapitel, aber am Ende weiß man erheblich mehr über Keltys subjektive Leseerfahrungen als über den Inhalt von Johns' Buch. Der Rezensent demonstriert mit ziemlich viel Witz, wie sehr die geistige Aneignung eines Textes von dessen materieller Form abhängt, aber er reflektiert es nicht. Statt dessen inszeniert er sich nebenbei als zerstreuten Professor alter Schule, der immer das liegengelassen, verlegt oder verloren hat, was er gerade benötigen würde. Das ist charmant: Destabilisierung der Form ergibt destabile Lektüre ergibt destabile Rezension. Wenn Kelty vorführen wollte, daß sich die Einheit des Buches in seinen verschiedenen medialen Existenzweisen aufzulösen beginnt, dann hat er auch vorgeführt, wie sich die Kohärenz seines eigenen Lesens verflüchtigt, indem er sich auf die Heterogenität der Formen einläßt.

Neben den bislang vorgestellten Formen des Lesens gibt es noch eine sechste, die ich von den anderen abgrenzen möchte, weil sie nichts mehr mit dem gedruckten Buch zu tun hat und das Internet zwingend voraussetzt: *Hyper Reading*, *Social Reading* und das app-gestützte Lesen – so nenne ich es mal provisorisch –, bei dem ein Algorithmus die wichtigsten Begriffe eines Textes herausfiltert und dem menschlichen Leser eine kurze Zusammenfassung anbietet, womit einmal mehr das Versprechen verbunden ist, in kurzer Zeit noch mehr Information verarbeiten zu können. Und die umfassendste Informationsverarbeitung wäre *Distant Reading*, wie es Franco Moretti mit maliziösem Hintersinn genannt hat.[136] Ich fasse all diese unterschiedlichen Formen zusammen, weil ich Zweifel habe, ob es sinnvoll ist, diese Aktivitäten überhaupt als Lesen zu bezeichnen. Das mag für manche digital gestimmte Ohren abwegig klingen und scheint der unbestreitbaren Geschichtlichkeit der Leseformen zu widersprechen. Doch es geht mir gar nicht darum, diese neuen Formen der Wissensaneignung aus dem Ensemble einer hochangesehenen Kulturtechnik namens Lesen auszuschließen. Ich denke umgekehrt, daß man diesen Formen eher gerecht wird, wenn man das Neue an ihnen hervorhebt – egal, wie die Bewertung am Ende ausfällt.

Der Begriff *Hyper Reading* deutet diese Andersartigkeit bereits an. Er weist über das Lesen hinaus, und das bedeutet Gewinn und Verlust zugleich: Verlust an sequentieller, kohärenter Leseerfahrung sowie ein reduziertes Verständnis des Inhalts und der argumentativen bzw. narrativen Struktur des Textes, Gewinn an assoziativer Verzweigung und Ausleuchtung solcher Referenzen, die in einem Text notgedrungen Anspielung bleiben. Wer dächte dabei nicht an die berühmte Unterscheidung von Gilles Deleuze und Félix Guattari zwischen dem Buch als Baum und als Rhizom? Hier klassische Einheit, Konvergenz und Ordnung; dort wildes Wuchern, Heterogenität und vielfache Verbindungen.[137] Digitale Rhizomatiker haben davon geträumt, daß das rhizomatische Lesen im *Hyper Reading* überhaupt erst seine technische Realisation findet. Vielleicht, aber man darf auch nicht übersehen, daß der politische Emanzipationsgestus, der Deleuze und Guattari umtrieb, im Lauf der Jahrzehnte abhanden gekommen ist. Daneben haben zumindest bis heute weder Hypertexte noch *Hyper Reading* zu jenen revolutionären, bahnbrechenden Erzeugnissen geführt, die einst in Aussicht genommen wurden. In den neunziger Jahren dachte man, Vernetzen, Verlinken, Assoziieren oder *Rhizom machen* würde von der reaktionären Starrheit der Linearität wegführen, die kreativen Potentiale heben und sogar der Kritischen Theorie neue Impulse verleihen.[138] Ich weiß nicht: Die bloße Atomisierung von Sinneinheiten in Hypertexten verwischt das Verständnis übergeordneter Zusammenhänge und untergräbt philosophische Argumentation oder gar kritisches Denken.[139]

Es gehört zum technophilen Standardrepertoire, entsprechende Innovationen mit Erleichterungen und größeren Freiräumen für kreative Entfaltung zu legitimieren, doch in diesem Fall bleibt unklar, wovon die Kreativität sich ernähren soll, wenn Leser keine Zeit und keine Bereitschaft mehr aufbringen, sich auf komplexe Texte einzulassen.[140] Dennoch läßt sich weit unterhalb der Schwelle revolutionärer Emphase durchaus behaupten, daß die Anreicherung von Texten mit Bildern, Filmen, Tondokumenten usw. illuminierend sein kann, nur nicht als Substituierung von Lektüre oder als neue Strategie des Denkens, sondern als multimediales Navigieren durch unterschiedliche Wissensräume, wobei Lesen dabei nur eine – und vielleicht sogar die unwichtigste – Tätigkeit unter mehreren darstellt.

Vollends jenseits des Lesens operiert *Distant Reading*. Es hat sich inzwischen herumgesprochen, daß Big Data in den Geisteswissenschaften angekommen sind. Wie nicht anders zu erwarten, oszillieren die Diskussionen zwischen Heilserwartung in Gestalt von Digital Humanities bzw. Culturomics, der Einbeziehung einer neuen, sachlich begrenzten Hilfswissenschaft und Schwarzmalereien, die das Ende der Geisteswissenschaften voraussagen. Der gegenwärtige Hype um Big Data muß hier nicht weiter vertieft werden, um eines festzustellen: Es ist unter epistemischen Gesichtspunkten ziemlich egal, ob ich massenweise Daten über den Mineral-, Hormon- und Proteinhaushalt meines Körpers aufzeichne, an einen Rechner weiterleite und statistisch auswerte oder ob ich dasselbe mit bestimmten Begriffen aus 10.000 viktorianischen Romanen tue, die ich gar nicht lesen kann, aber auch nicht lesen will, weil ich meine knapp bemessene Lebenszeit mit Schönerem zu verbringen gedenke. In beiden Fällen werden Daten produziert, prozessiert und als statistische Größen wieder ausgespuckt. Das nützt der Erkenntnis, sofern vorher originelle Forschungsfragen formuliert wurden, führt in einigen Fällen auch zu einer glücklichen Interaktion mit den Früchten des Lesens, doch wer ist beim *Distant Reading* der Leser? Sind es Forscher, die sich Tabellen, Statistiken und Kurven über Klimaveränderungen, Hormonschwankungen oder Kleidungsgewohnheiten in viktorianischen Romanen ansehen? Man sollte in der Lage sein, solche Darstellungsformen zu verstehen, insbesondere die Bedingungen, die ihnen zugrunde liegen; doch das als Lesen zu bezeichnen, hieße einen entgrenzten Lesebegriff vorauszusetzen, der keine rechte analytische Trennschärfe mehr hat.

Oder sind die Computer die Leser? Damit befindet man sich in komplizierten und ideologisch hoch aufgeladenen Diskussionen zum Posthumanismus, die eine Literaturwissenschaftlerin wie Katherine Hayles zu der kühnen Ansicht verleiten, einem Computer die Lesefähigkeit abzusprechen sei »species chauvinism«.[141] Vielleicht fehlt mir die Musikalität, den Nutzen einer solchen Position herauszuhören, vielleicht handelt es sich dabei aber auch nur um anthropofugale Ratlosigkeit im Gewande politischer Korrektheit. Wenn Lesen eine Kulturtechnik ist, dann ist es zwar nicht zu bestreiten, daß der Computer auf Technik basiert und daß in Algorithmen auch kulturelle Vorannahmen eingehen, doch werden diese in der Computeroperation selbst, mit der beispielsweise die *maschinenlesbare* XML-Version der *Divina Commedia* durchsucht wird, zur bloßen Technik und nichts sonst.

Soziales Lesen gehört zu den Geisteswissenschaften wie Quellenkritik, Fußnote und Seminararbeit. Jede Lehrveranstaltung, die der Lektüre eines einzigen Buches gewidmet ist, stellt einen Akt sozialen Lesens dar, der während des Seminars um so besser gelingt, je gründlicher die vorangegangene, solistische Lektüre des Textes gewesen ist. Alle Teilnehmer solcher Veranstaltungen wissen, wie quälend sie bei mangelnder Vorbereitung, also bei mangelnder analytischer, nicht-sozialer Lektüre, und wie schön sie sein können, wenn es zu einem freien Austausch der Leseerfahrungen kommt. Soziales Lesen in der Universität, im Netz, in Lesezirkeln, beim gegenseitigen Vorlesen – man kennt das, und im Grunde müßte man gar nicht so viel Aufhebens darum machen. Unglücklicherweise jedoch wird seit McLuhan ein schroffer Gegensatz postuliert, der zu allem Überfluß auch noch geschichtsphilosophisch aufgeladen ist. Demnach sei Gutenbergsches Lesen solipsistisch, linear, begrenzt und in einer zeitlichen Fixierung angeordnet, post-Gutenbergsches Lesen sei sozial, nicht-linear, grenzenlos und in permanenter Dynamik.

Die Vorstellung, daß der soziale Typ den individualistischen unwiderruflich ablöst, ist seitdem vielfach wiederholt worden. Ähnlich wie bei der Konfrontation von gedruckten und digitalen Büchern geht es auch hier nicht ohne heftige Auseinandersetzungen über Sein und Sollen des Lesens ab. Während beispielsweise das *Institute for the Future of the Book* Lesen in der heutigen Welt ausschließlich als sozialen Akt versteht und eine Neuerfindung des Buches als Plattform für gemeinschaftliche, vernetzte Aktivitäten fordert, hält die Psychologin Anne Mangen genau das für eine verderbliche Fetischisierung des sozialen Lesens, bei der ignoriert wird, daß unsere kognitive Architektur die Simultaneität von konzentriertem Lesen und sozialem Netzwerken ausschließt.[142] Man müßte sich genauer anschauen, um welche Aktivitäten im Detail hier eigentlich gestritten wird. Doch wenn es – im strengen Sinne McLuhans – darum geht, die eine Form des Lesens durch die andere zu ersetzen, dann benötigt man keine prophetischen Gaben, um zu dem Schluß zu gelangen, daß ohne das langsame, konzentrierte, anstrengende Lesen, das Spuren in uns hinterläßt, auch das soziale Lesen zu einer trostlosen Veranstaltung verkommen würde.

Welche Position auch immer man in dieser Diskussion zwischen Literalität und Oralität, Individualismus und Sozialität, Sequentialität und Vernetzung einnehmen mag, um die ökonomischen Interessen des Informationskapitalismus kommt man nicht herum. Daß die philanthropischen, ohne finanzielle Absichten gegründeten digitalen Lesenetzwerke für die Mediengiganten höchst attraktiv sind, zeigte sich kürzlich, als Amazon die Leseplattform Goodreads kaufte, was ähnlich folgerichtig ist wie der Erwerb von Mendeley durch Elsevier im Bereich der Wissenschaften. An diesem Punkt zeichnet sich die Tragik des digitalen sozialen Lesens ab, denn dahinter lauert die Fratze des gläsernen Lesers. Wenn McLuhan und auch Theodor Lessing geklagt hatten, daß das gedruckte Buch ein gefährliches Instrument der Macht darstelle, dann wissen wir heute, daß das für E-Books, Tablets, Netztexte, Digitalisate usw. in einem anderen, viel größeren und unheimlicheren Maße zutrifft. So leicht es ist, einen Schmöker auf einem Tablet zu lesen, so gravierend sind die Probleme, die wir uns damit eingehandelt haben. Einfach gesagt: In der Logik des digitalen

Kapitalismus ist ein E-Book viel attraktiver als ein gedrucktes Buch. Dieses steht für sich allein, kann behalten oder verkauft, verschenkt, verarbeitet oder auch weggeschmissen werden, jenes ist stets auf ein Lesegerät angewiesen, und man ahnt schon, daß die Geräte immer wieder ausgewechselt und die Tarife entsprechend neu durchgegeben werden. Außerdem produzieren interaktive Leser andauernd Informationen, mit denen sich viel Geld verdienen läßt. Deswegen sind Leser, die sich mit einem gedruckten Buch stundenlang zurückziehen, für die digitalen Staubsauger eine verlorene Einnahmequelle. Es braucht eine gewisse Gelassenheit, um nicht darüber zu verzweifeln, daß diese Logik, die tatsächlich auf das Verschwinden des gedruckten Buches schielt, einigermaßen erfolgreich als Demokratisierung verkauft worden ist.

Von diesen Problemen hat McLuhan uns allerdings nichts erzählt – dafür um so eindringlicher Jaron Lanier in seiner Frankfurter Friedenspreisrede: »In der Vergangenheit kämpften wir, um Bücher vor den Flammen zu retten, doch heute gehen Bücher mit der Pflicht einher, Zeugnis über unser Leseverhalten abzulegen, und zwar gegenüber einem undurchsichtigen Netzwerk von Hightech-Büros. Was ist besser für ein Buch, ein Spionagegerät zu sein oder Asche?«[143] Der Vergleich ist kühn, denn die Bücherverbrennung von 1933 gilt im kulturellen Gedächtnis als symbolischer Auftakt für jene Vernichtungsmaschinerie, die in den Gaskammern der Konzentrationslager endete. Derartige Absichten wird man weder Amazon noch der NSA unterstellen wollen. Dennoch ist der Vergleich nicht bloß durch Laniers familiären Hintergrund legitimiert. Das Problem ist nämlich, daß Bücher in beiden Situationen – wenn auch auf sehr unterschiedliche Weise – mehr als unschädlich gemacht werden können. Im Akt der Verbrennung liegt eine symbolische Tilgung: Bücher werden aus einem Denkhorizont, einer Kultur verbannt, ihre Existenzberechtigung wird bestritten. Das ist mehr als Zensur, da diese die Existenzberechtigung eines Buches nicht ganz bestreitet, wenn sie es wenigstens im *Giftschrank* aufbewahrt. Zensoren sind zu sehr Leser, als daß sie ein Buch verbrennen.

Im Akt der permanenten Überwachung liegt die nicht nur symbolische Tilgung von Gedanken im Sinne einer Aufforderung zur Selbstzensur, die bestimmte Bücher gar nicht erst zuläßt, ihnen somit ihre Existenz bestreitet, bevor sie überhaupt entstanden sind. Und auch den Lesern werden Optionen entzogen, wenn gezielt solche Bücher fabriziert werden, die aufgrund der Datenlage beim Lesepublikum besonders gut ankommen. »Man darf die Literatur nicht zu einem weichen Sessel machen. Oder zu einer kastrierten Katze. Besser einen echten weichen Sessel kaufen, sich mit einer Flasche Bier hineinsetzen, die kastrierte Katze auf den Schoß nehmen und in die Glotze starren.«[144] Oder durch die sozialen und andere Netzwerke surfen. Was Vladimir Sorokin für die Literatur festhält, gilt in analoger Weise auch für wissenschaftliche Sachbücher. Wer von ihnen erwartet, für möglichst viele ohne Anstrengung und Voraussetzung verstehbar, möglichst tauglich für soziale Netzwerke zu sein und das anhand entsprechender Daten über das Leseverhalten zu kontrollieren, der hat Leser zu einer statistischen Größe degradiert und Literatur und Wissenschaft ein für allemal verraten.

Läuft es also darauf hinaus, daß Denken, Schreiben und vor allem Lesen im Modus des Autonomen, Kritischen, Demokratischen, Idiosynkratischen, Anstrengenden, Befremdlichen, also des Freiheitlichen nur im gedruckten Buch möglich ist? Ich habe darauf keine plausible Antwort anzubieten, aber klar ist, daß für die raison d'être einer Zivilgemeinschaft eine große Gefahr lauert: Daß den Lesern nur noch das vorgesetzt wird, was sie ohnehin schon kennen, was sie gern mögen, was ihnen nichts abverlangt, was sie nicht herausfordert, was ihnen keine befremdlichen Sichtweisen mehr zumutet, was keinen Unterschied mehr macht, was keinen Widerspruch zuläßt, kurz: was in einer wohlgefälligen Affirmationsgeste verharrt. Und was tatsächlich durch die Kontrollnetze hindurchschlüpft, kann – Amazon hat es vor einigen Jahren mit dem unangekündigten Löschen von George Orwells *1984* vorgemacht – mit einem einfachen Klick aus dem System entfernt werden. Man schaltet sein Gerät an, und das E-Book, das einem ohnehin nicht gehört, sondern an dem man nur persönliche Nutzungsrechte hat, ist verschwunden.

Der chromosomale Schaden des E-Book und auch einer Open-Access-Publikation mit dem Status CC-BY besteht darin, daß sie als Datenagglomerat jederzeit lokalisierbar, beobachtbar, manipulierbar und tilgbar sind. Niemand, nicht Amazon – von denen man das ohnehin nicht erwarten würde –, nicht die Digital Natives, nicht die Anhänger McLuhans, nicht die hoffnungsvollen, gutwilligen Verleger von E-Books, nicht die Kulturpolitiker und auch nicht die Intellektuellen, die über die Vorteile des E-Book nachdenken, vermögen eine Therapie anzugeben, mit der sich dieser chromosomale Schaden beheben ließe. Dieser Schaden bedeutet jedoch noch keine hinreichende und schon gar keine ausschließliche Legitimation für das gedruckte Buch, egal, ob es sich um geisteswissenschaftliche Bücher oder Literatur handelt. Deswegen steht am Schluß die so einfache wie unerschöpfliche Frage: Warum Bücher?

Epilog: Warum Bücher?

1996. Zehn Jahre nach seinem Tod schreibt Susan Sontag einen Brief an Jorge Luis Borges: »Sie haben gesagt, daß wir der Literatur fast alles schulden, was wir sind. Wenn Bücher verschwinden, wird die Geschichte verschwinden, und die Menschen werden ebenfalls verschwinden. Ich bin sicher, daß Sie recht haben. Bücher sind nicht nur die beliebige Summe unserer Träume und unseres Gedächtnisses. Sie bieten uns auch das Vorbild für Selbsttranszendenz. Manche Leute halten Lesen bloß für eine Art von Flucht: eine Flucht aus der ›wirklichen‹ Welt des Alltags in eine imaginäre Welt, die Welt der Bücher. Bücher sind viel mehr. Sie sind eine Art und Weise, ganz und gar Mensch zu sein.« Und sie fährt, beunruhigt durch das Rumoren der digitalen Apparaturen am Ende des 20. Jahrhunderts, fort: »Bald, so sagt man uns, werden wir uns jeden ›Text‹ auf einen ›Bücherschirm‹ abrufen, und wir werden in der Lage sein, sein Erscheinungsbild zu verändern, Fragen an ihn zu stellen, mit ihm in ›Interaktion‹ zu treten. Wenn Bücher zu ›Texten‹ werden, mit denen wir gemäß Nützlichkeitskriterien in ›Interaktion‹ treten, wird das geschriebene Wort schlicht zu einem weiteren Aspekt unserer von der Werbung gesteuerten Realität. Das ist die glorreiche Zukunft, die geschaffen wird und uns verheißen wird als etwas ›Demokratischeres‹. Es bedeutet natürlich nichts Geringeres als den Tod der Innerlichkeit – und des Buches.«[1]

Das ist schön und pathetisch, ist Verbeugung und melancholisches Fin de siècle, ist übertrieben und ganz richtig. Schriebe man heute, fast genau zehn Jahre nach ihrem Tod, einen Brief an Susan Sontag, dann würde man wohl nicht darum herumkommen, ihr zu berichten, daß einige ihrer Befürchtungen wahr geworden sind. Was ist in den letzten Jahren nicht alles an Begriffen bemüht worden, um die digitalen Räume des Wissens üppig auszustatten: Interaktion, Nützlichkeit,

Offenheit, Enthierarchisierung, Demokratisierung, Universalisierung – all diese Aspekte, von denen Sontag bereits einige benennt, machen uns deswegen so sehr zu schaffen, weil um sie herum Konglomerate aus skrupellosem Monopolismus, bürokratischem Autoritätsdünkel und verteidigenswerten Idealen entstanden sind, die sich nicht so leicht durchschauen lassen. Open Access ist im Feld der Wissenschaften das schillerndste dieser Konglomerate: Handelt es sich um eine Therapie oder um die Krankheit, die zu therapieren es vorgibt? Diese Frage scheint mir aufgrund der bisherigen Erfahrungen alles andere als klar beantwortet zu sein.

Damit möchte ich gar nicht in Abrede stellen, daß Interaktivität, Demokratisierung, Offenheit und auch die *Bücherschirme*, wie Sontag die digitalen Lesegeräte nennt, ihr Gutes haben. Wie viele Menschen konnten davon profitieren, daß die Bücher von Borges und seinen Bewunderinnen für einen lächerlichen Geldbetrag – ich meine eher Taschenbücher als E-Books – zu erwerben sind. Daß die Prosa von Kafka jederzeit und überall abrufbar ist. Für manche stellt es eine große Beruhigung dar, den ganzen Dostojewski auf einem kleinen Tablet in der Tasche zu haben, wenn sie mit einem Fahrstuhl steckenbleiben oder den Anschlußflug verpassen. Es gibt auch Leser, um deren Augenlicht es nicht mehr zum besten steht und die froh sind, daß sie sich die Schriftgröße so einstellen können, wie es ihnen paßt. Ob Borges, als seine Sehkraft nachließ, sich mit einem solchen Gerät angefreundet hätte? Warum eigentlich nicht? Allerdings hätte er, der übertriebene Bibliophilie unnötig fand, dann vielleicht an Rainer Maria Rilkes Diktum gedacht, daß nur derjenige Klarheit über ein Buch haben könne, der es auch besitzt. Rilke, der als unentwegt Reisender nur über eine kleine Handbibliothek verfügte, konnte ausgeborgten Büchern nicht mehr als eine »gewisse formelle Höflichkeit« entgegenbringen: »Man bleibt stets ›per Sie‹ mit ihnen.«² Das ist nicht weiter schlimm, denn so, wie unser Leben auch durch Menschen bestimmt wird, mit denen wir nicht eng vertraut sind, so sind Leser auch auf Bücher aus Bibliotheken angewiesen. Doch die eigenen Bücher haben eine andere Funktion. Die enge Vertrautheit mit ihnen jenseits eines bloßen Besitzindividualismus liegt darin, daß man sie mit eigenen Gedanken, Erinnerungen, Phantasien und Assoziationen versehen kann. Deswegen sind sie, wie Borges sagt, Erweiterungen des Geistes, also ein neuer Teil von uns selbst.

Wenn man bereits bei geliehenen Büchern den Hut aufbehält, soll man dann digitalen Büchern mit Handschuhen die Hand geben? Natürlich lassen sich mit der entsprechenden Software auch in E-Books Unterstreichungen und Randnotizen vornehmen. Reine Gewohnheit oder Geschmackssache, wird man sagen, und auch ich denke, daß wir uns in Zukunft zwischen beiden Formaten hin- und herbewegen werden – trotz des chromosomalen Schadens der E-Books. Aber jenseits davon gibt es vermutlich doch einen Unterschied, der sich nicht in der Plastizität unseres Verhaltens auflöst. In seiner *Geschichte des Papiers* schreibt Lothar Müller, daß dem gedruckten Buch »im Kontrast zum elektronischen Buch die Aura zuwächst, das Original*format* zu sein«.[3] Dabei ist Original*format* nicht im Sinne eines Unikats und auch nicht als Erstausgabe irgendeines Buches zu verstehen. Es kann sich um eine preiswerte Ausgabe handeln, aber sie hat doch ein bestimmtes Format und eine bestimmte Gestalt, die nur diesen Text (oder eine begrenzte Ansammlung von Texten) beherbergt. Egal, ob Taschenbuch, französische Broschur oder Lederausgabe, wir befinden uns in unmittelbarer Berührung mit einem individuellen Gegenstand. Im Falle digitaler Texte dagegen haben wir immer den gleichen Gegenstand in der Hand, zumindest so lange, bis wir uns ein neues Lesegerät kaufen. Mit den Worten von Anne Mangen: »In der digitalen Technologie ist die Verbindung zwischen Text und materiellem Träger zersplittert. Die technologische Vorrichtung erlaubt die Anzeige einer Vielzahl von Texten, indem man sie mit einem einzigen Klick aufruft. Im Gegensatz dazu stellt das Buch ein physisch und funktionell einheitliches Objekt dar, bei dem der Inhalt nicht vom materiellen Substrat unterschieden werden kann.«[4]

Was diese Einheit von Inhalt und Materialität für die kognitiven Leidenschaften, das Gedächtnis und die Phantasie

241

bedeutet, ist wenig erforscht, aber immerhin ist es unserer eigenen Erfahrung gut zugänglich. Wir müssen Bilder nicht in die Hand nehmen, um sie im Gedächtnis zu behalten, müssen keine Notenblätter anfassen, um eine Melodie wiederzuerkennen. Und selbstverständlich nehmen wir die Inhalte von Büchern auf, die uns vorgelesen werden. Doch in diesem Fall wird die Einheit durch die Stimme des Vorlesers oder wenigstens die atmosphärische Situation des Vorlesens hergestellt. Die Performativität wird zum Original*format*. Somit geht es in beiden Fällen – auch beim Vorlesen eines E-Book – um eine »physiognomische Individualität«,[5] die mal an ein akustisches Erleben, mal an einen bestimmten Gegenstand geknüpft ist. Das hat nichts mit Kostbarkeit oder Fetisch zu tun, sondern mit Orientierung auf den verschlungenen Pfaden zwischen Buchstaben und Geist.

Eine solche Orientierung profitiert davon, daß das Buch noch mehr darstellt als bloße physiognomische Individualität. Es geht weder um die Einzigartigkeit einer Handschrift noch um typographische Extravaganz, denn beide bewegen sich auf ihre Weise im Rahmen einer auratischen Exklusivität, die etwas anderes will, als es dem gedruckten Buch eigen ist. Nur dieses vermag den Schritt vom Besonderen zum Allgemeinen zu tun, und das bedeutet auch: Lesbarkeit und Handhabbarkeit. Vor den Augen erweist sich, ob die Buchstaben auf der Seite ihre rechte Anordnung gefunden haben; in der Hand erweist sich, ob ein Buch über einen Körper, eine organisierte Struktur verfügt. Unter all den Lesemaschinen, von denen im Verlauf dieser Untersuchung die Rede war, ist das gedruckte Buch die zentrale Lesemaschine, die durch ihre Materialität und Gestaltung die Lesekultur prägt.[6] Und hier ist der Spielraum nicht unendlich groß. Bereits 1928 warnte Jan Tschichold davor, mit Büchern zu viele typographische Experimente vorzunehmen: »Denn die alte Buchform ist für solche Literatur [Romane und einen Großteil der wissenschaftlichen Literatur] vorzüglich geeignet, und eine an sich gute Form besteht so lange zu Recht, bis sie durch eine wirklich bessere ersetzt wird.«[7]

Jeder, der sich nur ein wenig mit Büchern auskennt, weiß, daß die typographischen und materiellen Qualitätsstandards, die ein Original*format* ausmachen, nicht selten zu wünschen übriglassen. Gerne wird in diesem Zusammenhang das Beispiel des Paperbacks angeführt, das bereits bei der ersten Lektüre auseinanderfällt, und auch Print-on-Demand-Ausgaben vergriffener Bücher, die auf antiquarischen Webseiten massenweise angeboten werden, gehören in die Kategorie Ramsch. Zwischen Ramsch und kostbarer Ausgabe für Bibliophile gibt es ein breites Spektrum an solider bis gediegener Buchherstellung, und die meine ich vor allem, wenn ich Bücher als Gegenstände auffasse, die in jeder Hand eine andere Geschichte zu durchlaufen vermögen. Das geflügelte Wort *Habent sua fata libelli* ist, worauf Roland Reuß hinweist, zu häufig nur auf Texte bezogen worden. Dabei dürfte es schwierig zu erklären sein, wie diese ohne ihr materielles Substrat überhaupt eine Geschichte haben können.[8] Natürlich sind Bücher nicht notwendigerweise auf Gutenbergs Lettern angewiesen. Platons *Staat*, die *Bekenntnisse* des Augustinus oder Dantes *Divina Commedia* sind lange vor dem Buchdruck entstanden und haben sich historisch entfaltet, aber das geschah auch in bestimmten Formen und Formaten, deren Erforschung zu den faszinierendsten Kapiteln der historischen Geisteswissenschaften gehört. Wie und unter welchen Bedingungen ein Text angezeigt, gelesen, ausgelegt, verstanden, rezipiert, verklärt oder abgelehnt wird, ist nicht nur eine Frage des Inhalts oder des Diskurses, sondern auch der jeweiligen Ausgabe, in der ein Text erscheint. Bisweilen geht das so weit wie bei dem großen Buch von Norbert Elias, das erst in der *Suhrkamp culture* zum Jahrhundertbuch wurde. Natürlich ist die Ausgabe nicht das einzige Kriterium. Es kann keinen Zufall darstellen, daß eine Untersuchung über das Gelingen des Zivilisationsprozesses gerade in einer Gesellschaft reüssierte, die einen solchen Prozeß zu jener Zeit bereits seit einigen Jahrzehnten am eigenen Leibe durchmachte.

Kein Buch ist voraussetzungslos. Es gibt Bücher, die ihre Zugehörigkeit zu einer Tradition oder einer Schule offen darlegen oder dementieren, es gibt andere, die aus dem Nichts zu kommen scheinen und doch ohne ihre jeweiligen Beziehungsnetze undenkbar wären. Und es gibt Bücher, deren geschichtliche Wirksamkeit erst in einem bestimmten Format und unter bestimmten politischen und diskursiven Bedingungen zum Tragen kommt. Foucault hat aus alldem den Schluß gezogen, daß ein Buch kein autochthones Gebilde sei, weil es »stets in einem Verhältnis der Anlehnung an oder der Abhängigkeit von anderen« stehe. Ein Buch, so heißt es weiter, »umfasst ein System von expliziten oder impliziten Verweisen auf andere Bücher, andere Texte oder andere Sätze«. Dem möchte man kaum widersprechen, aber dann fügt er noch etwas hinzu, was beinahe wie eine vorweggenommene Charakterisierung liquider Netztexte klingt: »Das Buch gibt sich vergeblich als ein Gegenstand, den man in den Händen hält; vergeblich schrumpft es auf das kleine Parallelepiped, das es einschließt; seine Einheit ist variabel und relativ: Sie lässt sich erst von einem Diskursfeld aus konstruieren, anzeigen und folglich beschreiben.«[9]

Dagegen wäre zu sagen, daß gerade der materielle Gegenstand, den man in Händen hält, für jene Integrität und Stabilität sorgt, die ein Buch aus einem ununterscheidbaren Gewimmel von Wörtern heraushebt. Im Unterschied zu einem rein digitalen Text liegt die Stabilität darin, daß sich das Ineinander von Inhalt und Materialität nicht gleich wieder zurücknimmt oder auflöst, sondern beharrlich bleibt. Bücher und nicht Netztexte können sich von Auflage zu Auflage verändern, aber das ist dann schon Teil ihrer Wirkungsgeschichte, ihrer Entfaltung in einem Beziehungsnetz. Bücher existieren also, noch einmal mit Foucault gesagt, nicht »durch sich selbst«, weil sie durch eine Anzahl von Ideen, anderen Texten und Akteuren gewoben werden. Aber sie existieren *für sich selbst*, weil sie nicht von einer Sekunde auf die andere gelöscht oder manipuliert werden können, und das macht ihre Eigentümlichkeit aus.

Deswegen würde man, wenn man einen Brief an Susan Sontag schriebe, auch darauf hinweisen, daß der Tod des Buches noch nicht eingetreten sei. Offensichtlich ist das Buch robuster und widerspenstiger, als uns immer wieder weisgemacht wird. Eigentlich eine ermutigende Tatsache, die uns nahelegen sollte, darüber nachzudenken, ob McLuhans Anthropologie des Buches nicht erhebliche Defizite aufweist. Als Leser McLuhans haben wir verstanden, daß der Buchdruck Individualität, Rationalität und sprachliches Wissen in den Vordergrund rückte. Doch diese Perspektive ist ziemlich einseitig. Als Leser von Borges begreifen wir nämlich auch, daß das Buch wie kein anderes Medium Phantasie, Selbsttranszendenz, Glückseligkeit, Träume, Erinnerung und Selbstbeobachtung in Gang setzt. Was der McLuhansche Rationalist mit der einen Hand zusammendrückt, kann der Borgessche Träumer mit der anderen Hand wieder auseinanderfalten. Nur beide Typen zusammengenommen verschaffen eine Vorstellung von dem, was es heißt, mit dem Buch *ganz und gar Mensch zu sein*. Das ist ein ziemlich großes Wort, aber man weiß schließlich auch, daß dieses *ganz und gar* immer nur einzelne Momente betreffen kann. Vielleicht aus diesem Grunde zitiert Sontag Borges, der wiederum den Dichter Robert Browning zitiert: »Die Gegenwart ist der Augenblick, in dem die Zukunft zur Vergangenheit zerfällt.« Wie treffend, doch beim Lesen mag es noch ein wenig anders sein: Die Gegenwart des Lesens besteht darin, daß sich Vergangenheit und Zukunft zusammentun und gemeinsam entfalten. Deswegen benötigen wir immer wieder Bücher, und deswegen vertraue ich Borges, wenn er es für unmöglich hält, daß die Bücher verschwinden.

Überforschung? Natürlich. Überproduktion? Natürlich. Aber wenn man sich in den Tagebüchern von Sontag die Listen der Bücher anschaut, die sie gelesen bzw. sich zu lesen vorgenommen hat, dann denkt man nicht an Überproduktion, sondern nur: *Stimmt, das solltest du eigentlich auch lesen.*[10] Zwar handelt es sich dabei mehr um literarische als um geisteswissenschaftliche Bücher, aber das ist der Punkt, um den es mir geht: Bücher sind der maßgebliche Ausweis einer *moralischen Ökonomie*[11] der Geisteswissenschaften, nicht der einzige, aber derjenige, der zu ihrer Geltung am meisten beigetragen hat. Es spielt nicht so eine große Rolle, daß nur wenige Bücher und ihre Autoren darauf hoffen dürfen, auf den Listen von Sontag oder Borges aufzutauchen. Viele können nicht einmal mit einer breiteren historischen Entfaltung rechnen, und doch geht es immer wieder aufs neue um die schwache, aber auch tröstliche Hoffnung, ein Stückchen von jener Intelligibilität der Welt in einem Buch und nur in einem Buch zum Vorschein bringen zu können. Nur aus diesem Grunde lohnt sich der Anspruch, der immer schon eine Portion Überforderung implizierte und in unserer Zeit – nicht zum ersten Mal – ein Stück Rebellion mit sich trägt, um wenigstens ein Gefühl für die Relevanz von Geisteswissenschaften nicht zu verlieren.

Warum Bücher? Kehren wir zum Anfang zurück. Nietzsche hat ein gutes Buch mit einer *Composition*, also einer bei ihm kaum zufälligen Anspielung auf die Musik assoziiert. Das heißt aber, daß es um die Einzelheiten *und* um den Gesamtentwurf geht. Ein Buch muß in seinen Details stimmig sein, es sollte Gedanken und Argumente enthalten, doch es überzeugt nicht, weil dieser oder jener Gedanke darin ausgesprochen, weil diese oder jene interessante Quelle herangezogen und ausgewertet wird, ein Buch überzeugt, weil Gedanken, Argumente oder eine Geschichte auf eine spezifische Weise entwickelt werden. Das heißt, es geht um das gelungene Zusammenfügen der einzelnen Teile zu einem Ganzen. Hier bietet sich ein Vergleich mit den Naturwissenschaften an: ein mathematischer Beweis, eine physikalische Theorie, ein chemisches Experiment oder eine Computersimulation überzeugen ebenfalls als Zusammenfügen einzelner Teile, als ein Ganzes, das hier und da vereinfacht werden kann, dem aber zunächst einmal kein Teil fehlen darf. Dieses Ganze sollte sich wenigstens einmal zeigen, damit sich dann andere daraus bedienen können, Teile entnehmen, sie weiterentwickeln oder in andere Zusammenhänge stellen.

Worauf ich hinauswill: Experimente, Beweise, Simulationen sind Einheiten, die sich durch nichts anderes substituieren lassen, die dann aber in Artikeln, Blogs, Preprints, früher auch in Büchern kommuniziert werden. Die Elemente, aus denen sie sich zusammensetzen, sind nur zu einem geringen Teil Sprache, vor allem handelt es sich um wissenschaftliche Gegenstände, Instrumente, Formeln, Tabellen, Statistiken, Algorithmen usw. Geisteswissenschaftler verfügen über diese Elemente – sehen wir von Ausstellungen, digitalen oder visuellen Verfahren einmal ab – nicht. Sie haben nur die Sprache, um ihre Argumente und Narrationen zu entfalten. Und Sprache ist keineswegs nur eine Verpackung, die man abstreift, um das Eigentliche zum Vorschein zu bringen. Sprache ist das Skelett des Gedankens, und das bedeutet: Wenn man sie wegnimmt, fällt er zusammen. Insofern gilt auch für wissenschaftliche Prosa, was Benjamin in seiner XII. These zur Technik des Schriftstellers festhält: »Der Gedanke tötet die Eingebung, der Stil fesselt den Gedanken, die Schrift entlohnt den Stil.«[12] Wir haben es nicht mehr mit der Reinschrift eines Textes auf Papier zu tun, sondern wuseln uns durch unsere digitalen Buchstabenkonglomerate, suchen und finden, kopieren, streichen und fügen ein, aber das ist etwas anderes als Schreiben für das Netz. Es geht darum, das Netz zu nutzen, um bessere Texte für das Papier zu schreiben.[13] Könnte man zu Benjamins Quartett von Eingebung, Gedanke, Stil und Schrift(bild) noch ein fünftes Instrument hinzufügen, so wäre es: das Buch. Es verschränkt die Schrift, den Stil und den Gedanken. Deswegen die gedruckte Form. Auch wenn ein Buch zu schreiben zunächst einmal eine langwierige Einübung in ein Textformat darstellt, das nicht zwangsläufig in ein bestimmtes Medium führen muß, so ist das Buch die materiale Form, die das »Verzehren« des Textes erleichtert, »seine Zerstörung durch den Geist, die Verwandlung in geistige Ereignisse«.[14]

Es ist keine neue Einsicht, daß ein Buch zu schreiben zu den mühsameren Tätigkeiten gehört. Ende Dezember 1881 meldet Jacob Burckhardt an Friedrich von Preen: »Bücher schreibe ich keine mehr; es giebt deren ohnehin genug und die Arbeit daran ist eine der größten Knechtschaften die man erdenken kann.«[15] Wer wollte dem schon widersprechen? Und es ist auch bekannt, daß Burckhardt sich bereits zuvor mit dem Bücherschreiben nicht ganz leichtgetan hatte und es für richtiger hielt, seine Zeit in die Vorlesungen und also in die Studenten zu investieren.[16] Nichts gegen persönliche Beziehungen in der Vermittlung des Wissens, aber in dieser Hinsicht etwas anderer Ansicht als der große Basler Historiker zu sein darf sich ein Nachgeborener erlauben. Ohne die von Burckhardt selbst herausgegebenen und seine postum erschienenen Bücher wäre diese Welt bedeutend ärmer. Natürlich war auch Burckhardt ein leidenschaftlicher Freund des Buches. In dem eben zitierten Brief fügt er hinzu: »Ich bin aber froh wenn Andere Gutes schreiben.«

Nachbemerkung

Dieses Buch geht auf einen Vortrag zurück, den ich im April 2010 im Rahmen der Jacob Burckhardt-Gespräche gehalten habe. Ich danke Gottfried Boehm für die Einladung nach Castelen, die es mir ermöglichte, meine Überlegungen zum Buch erstmals vorzustellen und diskutieren zu können. Ursprünglich wollte ich nicht mehr als einen Essay von vielleicht 80 Seiten schreiben, aber am Ende ging es dann doch nur mit Goethes Maxime: *durch die Wissenschaft durch wieder in die Freiheit hinein.* Eine erste, erheblich kürzere Fassung der Einleitung und des ersten Kapitels erschien als Band 28 der *Jacob Burckhardt-Gespräche auf Castelen* im Schwabe Verlag, Basel.

Meine Thesen konnte ich in verschiedenen Vorträgen und Veranstaltungen ausprobieren. Von den – mitunter recht kontroversen – Diskussionen habe ich sehr profitiert. Insofern existiert natürlich auch dieses Buch nicht allein *durch sich selbst.* Darüber hinaus verdankt es der Aufmerksamkeit, Neugierde und Freundschaft einiger Leser außerordentlich viel: Martin Bauer, Valentin Groebner, Fabian Grütter, David Gugerli, Anke te Heesen, Caspar Hirschi, Hermann-Johannes Kerl, Bernd Stiegler, Dieter Thomä und Mario Wimmer haben das Manuskript ganz oder in Teilen gelesen. Ihnen allen darf ich für Hinweise, Kritik und Diskussionen von Herzen danken. Ein Buch zu schreiben geht stets auf Kosten derjenigen, die einem am nächsten stehen. Daß Krassimira Kruschkova das nicht nur mit Geduld, Ermutigung und Humor mitgemacht, sondern diesen Text auch noch mit *zarten Fingern und Augen* begleitet hat, ist so viel, daß ich meinen Dank dafür kaum in Worte fassen kann.

Im Wallstein Verlag sind in den letzten Jahren eine Reihe von Büchern zur Bedeutung des Buches erschienen. Ich fühle mich in bester Gesellschaft. Die Zusammenarbeit mit

Thedel v. Wallmoden, dem ich in diesem Falle auch wichtige Informationen und Inspirationen verdanke, war, wie stets, eine große Freude.

Wien, im Dezember 2014

Anmerkungen

Sämtliche digitalen Quellen wurden, sofern nicht anders angegeben, zuletzt am 6./7. Januar 2015 aufgerufen.

Einleitung

1 Friedrich Nietzsche, Also sprach Zarathustra, in: ders., *Sämtliche Werke. Kritische Studienausgabe (KSA)*, Bd. 4, München/Berlin: Deutscher Taschenbuch Verlag 1980, S. 48.

2 Ders., Vom Nutzen und Nachtheil der Historie für das Leben, in: *KSA*, Bd. 1, S. 245, 329.

3 Arthur Schopenhauer, Parerga und Paralipomena, Bd. 2, in: ders., *Sämtliche Werke*, Bd. 5, München: Piper 1913, S. 528.

4 Nietzsche, Vom Nutzen und Nachtheil der Historie für das Leben, in: *KSA*, Bd. 1, S. 301.

5 Ders., Nachgelassene Fragmente 1869-1874, in: *KSA*, Bd. 7, S. 423.

6 Schopenhauer, Parerga und Paralipomena, Bd. 2, a.a.O., S. 616-617.

7 Nietzsche, Über die Zukunft unserer Bildungsanstalten, Vortrag 5, in: *KSA*, Bd. 1, S. 746.

8 Siehe die nach wie vor lesenswerten Beiträge zu dieser Tagung in dem Band *The Future of the Book*, hg. v. Geoffrey Nunberg, Berkeley/ Los Angeles: University of California Press 1996.

9 Jeff Gomez, *Print is dead: Books in Our Digital Age*, New York: Palgrave Macmillan 2007. In der Einleitung zur 2. Auflage hat der Autor, wie um die Irrelevanz des Buchdrucks zu bekräftigen, die Erfindung des Buchdrucks durch Johannes Gutenberg in einem Akt patriotischer Amerika-Fixierung auf das Jahr 1492 datiert. Siehe http://www.dontcallhome.com/?p=6. Dort findet sich die entsprechende Datierung auf S. 6.

10 Siehe Nicholas Negroponte, The paper book is dead, long live the narrative, in: *Minnpost*, 31.8.2010, (http://www.minnpost.com/global-post/2010/08/paper-book-dead-long-live-narrative); Jeff Jarvis, The book is dead. Long live the book, in: *Buzz Machine*, 19.5.2006, (http://buzzmachine.com/2006/05/19/the-book-is-dead-long-live-the-book/).

11 Siehe Ben Ehrenreich, The death of the book, in: *Los Angeles Review*

of Books, 18.4.2011, (https://lareviewofbooks.org/essay/the-death-of-the-book).

12 Eine gute Zusammenfassung der verschiedenen Aspekte, die für einen allgemeinen Mentalitätenwechsel im Umgang mit dem gedruckten Buch sprechen sollen, findet sich bei Kathrin Passig. Siehe dies., Das Buch als Geldbäumchen, in: dies., *Standardsituationen der Techno-logiekritik*, Berlin: Suhrkamp 2013, S. 41-54; dies., Öffentlicher schreiben, privater lesen. Neue Techniken und Praktiken, in: *Deutsche Akademie für Sprache und Dichtung, Jahrbuch 2012*, Göttingen: Wallstein 2013, S. 101-108; dies., Dank E-Books lese ich mehr und kaufe weniger, in: *Die ZEIT*, 6.5.2013, (http://www.zeit.de/digital/internet/2013-05/ebook-reader-leseverhalten-passig).

13 Michael Giesecke, *Von den Mythen der Buchkultur zu den Visionen der Informationsgesellschaft. Trendforschungen zur kulturellen Medienökologie*, Frankfurt a. M.: Suhrkamp 2002, S. 216.

14 Siehe den Überblick für 2012 und 2013 im *Börsenblatt des Deutschen Buchhandels*, Buch und Buchhandel in Zahlen, (http://www.boersenblatt.net/373296/template/bb_tpl_branchenzahlen/).

15 Nietzsche, Die fröhliche Wissenschaft, 5. Buch, Nr. 366, in: ders., *KSA*, Bd. 3, S. 614.

16 Brief vom 4. April 1979, in: *Hans Blumenberg – Jacob Taubes. Briefwechsel 1961-1981*, hg. v. Herbert Kopp-Oberstebrink und Martin Treml, Berlin: Suhrkamp 2013, S. 196.

17 Wie soll ich sagen – auch das vorliegende Buch entspricht ziemlich genau dieser Konfektionsgröße, aber das ist natürlich reiner Zufall.

18 Gilles Deleuze und Félix Guattari, *Rhizom*, Berlin: Merve 1977.

19 Jürgen Kaube, Denken zwischen Mülltrennung und Notaufnahme. Über das wissenschaftliche Sachbuch, in: *Frankfurter Allgemeine Zeitung*, 16.3.2012, (http://www.faz.net/aktuell/feuilleton/buecher/ueber-das-wissenschaftliche-sachbuch-denken-zwischen-muelltrennung-und-notaufnahme-11675841.html).

20 Passig, Das Buch als Geldbäumchen, a.a.O., S. 48.

21 Hartmut Rosa, *Beschleunigung und Entfremdung*, Berlin: Suhrkamp 2013, S. 34.

22 Douglas Rushkoff, *Present Shock. Wenn alles jetzt passiert*, Freiburg: Orange Press 2014, S. 267.

23 Norbert Elias, *Über den Prozeß der Zivilisation*, 4. Aufl., Bd. 2, Frankfurt a. M.: Suhrkamp 1977, S. 376.

24 Siehe dazu die unerschöpfliche Untersuchung von Hans Blumenberg, *Die Lesbarkeit der Welt*, Frankfurt a. M.: Suhrkamp 1981.

25 Vilém Flusser, *Die Schrift*, 2. Aufl., Göttingen: Immatrix Publications 1989, S. 78.

Kulturkritik und mediale Heilserwartung

1 Siehe Georg Bollenbeck, *Eine Geschichte der Kulturkritik.*
   Von Rousseau bis Günther Anders, München: Beck 2007; Ralf
   Konersmann, *Kulturkritik,* Frankfurt a.M.: Suhrkamp 2008.

2 Theodor Lessing, Untergang des Buches, in: *Prager Tagblatt,* 1.10.1932,
   S. 1. Wiederabdruck in: ders., *Wortmeldungen eines Unerschrockenen.*
   Publizistik aus drei Jahrzehnten, Leipzig/Weimar: Kiepenheuer 1987,
   S. 271-274.

3 Lessing, Untergang des Buches, a.a.O.

4 Es sei aber auch nicht verschwiegen, daß andere Autoren damals sich
   nur für den Buchdruck erwärmten und das Schießpulver ablehnten.
   Siehe hierzu Caspar Hirschi, *Wettkampf der Nationen. Konstruktionen*
   einer deutschen Ehrgemeinschaft an der Wende vom Mittelalter zur
   Neuzeit, Göttingen: Wallstein 2005, S. 282-286.

5 Francis Bacon, *Neues Organon,* Bd. 1, Aph. 129, Hamburg: Meiner
   1990, S. 271.

6 Georg Wilhelm Friedrich Hegel, Vorlesungen über die Philosophie der
   Geschichte, in: ders., *Werke,* Bd. 12, Frankfurt a.M.: Suhrkamp 1986,
   S. 481, 490-491.

7 Oswald Spengler, *Der Untergang des Abendlandes. Umrisse einer*
   Morphologie der Weltgeschichte, Bd. 2 [1922], München: Deutscher
   Taschenbuch Verlag 1972, S. 1186.

8 Siehe z.B. Kurt Flasch, *Die geistige Mobilmachung. Die deutschen*
   Intellektuellen und der Erste Weltkrieg. Ein Versuch, Berlin: Fest 2000.

9 Theodor Lessing, *Europa und Asien,* Berlin: Verlag Die Aktion 1918,
   S. 34, 116-117. Vgl. auch ders., *Die verfluchte Kultur* [1921], München:
   Matthes & Seitz 1981, S. 24-25.

10 Lessing, *Europa und Asien,* a.a.O., S. 43, siehe auch S. 119.

11 Siehe dazu, allerdings mit ausschließlichem Bezug auf Spengler,
   die klassische Untersuchung von Paul Forman, Weimar culture,
   causality, and quantum theory: adaptation by German physicists
   and mathematicians to a hostile environment, in: *Historical Studies*
   in the Physical Sciences 3, 1971, S. 1-115.

12 Lessing, *Europa und Asien,* a.a.O., S. 41.

13 Siehe Rainer Marwedel, *Theodor Lessing, 1872-1933. Eine Biographie,*
   Darmstadt/Neuwied: Luchterhand 1987, S. 341-371.

14 Lessing, Untergang des Buches, a.a.O.

15 Béla Balázs, *Der sichtbare Mensch oder die Kultur des Films,*
   Wien/Leipzig: Deutsch-Österreichischer Verlag 1924, S. 24, 27.

16 Zur Geschichte des Mikrofilms als neuer Generierungs- und Speicher-
   form des Wissens siehe Monika Dommann, *Autoren und Apparate.*

Die Geschichte des Copyrights im Medienwandel, Frankfurt a. M.: Fischer 2014, S. 60-65, 145-159.

17 Siehe Alessandro Ludovico, *Postdigital Print. The Mutation of Publishing since 1894*, Eindhoven: Onamotopee 2012, S. 29-30.

18 Jan Tschichold, *Die neue Typographie* [1928], 2. Aufl., Berlin: Brinkmann & Bose 1987, S. 223.

19 Ebd., S. 11.

20 Lessing, *Europa und Asien*, a. a. O., S. 52.

21 Marshall McLuhan, *Die magischen Kanäle.* »*Understanding Media*«, Düsseldorf: Econ 1968, S. 188-189.

22 Friedrich Nietzsche, Götzendämmerung: Was den Deutschen abgeht, Nr. 6, in: *KSA*, Bd. 6, S. 108.

23 McLuhan, *Die magischen Kanäle*, a. a. O., S. 195.

24 Ebd., S. 10.

25 Heidelberger Appell, (http://www.textkritik.de/urheberrecht/index.htm).

26 Wolfgang Frühwald, Gutenbergs Galaxis oder Von der Wandlungsfähigkeit des Buches, in: *Die Zukunft des Buches*, hg. v. Clemens Zintzen, Mainz: Akademie der Wissenschaften und der Literatur 2011, S. 9-21, S. 12.

27 Eine erste filmische Bilanz des Google Books-Projekts zieht Ben Lewis in seinem subtilen Dokumentarfilm *Google and the World Brain* von 2012.

28 Siehe die Begründung des Urteils von Richter Denny Chin: Google Books ruling on fair use, (http://de.scribd.com/doc/184162035/Google-Books-ruling-on-fair-use-pdf).

29 Zu den Initiativen siehe Jean-Noël Jeanneney, *Googles Herausforderung. Für eine europäische Bibliothek*, Berlin: Wagenbach 2006; Robert Darnton, The National Digital Public Library is Launched, in: *The New York Review of Books*, 25.4.2013, (http://www.nybooks.com/articles/archives/2013/apr/25/national-digital-public-library-launched/?pagination=false).

30 Siehe dazu Michael Hagner, Open Access als Traum der Verwaltungen, in: *Frankfurter Allgemeine Zeitung*, 6.5.2009, (http://www.faz.net/aktuell/feuilleton/forschung-und-lehre/debatte-open-access-als-traum-der-verwaltungen-1773583.html).

31 Passig, *Standardsituationen der Technologiekritik*, a. a. O., S. 27.

32 Thierry Chervel, Hört nicht auf die Heidelberger Bocksgesänge, (http://www.perlentaucher.de/blog/48_hoert_nicht_auf_die_heidelberger_bocksgesaenge).

33 David Harnasch, Die intellektuelle Elite weiß nichts vom Internet, in: *Der Tagesspiegel*, 4.6.2009, (http://www.tagesspiegel.de/meinung/

kommentare/die-intellektuelleelite-weiss-nichts-vom-internet/
1527774.html).

34 Matthias Spielkamp und Florian Cramer, Die Autoren werden gestärkt,
in: *Frankfurter Rundschau*, 21.4.2009, (http://www.fr-online.de/in_
und_ausland/kultur_und_medien/themen/1726814_open-access-die-
Autoren-werden-gestaerkt.html, zuletzt aufgerufen am 21.4.2010).

35 Frank Hartmann, Unredliche Spiele, in: *Recherche* 3, 2009, (http://
recherche.akriga.co.uk/hartmann-unredliche-spiele.html).

36 Hubertus Kohle, Open Access und die Zukunft des wissenschaftlichen
Publizierens, in: *Telepolis*, 11.5.2009, (http://www.heise.de/tp/r4/
artikel/30/30291/1.html).

37 Matthias Bröckers, Das Ende des Holzwegs, in: *Telepolis*, 13.5.2009,
(http://www.heise.de/tp/artikel/30/30286/1.html).

38 Hans Magnus Enzensberger, Bewußtseins-Industrie, in: ders.,
Einzelheiten, Frankfurt a.M.: Suhrkamp 1962, S. 7-15, S. 15.

39 Evgeny Morozov, Das Elend der Internetintellektuellen, in: *Frankfurter
Allgemeine Zeitung*, 25.10.2011, (http://www.faz.net/aktuell/
feuilleton/netzdiskurs-das-elend-der-internetintellektuellen-
11504372.html).

40 Chervel, Hört nicht auf die Heidelberger Bocksgesänge, a.a.O.

41 Buch trifft Bildschirm. Die Bloggerin Kathrin Passig und ›Matthes &
Seitz‹-Verleger Andreas Rötzer im Gespräch über Lesekulturen, in:
Der Tagesspiegel, 10.10.2011, (http://www.tagesspiegel.de/medien/
ebooks-tablets-und-co-buch-trifft-bildschirm/4707040.html); siehe
auch Passig, *Standardsituationen der Technologiekritik*, a.a.O., S. 53-54.

42 Thomas Hettche, Was Literatur ist, in: *Frankfurter Allgemeine
Zeitung*, 9.4.2010, S. 29.

43 Siehe Alban Nikolai Herbst, Ein ärgerliches Schisma, in: *Freitag*,
15.4.2010, (http://www.freitag.de/kultur/1015-ein-argerliches-
schisma).

44 Wolfgang Herrndorf, *Arbeit und Struktur*, Rowohlt: Berlin 2013.

45 Hettche, Was Literatur ist, a.a.O.

46 Anton Tantner, Werdet BloggerInnen! Eine Replik auf Valentin
Groebner, Merkur-Blog, 7.2.2013, (http://www.merkur-blog.de/
2013/02/werdet-bloggerinnen-eine-replik-auf-valentin-groebner/);
Philippe Wampfler, »online first«. Geisteswissenschaften als Social
Media, in: *Digital Humanities. Nach Feierabend 9*, hg. v. Michael
Hagner und Caspar Hirschi, Zürich: Diaphanes 2013, S. 79-102.

47 Zu Brockman siehe Max Stadler, Der Geist des Users. Oder: vom Ende
des »Boole'schen Traums«, in: *Digital Humanities*, a.a.O., S. 55-77.

48 Für Artikel gilt das natürlich nicht in der Weise. Auf neuere Online-
Zeitschriften wie *Eurozine* möchte ich ebensowenig verzichten wie auf

den gedruckten *Merkur*. Ein Beispiel für eine akademische Initiative wären die durchweg lesenswerten Übersichtsartikel zur Zeitgeschichte auf docupedia.de, einer vom Zentrum für zeithistorische Forschung in Potsdam entwickelten und redaktionell betreuten Web-Initiative. Allerdings ist ein Teil der dort verfügbaren Artikel zuvor in Büchern veröffentlicht worden.

49 Valentin Groebner, Muss ich das lesen?, in: *Frankfurter Allgemeine Zeitung*, 10.2.2013, (http://www.faz.net/aktuell/feuilleton/forschung-und-lehre/wissenschaftliches-publizieren-muss-ich-das-lesen-12051418.html).

50 Klaus Graf, Vermitteln Blogs das Gefühl rastloser Masturbation? Eine Antwort auf Valentin Groebner, hypotheses.org, 7.2.2013, (http://redaktionsblog.hypotheses.org/951).

51 Siehe pars pro toto Steven Pinker, Science is not your enemy, in: *New Republic*, 6.8.2013, (http://www.newrepublic.com/article/114127/science-not-enemy-humanities).

52 Kohle, Open Access und die Zukunft des wissenschaftlichen Publizierens, a.a.O.

53 Max Weber, Wissenschaft als Beruf, in: ders., *Gesammelte Aufsätze zur Wissenschaftslehre*, 5. Aufl., Tübingen: Mohr Siebeck 1982, S. 582-613, S. 590.

54 Graf, Vermitteln Blogs das Gefühl rastloser Masturbation?, a.a.O.

55 Giesecke, *Von den Mythen der Buchkultur*, a.a.O., S. 450-453.

56 Bruno Latour, Biography of an Inquiry: On a Book about Modes of Existence, in: *Social Studies of Science* 43, 2012, S. 287-301, S. 287; ders., *Existenzweisen. Eine Anthropologie der Modernen*, Berlin: Suhrkamp 2014.

57 Der entsprechende Twitter von Latour lautet: »AIME [An Inquiry into Modes of Existence] is not a book written by an author to be criticized, but a set of propositions for a diplomatic assembly to do whatever peace they can.«

58 Bruno Latour, *Elend der Kritik*, Zürich / Berlin: Diaphanes 2007.

59 Jürgen Habermas, Preisrede anlässlich der Verleihung des Bruno-Kreisky-Preises für das politische Buch 2005, gehalten am 9.3.2006, (http://www.renner-institut.at/fileadmin/user_upload/downloads/kreisky_preis/habermas2006-03-09.pdf).

60 The editors, Internet als Social Movement. A brief history of Webism, in: *n + 1*, 9, 2010, (https://nplusonemag.com/issue-9/the-intellectual-situation/internet-social-movement/).

61 Ebd.

62 Siehe Daniel Leisegang, *Amazon – Das Buch als Beute*, Stuttgart: Schmetterling Verlag 2014; George Packer, Cheap words. Amazon is

good for customers. But is it good for books?, in: *The New Yorker*, 17.2.2014, (http://www.newyorker.com/reporting/2014/02/17/ 140217fa_fact_packer?currentPage=all).

Alles umsonst? Open Access

1 Zur Frage der Wissenschaftssprache in den Geisteswissenschaften gibt es eine anhaltende Debatte. Einen aktuellen Überblick bietet der vom Goethe-Institut, vom DAAD und vom Institut für Deutsche Sprache initiierte Sammelband *Deutsch in den Wissenschaften. Beiträge zu Status und Perspektiven der Wissenschaftssprache Deutsch,* München: Klett-Langenscheidt 2013.

2 Siehe Mario Biagioli und Peter Galison (Hrsg.), *Scientific Authorship: Credit and Intellectual Property in Science,* London/New York: Routledge 2003.

3 Zur Geschichte des wissenschaftlichen Artikels siehe Alan G. Gross, Joseph E. Harmon und Michael Reidy, *Communicating Science: The Scientific Article from the 17th Century to the Present,* Oxford/New York: Oxford University Press 2002. Über die Zusammenhänge von Peer Review und Zensur siehe Mario Biagioli, From Book Censorship to Academic Peer Review, in: *Emergences: Journal for the Study of Media & Composite Cultures* 12, 2002, S. 11-45.

4 Einen ersten Überblick kann man sich verschaffen, wenn man die Webseite von Peter Suber, einem aktiven Befürworter von OA (http:// legacy.earlham.edu/~peters/fos/overview.htm), mit dem Blog The Scholarly Kitchen (http://scholarlykitchen.sspnet.org) vergleicht, der 2008 von der Society for Scholarly Publishing gegründet wurde.

5 Christopher Kelty, Beyond Copyright and Technology: What Open Access Can Tell Us about Precarity, Authority, Innovation, and Automation in the University Today, in: *Cultural Anthropology* 29, 2014, S. 203-215, S. 203, (http://www.culanth.org/articles/734-beyond-copyright-and-technology-what-open-access).

6 Stevan Harnad, Open Access to Peer-Reviewed Research through Author/Institution Self-Archiving: Maximizing Research Impact by Maximizing Online Access, in: *Journal of Postgraduate Medicine* 49, 2003, S. 337-242, S. 337, (http://eprints.soton.ac.uk/262893/2/ jpgm_2003_49_4_337_4978.pdf). Neu ist diese Forderung nicht. Sie wurde bereits in den sechziger Jahren erhoben, wenn auch mit der ingenieurseigenen Trockenheit der damaligen Kybernetiker. Siehe Max Nänny, Entthronung des Buches?, in: *Am Ende des Buchzeitalters?,* hg. v. Werner Adrian, Trier: Spee 1968, S. 9-20, S. 20.

7 Siehe Stevan Harnad, Subversive Proposal, 1994, (https://groups.
google.com/forum/?hl=en#!topic/bit.listserv.vpiej-l/BoKENhK0_00).

8 Anthony Grafton, A Sketch Map of a Lost Continent: The Republic of
Letters, in: *Republics of Letters: A Journal for the Study of Knowledge,
Politics, and the Arts* 1, 2009, S. 1-18, (http://arcade.stanford.edu/sites/
default/files/article_pdfs/roflvo1io1_Grafton_071609_0_0.pdf);
Spengler, *Untergang des Abendlandes*, Bd. 2, a.a.O., S. 988; Robert
Merton, Die normative Struktur der Wissenschaft, in: ders., *Entwick-
lung und Wandel von Forschungsinteressen. Aufsätze zur Wissen-
schaftssoziologie*, Frankfurt a.M.: Suhrkamp 1985, S. 86-99, S. 93-96.

9 John Perry Barlow, A Declaration of the Independence of Cyberspace,
(https://projects.eff.org/~barlow/Declaration-Final.html).

10 Jean-François Lyotard, *Das postmoderne Wissen. Ein Bericht*, Wien:
Böhlau 1986, S. 25, 27.

11 So argumentierte beispielsweise Robert Darnton in einem Statement,
bevor seine Kollegen in Harvard sich in einer Abstimmung für OA
aussprachen. Siehe Robert Darnton, *The Case for Books. Past, Present,
and Future*, New York: Public Affairs 2009, S. 106.

12 Jean Antoine Nicolas de Caritat Condorcet, *Entwurf einer historischen
Darstellung der Fortschritte des menschlichen Geistes*, Frankfurt a.M.:
Suhrkamp 1976, S. 124.

13 Budapest Open Access Initiative, (http://www.budapestopenaccess
initiative.org/read). Zu Condorcets Bildungsprogramm siehe den
Entwurf, a.a.O., S. 193-222.

14 So ist es mir selbst 2011 geschehen. Siehe http://plan3t.info/2011/
10/24/michael-hagner-und-open-access/.

15 Aus diesem Grunde ist Luc Boltanskis große Studie über Rätsel, Komplotte und Verschwörung, in der vom Internet gar nicht die Rede ist, so
relevant für ein Verständnis jener Verhaltensmuster, deren Zeugen wir
gegenwärtig sind. Siehe Luc Boltanski, *Rätsel und Komplotte. Kriminal-
literatur, Paranoia, moderne Gesellschaft*, Berlin: Suhrkamp 2013.

16 Die Zahlen entnehme ich Albert N. Greco, Scholarly publishing, in:
The Oxford Companion to the Book, Bd. II, hg. v. Michael F. Suarez
und Henry R. Woudhuysen, Oxford: Oxford University Press 2010,
S. 1128-1131. Siehe auch Peter Suber, *Open Access*, Cambridge / MA:
MIT Press 2012, S. 29-33, 181-182.

17 Siehe http://www.springer.com/de/librarians/katalog-und-preisliste.
Ganz aktuell sind die angegebenen Preise nicht mehr, da Springer im
Oktober 2014 eine neue Preisliste hochgeladen hat.

18 Siehe Mark Ware und Michael Mabe, *The STM Report. An Overview
over Scientific and Scholarly Journal Publishing*, 3rd ed., November
2012, S. 19, (http://www.stm-assoc.org/2012_12_11_STM_Report_

2012.pdf). Diese Zahlen stammen übrigens aus einem Bericht der kalifornischen Beraterfirma Outsell, die diesen Bericht auf ihrer Webseite für 1.895 $ zum Kauf anbietet, (siehe http://www.outsellinc.com/store/products/1107).

19 Die beiden großen englischen Universitätsverlage, Cambridge University Press und Oxford University Press, sind viel älter. Sie wurden bereits im 16. Jahrhundert gegründet. Beide spielen finanziell in einer ganz anderen Liga als die amerikanischen Universitätsverlage, weswegen sie ökonomisch, finanziell und strukturell irgendwo zwischen diesen und den kommerziellen Verlagskonsortien anzusiedeln sind. Siehe dazu John B. Thompson, *Books in the Digital Age. The Transformation of Academic and Higher Academic Publishing in Britain and the United States*, Cambridge: Polity 2005, S. 87-90.

20 André Schiffrin, *Verlage ohne Verleger. Über die Zukunft des Buches*, Berlin: Wagenbach 2000, S. 69-73.

21 Siehe http://blog.hemartin.net/2013/01/die-umsatzstarksten-medienunternehmen.html. Zur dominanten Stellung dieser drei Verlage im akademischen Publikationswesen siehe Mark Graham, Scott A. Hale und Monica Stephens, *Geographies of the World's Knowledge*, London: Convoco! Edition 2011, S. 18-19. Das Desinteresse dieser Verlage an historischen, philologischen und kulturwissenschaftlichen Zeitschriften hängt damit zusammen, daß der Markt kleiner und dementsprechend finanziell weniger lukrativ ist. Eine philosophische Zeitschrift für einen Jahrespreis von 5.000 $ ist kaum vorstellbar. Es kommt hinzu, daß solche Zeitschriften im angloamerikanischen Raum traditionell eine Domäne der Universitätsverlage darstellen. Schließlich ist zu bedenken, daß bei den Zeitschriften die sprachliche Vielfalt zwar abnimmt, aber immer noch eine große Rolle spielt.

22 Reed Elsevier, Results for the Year to December 2013, Amsterdam 27.2.2014, S. 4-6, http://www.reedelsevier.com/mediacentre/press releases/2014/Documents/reed-elsevier-results-2013-announcement.pdf.

23 Siehe Manfred Boni, Analoges Geld für digitale Zeilen: der Publikationsmarkt der Wissenschaft, in: *Leviathan* 38, 2010, S. 293-312, vor allem S. 298-301.

24 John Bohannon, Secret bundles of profit. Study lifts veil on journal price negotiations, in: *Science* 322, 2014, S. 1332-1333. Siehe auch Theodore C. Bergstrom, Paul N. Courant, R. Preston McAfee und Michael A. Williams, Evaluating big deal journal bundles, in: *PNAS* 111 (26), 2014, S. 9425-9430.

25 Siehe zum Beispiel Sheila Slaughter und Larry L. Leslie, *Academic Capitalism: Politics, Policies, and the Entrepreneurial University*, Baltimore/London: Johns Hopkins University Press 1997;

Hans Radder (Hrsg.), *The Commodification of Academic Research*,
Pittsburgh: University of Pittsburgh Press 2010; Richard Münch,
*Akademischer Kapitalismus. Über die politische Ökonomie der Hoch-
schulreform*, Berlin: Suhrkamp 2011; Philip Mirowski, *Science-Mart.
Privatizing American Science*, Cambridge / MA: Harvard University
Press 2011; Elizabeth Popp Berman, *Creating the Market University:
How Academic Science Became an Economic Engine*, Princeton:
Princeton University Press 2012; Joanna Williams, *Consuming Higher
Education: Why Learning Can't Be Bought*, London: Bloomsbury 2013.

26 Arif E. Jinha, Article 50 Million: An Estimate of the Number of
Scholarly Articles in Existence, in: *Learned Publishing* 23, 2010,
S. 258-263, (http://www.ingentaconnect.com/content/alpsp/lp/2010/
00000023/00000003/art00008).

27 Ware und Mabe, *The STM Report*, a.a.O., S. 22.

28 Siehe dazu Derek J. de Solla Price, *Little Science, Big Science*,
New York: Columbia University Press 1963, S. 7-11.

29 Peder O. Larsen und Markus von Ins, The rate of growth in scientific
publication and the decline in coverage provided by Science Citation
Index, in: *Scientometrics* 84, 2010, S. 575-603, S. 594; Ware und Mabe,
The STM Report, a.a.O., S. 22.

30 Eine konservativere Schätzung geht von einer Verdopplung alle
zwanzig Jahre aus. Siehe Mark Bauerlein, Mohamed Gad-el-Hak,
Wayne Grody, Bill McKeley und Stanley W. Trimble, We Must Stop
the Avalanche of Low-Quality Research, in: *The Chronicle of Higher
Education*, 13.6.2010, (http://chronicle.com/article/We-Must-Stop-
the-Avalanche-of/65890).

31 Richard Poynder, Not Looking for Sympathy: Interview With Derk
Haank, CEO, Springer Science+Business Media, in: *Information
Today*, January 2014, (http://www.infotoday.com/IT/jan11/
Interview-with-Derk-Haank.shtml).

32 Siehe http://www.cell.com/librarians.

33 Eine kurze Geschichte des Impact-Faktors bietet Eugene Garfield,
The Agony and the Ecstasy – The History and Meaning of the
Journal Impact Factor, 2005, (http://garfield.library.upenn.edu/
papers/jifchicago2005.pdf).

34 Ich habe ein wenig überlegt, ob ich diese Verse bibliographisch
nachweisen soll. Im Grunde eine Selbstverständlichkeit, aber wieso
eigentlich? Jeder kann sich in Sekundenschnelle kundig machen, daß es
sich um die letzten beiden Zeilen aus dem 1. Akt von *Faust II* handelt.
Kündigt die Unlust, hier einen Nachweis zu führen (ich konsultiere
den *Faust* in der Ausgabe von Albrecht Schöne), den Anfang vom Ende
der Fußnote an?

35 So der Titel des in der Ökologie klassischen, wenn auch umstrittenen Aufsatzes von Gerrit Hardin, The Tragedy of the Commons, in: *Science* 162, 1968, S. 1243-1248.

36 Suber, *Open Access*, a.a.O., S. 183.

37 Siehe http://oa.mpg.de/lang/de/berlin-prozess/berliner-erklarung/.

38 Eric Archambault, Didier Amyot, Philippe Deschamps, Aurore Nicol, Lise Rebout und Guillaume Roberge, Proportion of Open Access Peer-Reviewed Papers at the European and World Levels – 2004-2011, August 2013, (http://www.science-metrix.com/pdf/SM_EC_OA_Availability_2004-2011.pdf).

39 Alma Swan, Time to Align Policy, in: *Nature* 495, 28.3.2013, S. 442.

40 Richard van Noorden, US science to be open to all, in: *Nature* 494, 26.2.2013, S. 414-415.

41 Siehe http://www.springer.com/gp/open-access/authors-rights/self-archiving-policy/2124.

42 Siehe http://olabout.wiley.com/WileyCDA/Section/id-817011.html.

43 Finch Report: Accessibility, Sustainability, Excellence: How to Expand Access to Research Publications, 2012, (http://www.researchinfonet.org/wp-content/uploads/2012/06/Finch-Group-report-FINAL-VERSION.pdf).

44 Stevan Harnad, ›Finch Report, a Trojan horse, serves publishing industry interests instead of UK research interests‹, Open Access Archivangelism, 2012, http://openaccess.eprints.org/index.php?/archives/904-Finch-Report,-a-Trojan-Horse,-Serves-Publishing-Industry-Interests-Instead-of-UK-Research-Interests.html; ders., There's no justifying Research Council UK's support for gold Open Access, in: *The Guardian*, 3.9.2012, (http://www.theguardian.com/higher-education-network/blog/2012/sep/03/rcuk-gold-open-access-research-unjustified). Siehe auch ders., Worldwide Open Access: UK Leadership?, in: *UKSG Insights* 26, 2013, S. 14-21, (http://eprints.soton.ac.uk/349406/2/fulltext.html).

45 In seinem Kommentar zum Houghton-Bericht über Kosteneinsparungen durch OA in Deutschland schreibt Harnad: »Green OA self-archiving is not only the cheapest, fastest and surest way to provide OA, but it is also the natural way to induce a subsequent transition to affordable, sustainable Gold OA. But in order to be able to do that, it has to come first.« (http://openaccess.eprints.org/index.php?/archives/968-Houghton-Report-on-OA-CostBenefits-in-Germany.html).

46 RCUK Policy on Open Access: Frequently Asked Questions, 24.3.2013, (http://www.rcuk.ac.uk/RCUK-prod/assets/documents/documents/Openaccess FAQs.pdf).

47 Siehe http://www.hefce.ac.uk/whatwedo/rsrch/rinfrastruct/oa/policy/).

48 Nora Schmidt, *Der goldene Weg des Open Access zum funktionalen*

Publikationswesen. Handlungsoptionen für die Universität Wien, Wien 2014, S. 35, (https://uscholar.univie.ac.at/view/o:337723).

49 Richard van Noorden, Funders punish open-access dodgers, in: *Nature* 508, 10.3.2014, S. 161, (http://www.nature.com/news/funders-punish-open-access-dodgers-1.15007).

50 Siehe Gesetz über Urheberrecht und verwandte Schutzrechte (Urheberrechtsgesetz), (http://www.gesetze-im-internet.de/urhg/BJNR012730965.html).

51 Siehe hierzu den abgewogenen Kommentar von Eric W. Steinhauer, Bundesrat winkt neues Zweitverwertungsrecht durch: Mehr Open Access oder bloß Placebo?, in: *Legal Tribune ONLINE*, 23.9.2013, (http://www.lto.de/persistent/a_id/9624/).

52 Ministerium für Wissenschaft, Forschung und Kunst Baden-Württemberg, Entwurf für das Dritte Hochschulrechtsänderungsgesetz, § 44, Absatz 6, (http://beteiligungsportal.baden-wuerttemberg.de/fileadmin/redaktion/beteiligungsportal/MWK/Dokumente/131015_Drittes_Hochschulrechtsaenderungsgesetz_Anhoerungsentwurf.pdf).

53 Siehe http://www.dfg.de/dfg_profil/allianz/berichte/2013/131127_hochschulrechtliche_vorschriften/index.html.

54 Siehe die gemeinsame Pressemitteilung des Deutschen Hochschulverbands und des Börsenvereins des Deutschen Buchhandels, (http://www.boersenverein.de/de/158446/Pressemitteilungen/158417?presse_id=719052).

55 Jürgen Kaube, Entwurf 2.0. Baden-Württembergs neues Publikationsrecht, in: *Frankfurter Allgemeine Zeitung*, 12.2.2014, S. N5.

56 Schmidt, *Der goldene Weg*, a.a.O., S. 70.

57 Das betrifft bislang nur solche Wissenschaftler, die über Drittmittel vom Schweizer Nationalfonds finanziert werden. Über diese moralisch inakzeptable Regelung kann auch nicht hinwegtäuschen, wenn es in dem Standardvertrag weiterhin heißt: »Die Verwertungs- und Nutzungsrechte an Dissertationen und Habilitationsschriften verbleiben bei dem/der Urheber/in.« Und: »Die Urheberpersönlichkeitsrechte verbleiben bei dem/der Autor/in, letztere sind in jedem Fall zu nennen. Der/die Erfinder/in bzw. der/die Urheber/in wird angemessen am Gewinn beteiligt.«

58 Zur »audit explosion« siehe die Arbeiten von Michael Power, z.B. *The audit society: rituals of verification*, Oxford: Oxford University Press 1999; ders., Evaluating the audit explosion, in: *Law and Policy* 25, 2003, S. 185-202.

59 Schmidt, *Der goldene Weg*, a.a.O., S. 77-78.

60 In Großbritannien ist dieses Horrorszenario angesichts des Research Excellence Framework nicht mehr so unrealistisch. Siehe Armin

Beverungen, Steffen Böhm und Christopher Land, From the open
road to the high seas? Piracy, damnation and resistance in academic
consumption of publishing, in: *Prometheus* 31, 2014, S. 241-247, S. 243.

61 Bo-Christer Björk und David Solomon, Developing an Effective
    Market for Open Access Article Processing Charges, March 2014,
    (http://www.wellcome.ac.uk/stellent/groups/corporatesite/@policy_
    communications/documents/web_document/wtp055910.pdf).

62 Siehe den Preisüberblick der verschiedenen Verlage und Zeitschriften
    bei Sherpa / Romeo: http://www.sherpa.ac.uk/romeo/PaidOA.php.
    Es versteht sich, daß die Verlage die Preise nach Belieben verändern
    können. Und sie können natürlich auch zeitliche Befristungen für die
    Freischaltung einführen.

63 Siehe dazu Schmidt, *Der goldene Weg*, a.a.O., S. 57-62.

64 Siehe Bo-Christer Björk, The Hybrid Model for Open Access
    Publications of Scholarly Articles: A Failed Experiment?, in: *Journal
    of the American Society for Information Science and Technology* 63, 8,
    2012, S. 1496-1504.

65 Das ist auch die Position des Börsenvereins des Deutschen Buch-
    handels, wie aus einer ausführlichen Stellungnahme anläßlich der
    Vorgänge in Baden-Württemberg deutlich wird. Siehe http://www.
    boersenverein.de/sixcms/media.php/976/stellungnahme_3.hrag_
    bawu_20131128.pdf.

66 Ware und Mabe, *The STM Report*, a.a.O., S. 81.

67 Mikael Laakso, Green Open Access policies of scholarly journal
    publishers: a study of what, when, and where self-archiving is allowed,
    in: *Scientometrics* 99, 2014, S. 475-494, (http://www.openaccesspub
    lishing.org/green1/Lakso2014-GreenOAPoliciesAcceptedVersion.pdf).

68 Siehe http://www.ncbi.nlm.nih.gov/pmc/.

69 Wie erpicht Verlage darauf sind, Daten über das Kundenverhalten
    personalisiert einzusammeln, zeigt sich am Beispiel des De Gruyter
    Verlags, bei dem man sich mit Passwort einloggen muß, um die
    vollständigen Informationen über die Bücher des Verlagsprogramms
    einsehen zu können. Natürlich ist eine solche Restriktionsmaßnahme
    nicht ohne Risiko, denn es ist durchaus möglich, daß potentielle
    Interessenten allein schon aus diesem Grund Abstand davon nehmen,
    die Bücher dieses Verlags zu kaufen.

70 Ware und Mabe, *The STM Report*, a.a.O., S. 73.

71 Siehe http://www.frontiersin.org/Robotics_and_AI/about.

72 Siehe Phil Davis, The Rise and Fall of PLOS ONE's Impact Factor
    (2012 = 3.730), The Scholarly Kitchen, 20.6.2013, (http://scholarly
    kitchen.sspnet.org/2013/06/20/the-rise-and-fall-of-plos-ones-impact-
    factor-2012-3-730/).

73 Einen guten Überblick über die Vor- und Nachteile von Mega-journalen gibt Richard Wellen, Open Access, Megajournals, and MOOCs. On the Political Economy of Academic Unbundling, in: *SAGE Open*, 23.10.2013, (http://sgo.sagepub.com/content/3/4/b2158244013507271 #sec-3).

74 Siehe http://doaj.org.

75 Siehe die auf dem Stand von 2009 basierende Untersuchung von Suenje Dallmeier-Tiesen et. al., Open Access Publishing – Models and Attributes, 2010, S. 23-26, (http://edoc.mpg.de/478647).

76 Siehe Jeffrey Beall, Predatory Publishing. Overzealous open-access advocates are creating an exploitative environment, threatening the credibility of scholarly publishing, in: *The Scientist*, 1.8.2012, (http://www.the-scientist.com/?articles.view/articleNo/32426/title/Predatory-Publishing/). Vgl. auch Declan Butler, The dark side of publishing. The explosion in open-access publishing has fuelled the rise of questionable operators, in: *Nature* 495, 28.3.2013, S. 433-435 und Richard van Noorden, The true cost of science publishing. Cheap open-access journal raise questions about the value publishers add for their money, in: *Nature* 495, 28.3.2013, S. 426-429, S. 427-428. Inzwischen gibt es eine laufend aktualisierte schwarze Liste, die vor solchen Hochstaplern warnt. Siehe http://scholarlyoa.com/ 2014/01/02/list-of-predatory-publishers-2014/.

77 Trotz der Nützlichkeit dieser Liste muß beachtet werden, daß Beall ein ausnehmend reaktionärer, mit haarsträubend platten Argumenten um sich werfender Kritiker von OA ist. Siehe Jeffrey Beall, The Open-Access Movement is not Really about Open Access, in: *tripleC* 11 (2), 2013, S. 589-597 und eine angemessene Antwort darauf von Wayne Bivens-Taum, Reactionary Rhetoric Against Open Access Publishing, in: *tripleC* 12 (2), 2014, S. 441-446.

78 E-Mail von Labome ExactAlert vom 20. April 2014.

79 So in einer E-Mail vom 25. Juni 2014, die im Betreff den Werbeslogan enthält: »Submit to SAGE Open today to lock in the $ 99 APC before the price goes up!«

80 Bo-Christer Björk und David Solomon, Open Access versus subscription journals: a comparison of scientific impact, in: *BMC Medicine* 2012, (http://www.biomed central.com/1741-7015/10/73).

81 Siehe http://www.plos.org/wp-content/uploads/2014/09/about-journals.gif.

82 Die Preisliste für alle BioMed Central-Zeitschriften findet sich unter http://www.biomedcentral.com/about/apcfaq/howmuch.

83 Die Tabelle kann heruntergeladen werden bei http://figshare.com/articles/Wellcome_Trust_APC_spend_2012_13_data_file/963054.

84 Siehe Kent Anderson, Wellcome Money – In This Example of Open
Access Funding, the Matthew Effect Dominates, The Scholarly Kitchen,
21.3.2014, (http://scholarlykitchen.sspnet.org/2014/03/21/wellcome-
money-in-this-example-of-open-access-funding-the-matthew-effect-
dominates/).

85 Es sei allerdings vermerkt, daß die insgesamt 22 vom Wellcome
Trust geförderten medizin- und wissenschaftshistorischen Artikel,
erschienen in angesehenen Journalen bei Cambridge University Press,
Elsevier, Oxford University Press, SAGE, Taylor & Francis und Wiley
deutlich über dem Niveau von 2.160 € pro Artikel liegen.

86 Klaus-Rainer Brintzinger, Piraterie oder Allmende der Wissenschaften?
Zum Streit um Open Access und der Rolle von Wissenschaft, Biblio-
theken und Markt bei der Verbreitung von Forschungsergebnissen, in:
Leviathan 38, 2010, S. 331-346, S. 340.

87 Siehe z.B. die von der britischen Verlagsgruppe Taylor & Francis unter
Wissenschaftlern aller Disziplinen durchgeführten Umfragen zu OA
(http://www.tandf.co.uk/journals/explore/open-access-survey-
june2014.pdf).

88 Zit. n. van Noorden, The true cost of science publishing, a.a.O., S. 429.

89 Stevan Harnad, Open Access Archivangelism, 30.6.2014, (http://
openaccess.eprints.org/index.php?/archives/1118-If-You-Were-
Composing-the-Subversive-Proposal-Today.html).

90 Siehe http://thecostofknowledge.com/.

91 Immerhin haben die Mathematiker der TU München ihre Elsevier-
Zeitschriften bereits 2012 abbestellt.

92 So in einer E-Mail an mich vom 26. November 2014.

93 Reed Elsevier, Annual Reports and Financial Statements 2013, S. 4,
(http://www.reedelsevier.com/investorcentre/reports%202007/
Documents/2013/reed_elsevier_ar_2013.pdf).

94 Siehe http://blogs.ch.cam.ac.uk/pmr/2014/01/31/content-mining-
why-you-and-i-should-not-sign-up-for-elseviers-tdm-service/.

95 Siehe van Noorden, The true cost of science publishing, a.a.O., S. 427.

96 Björk und Solomon, Developing an Effective Market for Open Access
Article Processing Charges, a.a.O., S. 3-4.

97 Ebd., S. 17.

98 http://open-access.net/de/allgemeines/gruende_und_vorbehalte/
vorbehalte_gegen_oa/#c704.

99 Siehe John Houghton et al., *Economic Implications of Alternative
Scholarly Publishing Models: Exploring the Costs and Benefits*,
London and Bristol: Joint Information Systems Committee 2009;
John Houghton, Open Access – What are the economic benefits?
A comparison of the United Kingdom, Netherlands and Denmark,

23.6.2009, (http://www.knowledge-exchange.info/Files/Filer/ downloads/OA_What_are_the_economic_benefits_-_a_comparison_ of_UK-NL-DK__FINAL_logos.pdf); John Houghton und Charles Oppenheim, Economic implications of alternative publishing models: authors' response, in: *Prometheus* 28, 2010, S. 203-205, S. 203-204.

100 Siehe die Kritik der Verleger und Houghtons Antworten hier: http:// www.jisc.ac.uk/media/documents/publications/responseoneiaspm- report.pdf; sowie John Houghton und Charles Oppenheim, The economic implications of alternative publishing models, in: *Prometheus* 28, 2010, S. 41-54 und die daran anschließende Dis- kussion im gleichen Heft der Zeitschrift. Siehe auch Uwe Jochum, Zur Ökonomie von »Open Access«, (http://buchfreiheit.com/ artikel/open_access_kosten.html).

101 John Houghton et al., General Cost Analysis For Scholarly Communication in Germany, Oktober 2012, (http://publikationen. ub.uni-frankfurt.de/frontdoor/index/index/docId/27530).

102 http://www.jisc.ac.uk/media/documents/publications/response oneiaspmreport.pdf.

103 Entwurf eines Gesetzes zur Nutzung verwaister und vergriffener Werke und einer weiteren Änderung des Urheberrechtsgesetzes vom 8.5.2013, S. 9, (http://dip21.bundestag.de/dip21/btd/17/134/ 1713423.pdf).

104 Yassine Gargouri et al., Self-Selected or Mandated, Open Access Increases Citation Impact for Higher Quality Research, in: *PLOS ONE* 5 (10), 2010: e13636. doi:10.1371/journal.pone.0013636. Zu den methodischen Limitationen solcher Untersuchungen siehe Henk Moed, Does Open Access publishing increase citation or download rates?, in: *Research Trends* 28, May 2012, (http:// www.researchtrends.com/issue28-may-2012/does-open-access- publishing-increase-citation-or-download-rates/).

105 Björk und Solomon, Open Access versus subscription journals, a.a.O.

106 Zur Auseinandersetzung mit Houghtons Ökonomismus siehe den bemerkenswert scharfsinnigen Aufsatz von Martin Hall, Minerva's owl. A response to John Houghton and Charles Oppenheim's ›The economic implications of alternative publishing models‹, in: *Prometheus* 28, 2010, S. 61-71, vor allem S. 65-66. Allgemeiner zum Thema siehe meine Überlegungen in Michael Hagner, Wissenschaft und Demokratie oder: Wie demokratisch soll die Wissenschaft sein?, in: *Wissenschaft und Demokratie*, hg. v. M. Hagner, Berlin: Suhrkamp 2012, S. 9-50, S. 10-14.

107 John Holmwood, Markets versus Dialogue: The debate over open access ignores competing philosophies of openness, (http://blogs.lse. ac.uk/impactofsocialsciences/2013/10/21/markets-versus-dialogue/).

108 Kelty, Beyond Copyright and Technology, a.a.O., S. 215, vgl. auch S. 206-207.

109 Steven Shapin, Hyperprofessionalism and the Crisis of Readership in the History of Science, in: *Isis* 96, 2005, S. 238-243.

110 Kelty, Beyond Copyright and Technology, a.a.O., S. 209-210. Vgl. auch den von Kelty angeführten Eric Kansa, It's the Neoliberalism, Stupid: Why instrumentalist arguments for Open Access, Open Data, and Open Science are not enough. The Impact Blog, London School of Economics and Political Science, 27.1.2014, (http://blogs.lse.ac.uk/impactofsocialsciences/2014/01/27/its-the-neoliberalism-stupid-kansa/).

111 Siehe Eleonora Belfiore, The Humanities and Open-Access Publishing: An New Paradigm of Value?, in: *Humanities in the Twenty-First Century: Beyond Utility and Markets*, hg. v. dies. und Anna Upchurch, Houndmills: Palgrave Macmillan 2013, S. 195-215, S. 211.

112 Siehe Ryan Anderson (Hrsg.), Occupy and Open Access, *Special Issue: Anthropologies* 12, 2012, (http://www.anthropologiesproject.org/2012/03/issue-12.html).

113 Siehe Ludwik Fleck, *Entstehung und Entwicklung einer wissenschaftlichen Tatsache. Einführung in die Lehre vom Denkstil und Denkkollektiv*, Basel: Schwabe 1935, S. 118-121.

Vom Buch zum Buch

1 Jorge Luis Borges, Das Buch, in: ders., *Gesammelte Werke, Bd. 5/II: Essays 1952-1979*, München: Hanser 1981, S. 227-236, S. 227.

2 Siehe Ernst Kapp, *Grundlinien einer Philosophie der Technik. Zur Entstehungsgeschichte der Cultur aus neuen Gesichtspunkten*, Braunschweig: Vieweg 1877; Marshall McLuhan, *Die Gutenberg-Galaxis. Das Ende des Buchzeitalters*, Düsseldorf: Econ 1968, S. 9.

3 Borges, Das Buch, a.a.O., S. 225.

4 Ebd., S. 235, 236.

5 Borges, Borges und ich, in: ders., *Gesammelte Werke, Bd. 6*, München: Hanser 1982, S. 122.

6 Borges, Das Buch, a.a.O., S. 236, 227.

7 Siehe Kurt Flasch, *Nikolaus von Kues in seiner Zeit*, Reclam: Stuttgart 2004, S. 53-54.

8 Ders., *Philosophie hat Geschichte, Bd. 2: Theorie der Philosophiehistorie*, Frankfurt a.M.: Klostermann 2005, S. 401-431, Zitat S. 416.

9 Blumenberg, *Die Lesbarkeit der Welt*, a.a.O., S. 18; siehe auch Adrian Johns, *The Nature of the Book. Print and Knowledge in the Making*, Chicago: The University of Chicago Press 1998.

10 Robert Darnton, *Literaten im Untergrund. Lesen, Schreiben und Publizieren im vorrevolutionären Frankreich*, München: Hanser 1985; Martin Mulsow, *Prekäres Wissen. Eine andere Ideengeschichte der Frühen Neuzeit*, Berlin: Suhrkamp 2012.

11 Andreas W. Daum, *Wissenschaftspopularisierung im 19. Jahrhundert. Bürgerliche Kultur, naturwissenschaftliche Bildung und die deutsche Öffentlichkeit, 1848-1914*, München: Oldenbourg 1998; James A. Secord, *Visions of Science. Books and Readers at the Dawn of the Victorian Age*, Oxford: Oxford University Press 2014.

12 Günther Busch, Vier Fußnoten zur Zukunft der Bücher, in: *Wieso Bücher? Wie und mit welchen Absichten überlebt man gute Bücher, Zimmerbrände und deutsche Umgebung? Oder: Anstiften von Denken und Laune!*, hg. v. Klaus Wagenbach, Berlin: Wagenbach 1994, S. 37-40, S. 37.

13 Wulf D. von Lucius, *Verlagswirtschaft. Ökonomische, rechtliche und organisatorische Grundlagen*, 3. neubearb. u. erw. Aufl. Unter Mitwirkung von Hans Huck und Matthias Ulmer, Konstanz: UVK Verlagsgesellschaft 2014, S. 307 (das Kapitel »Digitale Produkte« wurde ausschließlich von Huck und Ulmer verfaßt).

14 Louis Menand, College: The End of the Golden Age, in: *The New York Review of Books* 48, 18.10.2001. Ich stütze mich auf die Version mit dem Titel *The Marketplace of Ideas*, verfügbar unter http://archives. acls.org/op/49_Marketplace_of_Ideas.htm#t3.

15 Dies ging vor allem aus von dem mächtigen Harvard-Präsidenten James B. Conant, über den Menand anmerkt: »Conant believed that general exposure to the great books could help the United States withstand the threat of what he actually referred to as the ›Russian hordes‹.« Und das scheint mehrere Jahrzehnte lang ein national ziemlich wirksamer Impfstoff gewesen zu sein.

16 Natürlich gab es in den USA seit der zweiten Hälfte des 19. Jahrhunderts Forschungsuniversitäten. Siehe dazu Joseph Ben-David und Avraham Zloczower, Universities and Academic Systems in Modern Societies [1962], in: Joseph Ben-David, *Scientific Growth. Essays on the Social Organization and Ethos of Science*, Berkeley: University of California Press 1991, S. 125-157, S. 146-151.

17 Carlos J. Alonso, Cathy N. Davidson, John M. Unsworth und Lynne Withey, *Crises and Opportunities: The Futures of Scholarly Publishing*, ACLS Occasional Paper, no. 57, 2003, S. 46-47, (http://www.acls.org/ Publications/OP/57_Crises_and_Opportunites.pdf).

18 Ich bin mir darüber im klaren, daß auch kommerzielle Wissenschaftsverlage geisteswissenschaftliche Bücher veröffentlichen, absolut gesehen sogar mehr als die Universitätsverlage. Dennoch beschränke

ich mir hier auf letztere, weil sie, so weit ich sehe, über eine wesentlich größere Reputation verfügen. Interessante Zahlenvergleiche zwischen den beiden Verlagstypen finden sich in den Artikeln von Albert N. Greco, z.B. Albert N. Greco, Robert M. Wharton und Dalguni Sen, The Price of University Press Books: 2009-2011, in: *Journal of Scholarly Publishing* 43, 2012, S. 363-380.

19 Thompson, *Books in the Digital Age*, a.a.O., S. 93-98, 181.

20 Siehe z.B. Albert N. Greco, Robert F. Jones, Robert M. Wharton und Hooman Estelami, The Changing College and University Library Market for University Press Books and Journals: 1997-2004, in: *Journal of Scholarly Publishing* 39, 2007, S. 265-296.

21 Thompson, *Books in the Digital Age*, a.a.O., S. 94-95. 2014 gaben einzelne Verleger und Lektoren an, vor zehn bis fünfzehn Jahren hätten sie noch 1.000 Exemplare einer Monographie an akademische Bibliotheken verkaufen können, inzwischen seien es nur noch 300-400. Siehe Scott Sherman, University Presses Under Fire, in: *The Nation*, 6.5.2014, (http://www.thenation.com/article/179712/university-presses-under-fire), der einen guten Überblick über die Verlagskrise bietet.

22 Robert Darnton, The New Age of the Book, in: *The New York Review of Books*, 18.3.1999, (http://www.nybooks.com/articles/archives/1999/mar/18/the-new-age-of-the-book/?page=1).

23 Prominentestes Beispiel ist Alan Bloom, *The Closing of the American Mind: How Higher Education Has Failed Democracy and Impoverished the Souls of Today's Students*, New York: Simon and Schuster 1987. Siehe in jüngster Zeit aber auch Johanna Drucker, Pixel Dust: Illusions of Innovation in Scholarly Publishing, in: *Los Angeles Review of Books*, 16.1.2014, (http://lareviewofbooks.org/essay/pixel-dust-illusions-innovation-scholarly-publishing).

24 So der Titel eines seinerzeit of zitierten Buches von Paul R. Gross, Norman Levitt und Mark W. Lewis (Hrsg.), *The Flight from Science and Reason,* New York: Annals of the New York Academy of Sciences 1996. Kreuzfahrer der Dritten Kultur wie Steven Pinker und Daniel Dennett sind siebzehn Jahre später gedanklich nicht viel weiter gekommen. Siehe Pinker, Science is not your enemy, a.a.O.; Daniel Dennett, On Wieseltier vs. Pinker in the New Republic. Let's start with respect for truth, 9.10.2013, (http://edge.org/conversation/dennett-on-wieseltier-v-pinker-in-the-new-republic).

25 Man gebe »crisis of the humanities« bei Google ein und erhält unendlich viel mehr Ergebnisse, als man sich je gewünscht hätte. In jüngster Zeit liest man in der amerikanischen Presse geradezu beschwörende Appelle, die Geisteswissenschaften nicht abzuschaffen

bzw. ihre Gegenstände an naturwissenschaftliche Verfahrensweisen zu delegieren. Siehe – gegen Pinkers Text *Science is not your enemy* gerichtet – Leon Wieseltier, Crimes against humanities. Now science wants to invade the liberal arts. Don't let it happen, in: *New Republic*, 3.10.2013, (http://www.newrepublic.com/article/114548/leon-wieseltier-responds-steven-pinkers-scientism). Siehe auch Nicholas Kristof, Don't Dismiss the Humanities, in: *New York Times*, 14.8.2014, (http://www.nytimes.com/2014/08/14/opinion/nicholas-kristof-dont-dismiss-the-humanities.html?src=recg).

26 Mit Akribie führt Cathy N. Davidson einen ganzen Strauß von Gründen für die Krise des Buches an. Siehe Alonso et al., *Crises and Opportunities*, a.a.O., S. 22.

27 Stephen Greenblatt, Call for Action on Problems in Scholarly Book Publishing: A Special Letter from Stephen Greenblatt, *Modern Language Association*, May 28, 2002, (http://www.mla.org/%20 resources/documents/rep_scholarly_pub/scholarly_pub).

28 Man muß bedenken, daß die amerikanischen Universitätsverlage ihren Gutachtern, anders als bei den Zeitschriften, ein Honorar für die Begutachtung eines Buchmanuskripts zahlen.

29 Die referierten Vorschläge finden sich in Alonso et al., *Crises and Opportunities*, a.a.O., S. 31, 40, 48-49.

30 Lynne Withey, et al., *Sustaining Scholarly Publishing: New Business Models for University Presses. A Report of the AAUP Task Force on Economic Models for Scholarly Publishing*, The Association of American University Presses, March 2011, S. 32-33, (http://www. aaupnet.org/policy-areas/future-of-scholarly-communications/task-force-on-economic-models-report).

31 Ken Wissoker, The Future of the Book as a Media Project, in: *Cinema Journal* 52/2, 2013, S. 131-137, S. 134-136.

32 Siehe Nicole Reinhardt, Zwischen Blockade und Voluntarismus. Der französische Übersetzungsmarkt in den Geistes- und Sozialwissenschaften, in: *Geschichtswissenschaft und Buchhandel in der Krisenspirale? Eine Inspektion des Feldes in historischer, internationaler und wirtschaftlicher Perspektive*, hg. v. Olaf Blaschke und Hagen Schulze, Historische Zeitschrift, Beihefte, Bd. 42, München: Oldenbourg 2006, S. 139-156, S. 144-147, Zitat, S. 147.

33 Menand legt auf die politisch-ideologische Neutralität der Geisteswissenschaften in den USA großen Wert und sieht es als ein Zeichen der Beendigung des Goldenen Zeitalters an, daß diese Neutralität im Gefolge von Persönlichkeiten wie Thomas S. Kuhn, Richard Rorty, Hayden White oder Paul de Man preisgegeben wurde. Daß hier enge Verbindungen zu französischen Denkern eine erhebliche Rolle spielten,

hält Menand erstaunlicherweise nicht für erwähnenswert. Ebensowenig die Tatsache, daß es natürlich auch vorher Geisteswissenschaftler
wie Hannah Arendt, Herbert Marcuse, Leo Löwenthal oder Norman O.
Brown gab, die wenig von politischer Neutralität hielten.

34 Sophie Barluet, *Édition des sciences humaines et sociales: le cœur en
danger*, Paris: Presses Universitaires de France 2004, S. 37-41.

35 Siehe Lutz Raphael, Die *nouvelle histoire* und der Buchmarkt in
Frankreich, in: Blaschke und Schulze, *Geschichtswissenschaft und
Buchhandel in der Krisenspirale?*, a.a.O., S. 123-137, S. 130-133.

36 Ben Mercer, The Paperback Revolution: Mass-circulation Books and
the Cultural Origins of 1968 in Europe, in: *Journal of the History
of Ideas* 72, 2011, S. 613-636.

37 Siehe Albert O. Hirschman, *Engagement und Enttäuschung. Über
das Schwanken der Bürger zwischen Privatwohl und Gemeinwohl*,
Frankfurt a.M.: Suhrkamp 1984.

38 Barluet, *Édition des sciences humaines et sociales*, a.a.O., S. 25, 46-47,
51, 70, 92-93.

39 Ebd., S. 56-57.

40 Siehe dazu Reinhardt, Zwischen Blockade und Voluntarismus, a.a.O.,
S. 150-156.

41 Marcel Gauchet, Des revues et des hommes, in: *Tissage*, no. 2, 2003
(http://gauchet.blogspot.ch/2007/05/des-revues-et-des-hommes.html);
Pierre Nora, Que vive l'édition des sciences humaines, in: Barluet,
Édition des sciences humaines et sociales, a.a.O., S. 7-14, S. 11.

42 Nora, Que vive l'édition des sciences humaines, a.a.O., S. 12.

43 Siehe Barluet, *Édition des sciences humaines et sociales*, a.a. O.,
S. 109-111.

44 Siehe Marianne Lévy-Rosenthal, *L'édition en sciences humaines et
sociales. Pour une contribution du CNL à son développement*, Paris:
Centre national du livre 2012, S. 18.

45 Siehe etwa Gordon M. Sayre, The Crisis in Scholarly Publishing:
Demystifying the Fetishes of Technology and the Market, in:
Profession, 2005, S. 52-58, S. 56.

46 Olaf Blaschke, *Verleger machen Geschichte. Buchhandel und
Historiker seit 1945 im deutsch-britischen Vergleich*, Göttingen:
Wallstein 2010.

47 Ich rede von Deutschland, doch werde ich im Folgenden die DDR in
meine Überlegungen nicht mit einbeziehen, weil sie zwar über eine
sehr bemerkenswerte Buchproduktion verfügte, aber nicht über private
verlegerische Initiativen, die die Geisteswissenschaften voranbrachten.

48 Zur Geschichte des Rowohlt Verlags siehe David Oels, *Rowohlts
Rotationsroutine. Markterfolge und Modernisierung eines Buch-*

verlags vom Ende der Weimarer Republik bis in die fünfziger Jahre,
Essen: Klartext 2013. Leider spielt *rde* in dieser Untersuchung so gut
wie keine Rolle. Zur Planungsphase dieser Buchreihe siehe ders.,
C.W. Ceram plant rowohlts deutsche enzyklopädie. Ein Fundstück,
in: *Non Fiktion* 1, 2006, S. 33-46.

49   Bücher über den Nationalsozialismus sind seit der Rückkehr des
S. Fischer Verlags aus dem Exil 1950 ein zentraler Programmpunkt
gewesen, bis auf den heutigen Tag. Siehe dazu Walter H. Pehle,
Zwei Buchreihen: die »Europäische Geschichte« und die »Schwarze
Reihe«. Erfahrungsbericht, zwei Beobachtungen und ein Vorschlag,
in: Blaschke und Schulze, *Geschichtswissenschaft und Buchhandel
in der Krisenspirale?*, a.a.O., S. 189-209.

50   Diese These habe ich in dem noch unveröffentlichten Text »Geisteswissenschaften, Monolingualismus und die Krise der Urteilskraft«
näher ausgeführt.

51   Theodor W. Adorno, Theorie der Halbbildung, in: ders., *Gesammelte
Schriften 8: Soziologische Schriften 1*, Frankfurt a.M.: Suhrkamp 1972,
S. 93-121, S. 111.

52   Hans Magnus Enzensberger, Bildung als Konsumgut. Analyse der
Taschenbuch-Produktion, in: ders., *Einzelheiten*, a.a.O., S. 110-136,
S. 135.

53   Der einzige Band von *rde*, der sich explizit mit dem Nationalsozialismus auseinandersetzte, ist Hildegard Brenner, *Die Kunstpolitik des
Nationalsozialismus*, Reinbek: Rowohlt 1963. Zu Grassis Karriere
vor 1945 siehe Wilhelm Büttemeyer, *Ernesto Grassi. Humanismus
zwischen Faschismus und Nationalsozialismus*, Freiburg: Alber 2009.

54   Siehe dazu Mercer, Paperback Revolution, a.a.O.

55   Jürgen Habermas, *Strukturwandel der Öffentlichkeit. Untersuchungen zu einer Kategorie der bürgerlichen Gesellschaft* [1962],
10. Aufl., Darmstadt/Neuwied: Luchterhand 1979, S. 201.

56   Siegfried Unseld an Theodor W. Adorno, 25. Mai 1962. Zit. n. Raimund
Fellinger (Mitarbeit Wolfgang Schopf), *Kleine Geschichte der edition
suhrkamp*, Frankfurt a.M.: Suhrkamp 2003, S. 17.

57   Siehe z.B. Siegfried Unseld, edition suhrkamp – Geschichte und
Gegenwart, in: »*Macht unsere Bücher billiger!*«. *Die Anfänge des
deutschen Taschenbuchs 1946 bis 1963*, hg. v. Jörg Drews u.a., Bremen:
Edition Temmen 1994, S. 101-113; Roger Thiel, Ästhetik
der Aufklärung – Aufklärung der Ästhetik. Eine kritische
Physiognomie der edition suhrkamp, in: *Wolfenbütteler Notizen
zur Buchgeschichte* 15, 1990, S. 1-47; Blaschke, *Verleger machen
Geschichte*, a.a.O., S. 290-294; Jost Philipp Klenner, Suhrkamps
Ikonoklasmus, in: *Zeitschrift für Ideengeschichte* 6/4, 2012, S. 82-91.

58 Unseld, edition suhrkamp, a.a.O., S. 112.

59 Michael Krüger, Verlegen, in: *Wieso Bücher?*, a.a.O., S. 25-32, S. 28.

60 Hans Magnus Enzensberger, Zwei Randbemerkungen zum Welt-untergang, in: *Kursbuch* 52, 1978, S. 1-8.

61 Jürgen Habermas, Einleitung, in: *Stichworte zur ›Geistigen Situation der Zeit‹*, hg. v. ders., Bd. 1, Frankfurt a.M.: Suhrkamp 1979, S. 7-35, S. 7-8.

62 Siehe Philipp Felsch, Merves Lachen, in: *Zeitschrift für Ideengeschichte* 2, Heft 4, 2008, S. 11-30; ders., Der Leser als Partisan, in: *Zeitschrift für Ideengeschichte* 6, Heft 4, 2012, S. 35-49; ders., Kritik der Bleiwüste. Theoriedesign nach dem Deutschen Herbst, in: *Merkur* 68, Heft 9, 2014, S. 780-792.

63 Daß beispielsweise die Bände der ab 1983 von Hans-Ulrich Wehler innerhalb der edition suhrkamp herausgegebenen *Neuen Historischen Bibliothek* nur eine Startauflage von 5.000 Exemplaren hatten, lag eher an einem breiten Angebot historischer Bücher durch verschiedene Verlage als am nachlassenden Leserinteresse. Siehe Thiel, Ästhetik der Aufklärung, a.a.O., S. 15.

64 Siehe die Tabellen zur Umsatzentwicklung bei Suhrkamp (ohne den Insel Verlag) in Raimund Fellinger und Matthias Reiner (Hrsg.), *Siegfried Unseld. Sein Leben in Bildern und Texten*, Berlin: Suhrkamp 2014, S. 225, 271.

65 Habermas, Einleitung, a.a.O., S. 7.

66 Günter Karl Bose, *Das Ende einer Last. Die Befreiung von den Büchern*, Göttingen: Wallstein 2013, S. 53.

67 Siehe Fellinger und Reiner, *Siegfried Unseld*, a.a.O., S. 270.

68 Ich danke Martin Bauer, der in den neunziger Jahren für das Taschenbuchprogramm im S. Fischer Verlag verantwortlich war, für seine wertvollen Hinweise.

69 Pehle, Zwei Buchreihen, a.a.O., S. 202, führt dies auf eine für die Verlage ungünstige Veränderung des Urheberrechts im Jahre 2002 zurück. Vielleicht werden spätere, unabhängige Historiker aber auch zu dem Ergebnis kommen, daß diese Veränderung eine Konsequenz des Besuchs von McKinsey war, den der Unternehmensberater dem S. Fischer Verlag 1999 abgestattet hat.

70 Full disclosure: Ich bin von Anfang an Mitglied im Beirat dieses autonom operierenden Imprints des Fink Verlags.

71 Reihenfolge und Zusammensetzung der angesehensten Verlage dürfte aus der Sicht einer jeden Disziplin etwas unterschiedlich aussehen, doch darüber gibt es kaum empirische Befunde. Eine Ausnahme bildet Blaschke, *Verleger machen Geschichte*, a.a.O., S. 238-279.

72 Ann M. Blair, *Too much to know. Managing Scholarly Information*

before the Modern Age, New Haven / London: Yale University Press 2010, S. 55-61. Siehe auch Valentin Groebner, *Wissenschaftssprache digital. Die Zukunft von gestern*, Konstanz: Konstanz University Press 2014, S. 71-90.

73 Bernhard Fabian, Der Gelehrte als Leser, in: ders., *Der Gelehrte als Leser. Über Bücher und Bibliotheken*, Hildesheim: Olms 1998, S. 3-32, S. 22.

74 Siehe pars pro toto Richard Münch, *Globale Eliten, lokale Autoritäten. Bildung und Wissenschaft unter dem Regime von PISA, McKinsey & Co.*, Frankfurt a. M.: Suhrkamp 2009, S. 164-177, Zitat S. 175. Siehe auch Clemens Albrecht, Vom Aufstieg und Niedergang der Geisteswissenschaften, in: *Warum die Geisteswissenschaften Zukunft haben!*, hg. v. Jörg-Dieter Gauger und Günter Rüther, Freiburg: Herder 2007, S. 448-457.

75 Peter Meyer-Dohm (Hrsg.), *Das wissenschaftliche Buch*, Hamburg: Verlag für Buchmarkt-Forschung 1969.

76 Ich nehme mich hier keineswegs aus. Seit 1992 habe ich dieses Buchgenre reichlich bedient – und bereue das eigentlich nicht.

77 Siehe Wolfgang Kemp, Gruppentexte. Ein kritischer Blick auf Sammelband und Forschergruppe, in: *Merkur* 63, Heft 11, 2009, S. 1013-1022.

78 So beispielsweise das Kolleg »Morphomata« an der Universität Köln. Siehe http://www.ik-morphomata.uni-koeln.de/publikationen/morphomata.html. Die Sammelbände erscheinen im Fink Verlag und sind nach einer Frist von zwei Jahren im Netz frei verfügbar.

79 Lindsay Waters, *Enemies of Promise. Publishing, Perishing, and the Eclipse of Scholarship*, Chicago: The University of Chicago Press 2004, S. 18-19.

80 Wolfgang Iser, *Die Appellstruktur der Texte. Unbestimmtheit als Wirkungsbestimmung literarischer Prosa*, Konstanz: Universitätsverlag Konstanz 1970, S. 6.

81 Philipp Theisohn hat darauf hingewiesen, daß auch ein so großer Gelehrter wie Ernst Cassirer bedenkenlos ganze Sätze anderer Autoren abgeschrieben oder paraphrasiert hat, ohne das kenntlich zu machen. Siehe Philipp Theisohn, Verteidigung der Paraphrase. Das Wiedererzählen und die Krise der Geisteswissenschaften, in: *Digital Humanities*, a. a. O., S. 15-36, S. 17-20.

82 Thomas Stäcker, Wie schreibt man Digital Humanities richtig? Überlegungen zum wissenschaftlichen Publizieren im digitalen Zeitalter, in: *Bibliotheksdienst* 47, 2013, S. 24-50, S. 37.

83 Anthony Grafton, *Die tragischen Ursprünge der deutschen Fußnote*, Berlin: Berlin Verlag 1995, S. 226.

84 Andrew Abbott, Publication and the Future of Knowledge, 2008, (http://home.uchicago.edu/~aabbott/Papers/aaup.pdf). Die Pointe

an dieser Stelle ist natürlich, daß Abbotts nur online existierender Text gar keine Seitenzahlen hat, die sich anführen ließen.

85 Der OECD-Report wird zitiert bei Helmut Arntz, Die Zukunft des wissenschaftlichen Buches, in: Meyer-Dohm (Hrsg.), *Das wissenschaftliche Buch*, a. a. O., S. 157-158. Zur Schwierigkeit, Uncitedness quantitativ zu bestimmen, siehe Charles A. Schwartz, The Rise and Fall of Uncitedness, in: *College & Research Libraries* 58/1, 1997 S. 19-29.

86 Siehe dazu die klassische Arbeit von Eugene Garfield, Uncitedness – The Importance of Not Being Cited, in: *Current Contents* 8, 21.2.1973, S. 5-6.

87 Mark Bauerlein, *Literary Research. Costs and Impact, Center for College Affordability and Productivity*, November 2011, (http://centerforcollegeaffordability.org/uploads/Literary_Research_Bauerlein.pdf).

88 Weber, Wissenschaft als Beruf, a. a. O., S. 482.

89 Im Fall von Ludwik Fleck ist das nicht ganz richtig, denn sein Werk wurde nach 1934 mehrfach rezensiert, ironischerweise vor allem von nationalsozialistischen Ärzten. Siehe dazu Johannes Fehr, »… The art of shaping a democratic reality and being directed by it …« – philosophy of science in turbulent times, in: *Studies in Eastern European Thought* 64, 2012, S. 81-89. Spätestens 1939 war mit der Wirkung des Buches Schluß, und erst mit der Wiederveröffentlichung 1979 begann sein Erfolg in der Wissenschaftsforschung und später in den Kulturwissenschaften.

90 Keith Thomas, Universities under Attack, in: *London Review of Books* 33, Nr. 24, 2011, S. 9-10.

91 Wolfgang Hildesheimer, 1956 – Ein Pilzjahr, in: ders., *Lieblose Legenden*, Frankfurt a. M.: Suhrkamp 1983, S. 109-119, S. 109.

92 Suber, *Open Access*, a. a. O., S. 115.

93 Siehe *The Collected Papers of Albert Einstein*, http://einsteinpapers.press.princeton.edu/papers.

94 Hubertus Kohle, *Digitale Bildwissenschaft*, Glückstadt: Hülsbusch 2013, S. 118, (http://archiv.ub.uni-heidelberg.de/artdok/2185/1/Kohle_Digitale_Bildwissenschaften_2013.pdf).

95 Siehe Tobias Hanraths, Schatzsucher am Computer, in: *Süddeutsche Zeitung*, 17./18.5.2014, V2/12. Wie eine solche Initiative im großen Stil abläuft, zeigt sich in Berkeley, wo Ende 2013 ein neues Institute for Data Science gegründet wurde, das für die ersten fünf Jahre mit knapp 38 Millionen $ ausgestattet ist. Ironischerweise wird das Institut in einem historischen Bibliotheksgebäude untergebracht. Siehe http://vcresearch.berkeley.edu/datascience/overview-berkeley-institute-for-data-science.

96 Siehe https://www.fwf.ac.at/de/forschungsfoerderung/open-access-policy/.

97 Siehe http://oapen-uk.jiscebooks.org sowie http://www.oapen.nl. Das englische Projekt läuft noch bis zum Frühjahr 2015, das niederländische wurde bereits 2013 abgeschlossen.

98 Siehe http://www.oapen.nl/index.php?option=com_content&view=article&id=58:english&catid=49:english&Itemid=63.

99 Eelco Ferwerda, Ronald Snijder und Janneke Adema, *OAPEN-NL. A project exploring Open Access monograph publishing in the Netherlands. Final Report*, The Hague: OAPEN Foundation 2013, S. 16. Der Bericht kann unter der in der vorangehenden Fußnote angegebenen Adresse heruntergeladen werden.

100 Ebd., S. 59.

101 Siehe http://www.snf.ch/de/fokusForschung/newsroom/Seiten/news-140630-neue-publikationsfoerderung-der-snf-nimmt-punktuelle-anpassungen-vor.aspx. Immerhin plant der SNF mit Schweizer Buchverlagen ein ähnliches Pilotprojekt, wie es in den Niederlanden und in Großbritannien durchgeführt wurde.

102 Siehe http://www.snf.ch/de/foerderung/wissenschaftskommunikation/publikationsbeitraege/Seiten/default.aspx.

103 Siehe https://e-book.fwf.ac.at/search_object?o_0_field=-4&o_0_vocabulary=cmodel:PDFDocument&search=1.

104 Siehe http://www.kunstkultur.bka.gv.at/site/8055/default.aspx#a56. Die Jahresberichte, aus denen hervorgeht, wie viel Geld die Verlage jährlich erhalten, sind abrufbar unter http://www.kunstkultur.bka.gv.at/site/cob__54362/currentpage__0/8051/default.aspx. Zur Verlagsförderung insgesamt siehe die nicht mehr ganz aktuelle Studie von Silke Andrea Rudorfer, *Verlagsförderung in Österreich. Eine Studie zur Größenordnung und den Möglichkeiten der Verlagsförderung*, Innsbruck: Studien Verlag 2002.

105 Konstanz University Press fällt unter keine der beiden Kategorien. Hierbei handelt es sich um ein Imprint des Fink Verlags, die Programmauswahl – ca. 12 Titel pro Jahr – erfolgt ausschließlich durch ein autonomes Herausgebergremium, dem fünf Mitglieder verschiedener Universitäten und drei Mitglieder der Universität Konstanz angehören. Darüber hinaus besteht der Beitrag der Universität darin, daß sie eine Stelle für einen wissenschaftlichen Lektor finanziert.

106 http://open-access.net/at_de/oa_in_verschiedenen_faechern/philosophie/.

107 Siehe http://www.fwf.ac.at/de/news-presse/news/nachricht/nid/20140924-2090/.

108 Niklas Luhmann, *Die Wirtschaft der Gesellschaft*, Frankfurt a.M.: Suhrkamp 1988, S. 19.

109 Ferwerda et al., *A project exploring*, a.a.O., S. 4.

110 Der Bericht kann heruntergeladen werden unter http://oapen-uk. jiscebooks.org/research-findings/researcher-survey-2014/. Genau genommen wurden 2231 Geistes- und Sozialwissenschaftler befragt. Für letztere fallen die Ergebnisse etwas anders aus, in der Tendenz aber gehen sie in die gleiche Richtung.

111 Eine etwas ältere, an der Universität Regensburg durchgeführte Befragung von Geisteswissenschaftlern hat nicht speziell nach Büchern gefragt. Die Ergebnisse der Befragung zeigen ein grundsätzliches Einverständnis mit OA, aber auch Angst vor Plagiarismus, Defizite bei der Zitierbarkeit digitaler Publikationen und deren mangelnde Reputation. Siehe Benjamin Rücker, *Open Access in den Geistes- und Sozialwissenschaften: Perspektiven für bibliothekarische Dienstleistungen. Projektbericht*, Regensburg 2010, S. 25, (http:// epub.uni-regensburg.de/15999/).

112 Siehe vor allem Foucaults *Die Geburt des Gefängnisses*, Frankfurt a.M.: Suhrkamp 1975, sowie *Der Wille zum Wissen. Sexualität und Wahrheit 1*, Frankfurt a.M.: Suhrkamp 1977.

113 Ich danke Stefan Nellen vom Schweizerischen Bundesarchiv für diese Auskunft, die er mir in einer E-Mail vom 28. März 2014 gegeben hat.

114 Ulrich Raulff, Der Staub und die Wolke. Das Archiv im digitalen Zeitalter, in: *Deutsche Akademie für Sprache und Dichtung. Jahrbuch 2012*, Göttingen: Wallstein 2013, S. 118-124, S. 120-121.

115 Hubertus Kohle, Was in Zukunft nicht im Netz steht, gibt es nicht, in: *Süddeutsche Zeitung*, 29.4.2009.

116 Roland Reuß, *Die perfekte Lesemaschine. Zur Ergonomie des Buches*, Göttingen: Wallstein 2014, S. 40.

117 Siehe http://elitedaily.com/news/technology/this-insane-new-app-will-allow-you-to-read-novels-in-under-90-minutes/. Man probiere es aus. Was vor allem ansteigt, sind Schwindel, Übelkeitsgefühl und Kopfschmerzen.

118 Arthur Schopenhauer, Parerga und Paralipomena. Bd. 2, in: ders., *Sämtliche Werke*, Bd. 5, a.a.O., S. 613-614, 616-617.

119 Eine gute Einführung in die Neurophysiologie des Lesens bietet Stanislas Dehaene, *Lesen. Die größte Erfindung der Menschheit und was dabei in unserem Kopf passiert*, München: Knaus 2010.

120 Maryanne Wolf, *Das lesende Gehirn. Wie der Mensch zum Lesen kam – und was es in unseren Köpfen bewirkt*, Heidelberg: Spektrum 2009, S. 18.

121 Siehe dazu die klassischen Untersuchungen von Eric A. Havelock, *The Literate Revolution in Greece and Its Cultural Consequences*, Princeton: Princeton University Press 1982; Walter Ong, *Oralität und Literalität*, Opladen: Westdeutscher Verlag 1987.

122 Michael Tomasello, *Eine Naturgeschichte des menschlichen Denkens*, Berlin: Suhrkamp 2014, S. 210.

123 Nietzsche an Heinrich Köselitz, Ende Februar 1882, in: ders., *Sämtliche Briefe. Kritische Studienausgabe*, Bd. 6, München: Deutscher Taschenbuch Verlag 1986, S. 172.

124 Anthony Grafton, Codex in Crisis. The Book Dematerializes, in: ders., *Worlds Made by Words. Scholarship and Community in the Modern West*, Cambridge / MA: Harvard University Press 2009, S. 288-324, S. 322-323.

125 Siehe dazu Michael Hagner, Aufmerksamkeit als Ausnahmezustand, in: *Aufmerksamkeit*, hg. v. Norbert Haas, Rainer Nägele und Hans-Jörg Rheinberger, Eggingen: Edition Isele 1998, S. 273-294; Jonathan Crary, *Aufmerksamkeit. Wahrnehmung und moderne Kultur*, Frankfurt a. M.: Suhrkamp 2002.

126 Siehe Mark Bauerlein, *The Dumbest Generation: How the Digital Age Stupefies Young Americans and Jeopardizes Our Future*, New York: Penguin 2009; Nicholas Carr, *The Shallows: What the Internet is Doing to Our Brains*, New York: Norton 2010.

127 Eine orientierende Übersicht über die bestehende Literatur geben Åse Kristine Tveit und Anne Mangen, A joker in the class: Teenage readers' attitudes and preferences to reading on different devices, in: *Library & Information Research* 26, 2014, S. 179-184, S. 180.

128 Siehe z.B. Anne Mangen, Bente R. Walgermo und Kolbjørn-Brønnick, Reading linear texts versus computer screen: Effects on reading comprehension, in: *International Journal of Educational Research* 58, 2013, S. 61-69; Annette Kujawski Taylor, Students Learn Equally Well From Digital as From Paperbound Texts, in: *Teaching of Psychology* 38, 2011, S. 278-281; Kaveri Subrahman-yam et al., Learning from Paper, Learning from Screens: Impact of Screen Reading and Multitasking Conditions on Reading and Writing Among College Students, in: *International Journal of Cyber Behavior, Psychology and Learning* 3 (4), 2013, S. 1-27.

129 Siehe Tveit und Mangen, A joker in the class, a.a.O. und die dort angeführten Studien.

130 Giesecke, *Mythen der Buchkultur*, a.a.O., S. 228.

131 Andrew Abbott, *Digital Paper: A Manual for Research and Writing with Library and Internet Materials*, Chicago: The University of Chicago Press 2014, S. 134-141.

132 Nietzsche, Morgenröthe, in: *KSA*, Bd. 3, S. 17.

133 Ulrich Raulff, *Wiedersehen mit den Siebzigern. Die wilden Jahre des Lesens*, Stuttgart: Klett-Cotta 2014, S. 169. Ich teile allerdings nicht Raulffs Ansicht, daß sich im wilden Lesen bereits die Ära der Suchmaschinen ankündigt. Die Digital Natives mögen vieles sein, aber sicherlich keine wilden Leser.

134 Siehe Jin Gerlach und Peter Buxmann, Investigating the acceptance of electronic books: The impact of haptic dissonance on innovation adoption, *ECIS 2011 proceedings*.

135 Christopher Kelty, Steal This Review!, in: *Historical Studies in the Natural Sciences* 41, 2011, S. 255-264, S. 261.

136 Franco Moretti, Conjectures on World Literature, in: *New Left Review* 1, 2000, S. 54-68.

137 Deleuze und Guattari, *Rhizom*, a.a.O., S. 8-15.

138 Siehe exemplarisch dazu George P. Landow, *Hypertext: The Convergence of Contemporary Critical Theory and Technology*, Baltimore: Johns Hopkins University Press 1992.

139 Ich folge hier den kritischen Überlegungen von Roberto Simanowski, *Data Love*, Berlin: Matthes & Seitz 2014, S. 121-123.

140 Maryanne Wolf, Our ›Deep Reading‹ Brain: Its Digital Evolution Poses Questions, Nieman Reports, Summer 2010, (http://niemanreports.org/articles/our-deep-reading-brain-its-digital-evolution-poses-questions/).

141 N. Katherine Hayles, How We Read: Close, Hyper, Machine, in: *ADE Bulletin* 150, 2010, S. 62-79, S. 73.

142 Siehe Anne Mangen, The digitisation of narrative reading. Theoretical considerations and empirical evidence, in: *The Unbound Book*, hg. v. Joost Kircz und Adriaan an der Weel, Amsterdam: Amsterdam University Press 2014, S. 91-106, S. 101-103.

143 Jaron Lanier, Rede zur Verleihung des Friedenspreises des Deutschen Buchhandels, in: *Frankfurter Allgemeine Zeitung*, 13.10.2014, S. 13.

144 Vladimir Sorokin, Wenn du das Schreiben lassen kannst, in: *Süddeutsche Zeitung*, 31.10.2014, S. 24.

Epilog: Warum Bücher?

1 Susan Sontag, Ein Brief an Borges, in: dies., *Worauf es ankommt. Essays*, Frankfurt a.M.: Fischer 2007, S. 153-155, S. 154-155.

2 Rainer Maria Rilke, Florenzer Tagebuch, in: ders., *Tagebücher aus der Frühzeit*, Leipzig: Insel 1942, S. 63-64.

3 Lothar Müller, *Weiße Magie. Die Epoche des Papiers*, München: Hanser 2012, S. 351.

4 Mangen, The digitisation of narrative reading, a.a.O., S. 95. Vgl. auch Ziming Liu, *Paper to Digital: Documents in the Information Age*, Westport, CT / London: Libraries Unlimited 2008.

5 Müller, *Weiße Magie*, a.a.O., S. 350.

6 Siehe dazu Reuß, *Die perfekte Lesemaschine*, a.a.O.

7 Tschichold, *Die neue Typographie*, a.a.O., S. 230.

8 Roland Reuß, *Ende der Hypnose. Vom Netz und zum Buch*, Frankfurt a.M. / Basel: Stroemfeld 2012, S. 125.

9 Michel Foucault, Über die Archäologie der Wissenschaften, in: ders., *Dits et Ecrits*, Bd. 1, Frankfurt a.M.: Suhrkamp 2001, S. 887-931, S. 895.

10 Siehe Susan Sontag, *Wiedergeboren. Tagebücher 1947-1963*, München: Hanser 2010; dies., *Ich schreibe, um herauszufinden, was ich denke. Tagebücher 1964-1980*, München: Hanser 2013.

11 Ich zweckentfremde hier den Begriff, den E.P. Thompson auf die englischen Unterschichten des 18. Jahrhunderts und Lorraine Daston auf die Naturwissenschaften gemünzt hat. Was mich in diesem Zusammenhang besonders interessiert, ist der Aspekt der Rebellion, der bei Thompson eine entscheidende, bei Daston keine Rolle spielt. Siehe Edward Palmer Thompson, *Plebeische Kultur und moralische Ökonomie. Aufsätze zur englischen Sozialgeschichte des 18. und 19. Jahrhunderts*, Frankfurt a.M.: Ullstein 1980; Lorraine Daston, The Moral Economy of Science, in: *Osiris*, 2nd Series, 10: *Constructing Knowledge in the History of Science*, 1995, S. 2-24.

12 Walter Benjamin, *Einbahnstraße* [1928], Berlin: Brinkmann & Bose 1983, S. 33.

13 Siehe Groebner, *Wissenschaftssprache digital*, a.a.O., S. 120-122.

14 Paul Valéry, Die beiden Tugenden eines Buches, in: ders., *Werke, Bd. 6: Zur Ästhetik und Philosophie der Künste*, Frankfurt a.M.: Insel 1995, S. 467-471, S. 467.

15 Brief 950, in: Jacob Burckhardt, *Briefe*, Bd. VII, Basel: Schwabe 1969, S. 312.

16 Brief 397, an Emanuel Geibel, 10.10.1863, in: ebd., Bd. IV, Basel: Schwabe 1961, S. 138.